清史論集

（二）

莊吉發 著

文史哲學集成
文史哲出版社印行

國家圖書館出版品預行編目資料

清史論集 / 莊吉發著. -- 初版. -- 台北市 :
文史哲, 民86
冊 ; 公分. -- (文史哲學集成 ; 388-389)
含參考書目
ISBN 957-549-110-6(第一冊：平裝) . --
ISBN 957-549-111-4(第二冊：平裝)

1.中國 - 歷史 - 清（1644-1912）- 論文，
講詞等

627.007 86015915

文史哲學集成 389

清史論集（二）

著　者：莊　吉　發
出版者：文　史　哲　出　版　社
登記證字號：行政院新聞局版臺業字五三三七號
發行人：彭　正　雄
發行所：文　史　哲　出　版　社
印刷者：文　史　哲　出　版　社
臺北市羅斯福路一段七十二巷四號
郵政劃撥帳號：一六一八〇一七五
電話 886-2-23511028・傳眞 886-2-23965656
實價新臺幣四〇〇元
中華民國八十六年十二月初版

ISBN 957-549-111-4

清 史 論 集

(二)

目　　次

出版說明……………………………………………………………　1

清太祖太宗時期滿蒙聯姻的過程及其意義……………………　277

廓爾喀之役與藏傳佛教的改革…………………………………　303

清代海南治黎政策的調整………………………………………　335

清代閩粵地區的人口流動與臺灣的社會衝突…………………　369

謝遂《職貢圖》研究……………………………………………　413

故宮檔案與清代地方行政研究——以幕友胥役爲例…………　467

中日甲午戰爭期間翰詹科道的反應……………………………　511

整修清史芻議——以清史本紀爲例……………………………　545

清史論集

目　次

出版說明……………………………………………………………　1

他山之石——清初君臣口述明史……………………………………　1

文獻足徵——《滿文原檔》與清史研究……………………………　39

《清語老乞大》與漢語《老乞大》的比較研究……………………　75

薩滿信仰與滿族民間文學……………………………………………　105

從薩滿信仰及秘密會黨的盛行分析清代關帝崇拜的普及……………　143

清代政治與民間信仰…………………………………………………　169

朝鮮與清朝天人感應思想的比較……………………………………　207

清初諸帝的北巡及其政治活動………………………………………　235

清太祖太宗時期滿蒙聯姻的過程及其意義…………………………　277

廓爾喀之役與藏傳佛教的改革………………………………………　303

清代海南治黎政策的調整……………………………………………　335

清代閩粵地區的人口流動與臺灣的社會衝突………………………　369

謝遂《職貢圖》研究…………………………………………………　413

故宮檔案與清代地方行政研究——以幕友胥役爲例………………　467

中日甲午戰爭期間翰詹科道的反應…………………………………　511

整修清史芻議——以清史本紀爲例…………………………………　545

清史論集

出版說明

我國歷代以來，就是一個多民族的國家，各民族的社會、經濟及文化等方面，雖然存在著多樣性及差異性的特徵，但各兄弟民族對我國歷史文化的締造，都有直接或間接的貢獻。滿族以邊疆部族入主中原，建立清朝，一方面接受儒家傳統的政治理念，一方面又具有滿族特有的統治方式，在多民族統一國家發展過程中有其重要地位。在清朝長期的統治下，邊疆與內地逐漸打成一片，文治武功之盛，不僅堪與漢唐相比，同時在我國傳統社會、政治、經濟、文化的發展過程中亦處於承先啓後的發展階段。蕭一山先生著《清代通史》敍例中已指出原書所述，爲清代社會的變遷，而非愛新一朝的興亡。換言之，所述爲清國史，亦即清代的中國史，而非清室史。同書導言分析清朝享國長久的原因時，歸納爲二方面：一方面是君主多賢明；一方面是政策獲成功。《清史稿》十二朝本紀論贊，尤多溢美之辭。清朝政權被推翻以後，政治上的禁忌，雖然已經解除，但是反滿的情緒，仍然十分高昂，應否爲清人修史，成爲爭論的焦點。清朝政府的功過及是非論斷，人言嘖嘖。然而一朝掌故，文獻足徵，可爲後世殷鑒，筆則筆，削則削，不可從闕，亦即孔子作《春秋》之意。孟森先生著《清代史》指出，「近日淺學之士，承革命時期之態度，對清或作仇敵之詞，既認爲仇敵，即無代爲修史之任務。若已認爲應代修史，即認爲現代所繼承之前代。尊重現代，必並不厭薄於所繼承之前

代，而後覺承統之有自。清一代武功文治、幅員人材，皆有可觀。明初代元，以胡俗爲厭，天下既定，即表章元世祖之治，惜其子孫不能遵守。後代於前代，評量政治之得失以爲法戒，乃所以爲史學。革命時之鼓煽種族以作敵愾之氣，乃軍旅之事，非學問之事也。故史學上之清史，自當占中國累朝史中較盛之一朝，不應故爲貶抑，自失學者態度。」錢穆先生著《國史大綱》亦稱，我國爲世界上歷史體裁最完備的國家，悠久、無間斷、詳密，就是我國歷史的三大特點。我國歷史所包地域最廣大，所含民族分子最複雜。因此，益形成其繁富。有清一代，能統一國土，能治理人民，能行使政權，能綿歷年歲，其文治武功，幅員人材，既有可觀，清代歷史確實有其地位，貶抑清代史，無異自形縮短中國歷史。《清史稿》的既修而復禁，反映清代史是非論定的紛歧。

歷史學並非單純史料的堆砌，也不僅是史事的整理。文學研究者和檔案工作者，都應當儘可能重視理論研究，但不能以論代史，無視原始檔案資料的存在，不尊重客觀的歷史事實。治古史之難，難於在會通，主要原因就是由於文獻不足；治清史之難，難於在審辨，主要原因就是由於史料氾濫。有清一代，史料浩如烟海，私家收藏，固不待論，即官方歷史檔案，可謂汗牛充棟。近人討論纂修清代史，曾鑒於清史範圍既廣，其材料尤夥，若用紀、志、表、傳舊體裁，則卷帙必多，重見牴牾之病，勢必難免，而事蹟反不能備載，於是主張採用通史體裁，以期達到文省事增之目的。但是一方面由於海峽兩岸現藏清代滿漢文檔案資料，數量龐大，整理公佈，尚需時日；一方面由於清史專題研究，在質量上仍不夠深入。因此，纂修大型清代通史的條件，還不十分具備。近年以來，因出席國際學術研討會，所發表的論文，多涉及清代的歷史人物、文獻檔案、滿洲語文、宗教信仰、族群關係、

人口流動、地方吏治等範圍，俱屬專題研究，特選其中十六篇，彙集成書，題爲《清史論集》，分爲兩集，雖然只是清史的片羽鱗爪，缺乏系統，不能成一家之言。然而每篇都充分利用原始資料，尊重客觀的歷史事實，認眞撰寫，不作空論。所愧的是學養不足，研究仍不夠深入，錯謬疏漏，在所難免，尚祈讀者不吝教正。

一九九七年十二月　莊吉發

4 清史論集

清太祖太宗時期滿蒙聯姻
的過程及其意義

滿蒙聯姻　得衆得國

　　滿洲與蒙古的聯姻活動，有其歷史背景。由於元朝蒙古對東
北女眞的長期統治，以及地緣的便利，在滿洲崛起以前，女眞與
蒙古的接觸，已極密切，蒙古文化對女眞產生了很大的影響，女
眞地區除了使用女眞大字或小字外，同時也使用蒙古語言文字。
明代後期，蒙古文化仍較滿洲更爲先進，明神宗萬曆二十七年（
1599），老滿文的創制，就是由蒙古文字脫胎而來。滿洲與蒙
古在思想觀念及婚姻習俗等方面，也大體相近，這些因素皆爲清
代滿蒙聯姻活動提供了極爲有利的條件。清代滿蒙聯姻是大規模、
多層次及持久性的族外通婚活動。從清代滿蒙聯姻的發展過程加
以觀察，大致可以分爲關外階段，清代前期，清代中期及清代後
期四個階段。關外階段主要指清太祖努爾哈齊及太宗皇太極時期，
是滿蒙聯姻的開創階段；清代前期主要指滿洲入關後順治、康熙、
雍正時期，滿蒙統治階層的聯姻制度更臻完備；清代中期主要指
乾隆、嘉慶時期，滿蒙一體，聯姻制度更趨穩定；清代後期，滿
蒙患難與共，聯姻活動與清代政權相始終。努爾哈齊、皇太極不
僅本人與蒙古諸部聯姻，同時也根據政治、軍事形勢的需要，促
成自己的兄弟子姪與蒙古諸部聯姻。努爾哈齊、皇太極時期的大
規模聯姻活動，遂成滿洲入關後遵行不替的基本國策。由於滿蒙
的長期聯姻，不僅使滿蒙成爲軍事聯盟，而且也成爲政治、經濟

的聯盟，滿蒙遂成爲休戚與共的民族生命共同體。本文僅就努爾哈齊、皇太極時期的滿蒙聯姻活動，考察其發展過程，並分析其時代意義。由於滿蒙聯姻的成功，使滿洲終於順利入主中原，正所謂得眾得國。

迎娶送嫁　絡繹於途

探討清代滿蒙關係史，不能忽略滿洲入關前的滿蒙聯姻活動，雖然只是清代滿蒙聯姻政策的草創階段，但由於努爾哈齊的靈活運用，一方面藉聯姻來淡化滿蒙之間的民族矛盾，一方面藉聯姻作爲擴大滿洲勢力的手段，於是奠定滿蒙聯姻政策的穩固基礎。

漠南蒙古東面有嫩江流域的科爾沁部和西拉木倫河流域的巴林、扎魯特、奈曼、翁牛特、喀拉沁、土默特等部，西面有歸化城土墨特、河套地區鄂爾多斯等部。四子部落在張家口外，東及蘇尼特部，西至歸化城土默特部，南接察哈爾。察哈爾部居中，爲漠南蒙古各部名義上的宗主。漠北喀爾喀蒙古有土謝圖汗、扎薩克圖汗和車臣汗等部。漠西厄魯特蒙古有準噶爾、杜爾伯特、和碩特、土爾扈特等部。當努爾哈齊的勢力不斷擴展進而統一女眞各部時，他就頗有遠見地展開與滿洲毗鄰的蒙古諸部建立了聯盟關係，爲了鞏固聯盟關係，他又與蒙古諸部結爲姻戚。

奇文瑛撰〈滿蒙文化淵源關係淺析〉一文已指出努爾哈齊初起之際，即結婚北關，以壯聲勢。女眞內部如此，蒙古諸部也不例外。明神宗萬曆年間（1573—1619），「朵顏長昂益強，東勾土蠻，西結婚白洪大，以擾諸邊。」女眞與蒙古之間，也用這種手段擴大勢力，譬如「海西女眞素與朵顏三衛達賊結親，交通買賣。」努爾哈齊進攻開原前，爲了得到蒙古的援助，也是「北結插漢」，與察哈爾結盟，「西連哈喇愼朵顏、順義王等，結爲

婚媾。」可見無論女眞，還是蒙古，他們的每次聯姻，都帶有明顯的政治色彩，或交通買賣，或借兵復仇，或聯兵攻明，或壯大聲勢等等。努爾哈齊勢力日強以後，這個特點表現得就更爲突出。從努爾哈齊與女眞、蒙古諸部聯姻的順序來看，聯姻的過程幾乎是和他由南向北擴張勢力的過程相一致①。通過頻繁的聯姻，減少了來自蒙古方面的壓力，使努爾哈齊可以集中精力去對付明朝②。

　　努爾哈齊統一女眞諸部後，滿洲雖然成爲東北地區女眞各部的民族共同體，但她面臨三方面的威脅，東南有朝鮮夾擊，是後門隱憂；西北蒙古諸部，勢力仍盛；西南明朝大國，難攖其鋒。皇太極繼承汗位後，首先擇弱而攻，南牧朝鮮，一方面解除後顧之憂，一方面取得補給。在西北方面爲爭取蒙古的支持，更加貫徹滿蒙聯姻政策的執行。皇太極根據軍事、政治聯盟的需要，使滿蒙聯姻政策得到空前的發展。皇太極時期所以能實現借助於蒙古進攻明朝的願望，主要就是得力於滿蒙聯姻政策的成功③。劉潞撰〈清太祖太宗時滿蒙婚姻考〉一文，曾據《清皇室玉牒》、《滿文老檔》、《清初內國史院滿文檔案譯編》、《清太祖高皇帝實錄》、《清太宗文皇帝實錄》、《清史稿》、《欽定外藩蒙古王公表傳》等資料，將努爾哈齊、皇太極時期的滿蒙婚姻狀況，列成表格，十分詳盡。文中列舉滿蒙聯姻共115次，包含蒙古16部④。爲了便於分析統計，本文就其中有年分及部別可考者，補充清史館《公主表》、《清太祖武皇帝實錄》、《清太宗文皇帝實錄》初纂本等資料，按滿洲男、女成員，分別列成滿蒙聯姻簡表。其中滿洲男成員簡表如下：

清太祖太宗時期滿蒙聯姻滿洲男成員簡表

年　　　　分	蒙古部別	蒙古女成員	滿洲男成員	資　料　來　源
萬曆四十年 （1612）	科爾沁	明安台吉女	努爾哈齊	實錄、玉牒
萬曆四十二年 （1614）	科爾沁	莽古思女	皇太極	實錄、清史稿
萬曆四十二年 （1614）	扎魯特	鍾嫩女	代善	實錄、表傳
萬曆四十二年 （1614）	扎魯特	額爾濟格女	德格類	實錄、表傳
萬曆四十二年 （1614）	扎魯特	內齊汗妹	莽古爾泰	實錄
萬曆四十三年 （1615）	科爾沁	孔果爾女	努爾哈齊	實錄、清史稿
天命六年 （1621）	喀爾喀	賽三貝勒女	代善	玉牒
天命六年 （1621）	喀爾喀	恩格德爾女	費揚古	玉牒
天命八年 （1623）	科爾沁	孔果爾女	阿濟格	實錄、玉牒
天命八年 （1623）	扎魯特	老薩貝勒女	瓦克達	滿文老檔
天命八年 （1623）	扎魯特	老薩貝勒女	阿敏	玉牒
天命八年 （1623）	扎魯特	巴克貝勒女	濟爾哈朗	實錄
天命九年 （1624）	科爾沁	桑阿爾寨女	多爾袞	實錄
天命九年 （1624）	科爾沁	青巴圖魯台 吉女	多爾袞	玉牒
天命十年 （1625）	科爾沁	寨桑貝勒女	皇太極	實錄、玉牒

天聰二年 （1628）	科爾沁	噶漢女	多鐸	實錄
天聰二年 （1628）	科爾沁	布塔齊女	瓦克達	實錄
天聰二年 （1628）	科爾沁	明安台吉女	多鐸	玉牒
天聰三年 （1629）	喀拉沁	部落女	阿濟格	實錄
天聰三年 （1629）	科爾沁	圖美衛徵女	代善	實錄
天聰三年 （1629）	巴林	塞特爾女	阿敏	實錄
天聰四年 （1630）	喀拉沁	部落女二	阿敏	實錄
天聰四年 （1630）	喀拉沁	部落女	代善	滿文老檔
天聰四年 （1630）	喀拉沁	部落女一	阿敏	實錄
天聰四年 （1630）	敖漢	班第台吉女	巴拉瑪	玉牒
天聰六年 （1632）	扎魯特	根度爾女	多爾袞	實錄、滿文老 檔
天聰六年 （1632）	扎魯特	巴雅爾圖戴 青女	皇太極	實錄
天聰七年 （1633）	科爾沁	翁諾依女	德格類	實錄
天聰七年 （1633）	杜爾伯特	達爾漢台吉 女	阿濟格	實錄
天聰七年 （1633）	科爾沁	拉布西希女	多爾袞	實錄、內國史 院檔
天聰七年 （1633）	科爾沁	大妃女	多鐸	實錄
天聰七年 （1633）	扎魯特	色本女	阿喀達	實錄、內國史 院檔

天聰七年 （1633）	扎魯特	常加布女	和託	實錄、內國史院檔
天聰八年 （1634）	科爾沁	寨桑貝勒女	皇太極	實錄
天聰八年 （1634）	阿霸垓	寶土門福金	皇太極	實錄
天聰八年 （1634）	科爾沁	瑣諾木女	多鐸	實錄
天聰八年 （1634）	科爾沁	寨桑貝勒女	皇太極	實錄
天聰八年 （1634）	阿霸垓	博第塞楚祜爾女	皇太極	清史稿
天聰九年 （1635）	科爾沁	大妃女	多爾袞	實錄
天聰九年 （1635）	阿霸垓	額齊克諾顏女	皇太極	清史稿
天聰九年 （1635）	察哈爾	泰松格格	代善	內國史院檔
天聰九年 （1635）	察哈爾	俄爾哲圖福金	阿巴泰	實錄
天聰九年 （1635）	察哈爾	伯奇福金	豪格	實錄
天聰九年 （1635）	察哈爾	囊囊太后	皇太極	實錄、內國史院檔
天聰九年 （1635）	察哈爾	蘇泰太后	濟爾哈朗	內國史院檔
崇德元年 （1636）	科爾沁	伊爾都齊女	豪格	實錄
崇德二年 （1637）	杜爾伯特	阿都齊女	岳託	實錄
崇德三年 （1638）	扎魯特	部落女	穆爾庫	內國史院檔
崇德三年 （1638）	烏珠穆秦	多爾濟濟農女	阿達禮	實錄

崇德三年 （1638）	烏珠穆秦	塞梭額爾德 尼女	尼堪	實錄
崇德四年 （1639）	科爾沁	吳克善女	傅勤赫	實錄
崇德五年 （1640）	科爾沁	滿珠習禮女	碩塞	玉牒
崇德五年 （1640）	阿霸垓	衍慶宮養女	多爾袞	實錄
崇德六年 （1641）	蘇尼特	騰吉思女	博洛	實錄
崇德六年 （1641）	翁牛特	董岱青女	岳樂	玉牒
崇德六年 （1641）	烏喇特	布顏圖女	喇都海	玉牒
崇德七年 （1642）	科爾沁	多爾濟女	勒克德渾	實錄
崇德七年 （1642）	科爾沁	伊爾都齊女	勒克德渾	實錄
崇德七年 （1642）	四子部	達爾漢卓禮 克圖	羅托	實錄
崇德八年 （1643）	科爾沁	桑噶爾寨女	祜塞	實錄

資料來源：《清太祖武皇帝實錄》；《清太祖高皇帝實錄》；《清太宗
　　　　文皇帝實錄》初纂本；《滿文老檔》；《清史稿》；《清初
　　　　內國史院滿文檔案譯編》；劉潞：〈清太祖太宗時滿蒙婚姻
　　　　考〉。

簡表中所列年分始自明神宗萬曆四十年（1612），迄於崇德八
年（1643），前後歷時32年。滿洲男成員娶入蒙古婦女者，共
60人次，其中努爾哈齊諸子娶入蒙古婦女人次，分別爲：代善計
5次，莽古爾泰計1次，阿巴泰計1次，皇太極計8次，德格類計2
次，阿濟格計3次，多爾袞計6次，多鐸計4次。代善諸子：岳託

計1次，瓦克達計2次，巴拉瑪1次。莽古爾泰子阿喀達計 1次，
阿濟格子傅勒赫計1次，和託計1次。皇太極子豪格計2次，碩塞
計1次。褚英子尼堪計1次。阿巴泰子岳樂計1次。薩哈廉子勒克
德渾計2次。努爾哈齊之姪阿敏計4次，濟爾哈朗計2次。費揚古
計1次。努爾哈齊本人計2次。統計努爾哈齊本人及子孫姪兒娶入
蒙古婦女共53人次，約佔娶入總人數百分之88。就蒙古部別而
言，包括：科爾沁部計24次，佔佔百分之40，扎魯特部計11次，
約佔百分之18，其餘分別爲喀爾喀部2次，喀拉沁部4次，杜爾
伯特部2次，阿霸垓部4次，察哈爾部5次，烏珠穆秦2次，巴林、
敖漢、蘇尼特、翁牛特、烏喇特、四子部等部各1次，合計25次，
約佔百分之42。由此可以說明滿洲從蒙古科爾沁部娶入婦女所佔
人數最多，滿洲與科爾沁部的聯姻活動最爲頻繁，其次則爲扎魯
特部，與地緣關係極爲密切。滿洲男子固然爭相娶入蒙古婦女，
滿洲婦女亦樂於嫁給蒙古男子，可將努爾哈齊、皇太極時期下嫁
蒙古諸部的滿洲女成員列成簡表如下：

清太祖太宗時期滿蒙聯姻滿洲女成員簡表

年　　　分	蒙古部別	蒙古男成員	滿洲女成員	資 料 來 源
天命二年 （1617）	喀爾喀	恩格德爾	舒爾哈齊四女	實錄、公主表
天命六年 （1621）	喀爾喀	莽古爾台吉	濟白里杜濟獲女	實錄
天命六年 （1621）	烏喇特	湯古岱	某福金	滿文老檔
天命七年 （1622）	喀爾喀	巴拜	舒爾哈齊十女	玉牒
天命七年	烏喇特	布顏代	宗室女	清史稿

（1622）				
天命九年 （1624）	喀爾喀	參將達賴	穆爾哈齊女	滿文老檔
天命十年 （1625）	喀爾喀	固爾布什	努爾哈齊八女	滿文老檔、公主表
天命十年 （1625）	烏喇特	參將噶爾瑪	穆爾哈齊女	玉牒
天命十一年 （1626）	科爾沁	奧巴	圖倫二女	實錄、公主表
天聰元年 （1627）	敖漢	瑣諾木杜稜	努爾哈齊三女	實錄
天聰元年 （1627）	巴林	塞稜	岳託三女	玉牒
天聰二年 （1628）	巴林	塞特爾	阿敏女	實錄
天聰二年 （1628）	巴林	塞騰禮	寨桑武一女	玉牒
天聰二年 （1628）	科爾沁	滿珠習禮	岳託長女	實錄、公主表
天聰二年 （1628）	科爾沁	多爾濟台吉	代善五女	玉牒
天聰五年 （1631）	喀爾喀	額爾克戴青	濟爾哈朗女	玉牒
天聰五年 （1631）	喀拉沁	布爾噶都代	阿巴泰四女	實錄、玉牒
天聰五年 （1631）	喀拉沁	喇斯喀布	莽古爾泰女	實錄
天聰五年 （1631）	科拉沁	雲敦烏巴希子	阿布圖喜龍女	滿文老檔
天聰五年 （1631）	科拉沁	弼拉錫	岳託二女	玉牒
天聰五年 （1631）	科拉沁	索爾和	賴慕布一女	玉牒
天聰六年	科爾沁	巴達禮	圖倫女	實錄

（1632）				
天聰七年 （1633）	敖漢	班第	皇太極長女	實錄、公主表
天聰七年 （1633）	科爾沁	弼爾塔哈爾	皇太極四女	實錄、玉牒
天聰七年 （1633）	科爾沁	諾爾布	濟爾哈朗女	實錄
天聰八年 （1634）	科爾沁	綽爾濟	阿巴泰七女	玉牒
天聰八年 （1634）	科爾沁	諾爾布	寨桑武二女	玉牒
天聰八年 （1634）	四子部	鄂木布	岳託四女	玉牒
天聰九年 （1635）	察哈爾	額哲	皇太極二女	實錄
崇德元年 （1636）	敖漢	瑣諾木杜稜	阿敏一女	玉牒
崇德元年 （1636）	察哈爾	阿布乃	皇太極二女	清史稿
崇德元年 （1636）	奈曼	巴達禮	代善二女	實錄
崇德三年 （1638）	科爾沁	巴敦	岳託六女	實錄
崇德四年 （1639）	科爾沁	多爾濟	代善女	實錄
崇德四年 （1639）	科爾沁	滿珠習禮	杜度妹	實錄
崇德四年 （1639）	科爾沁	奇塔特	皇太極三女	公主表
崇德五年 （1640）	蘇尼特	騰吉思	薩哈廉女	實錄
崇德六年 （1641）	科爾沁	巴雅思護郎	皇太極八女	玉牒
崇德六年	扎魯特	鏗吉爾耿	皇太極七女	實錄

（1641）				
崇德七年 （1642）	阿魯科爾 沁	穆章貝子	濟爾哈朗四 女	實錄
崇德七年 （1642）	科爾沁	諾爾布	濟爾哈朗六 女	玉牒
崇德八年 （1643）	喀爾喀	索爾哈	漢岱一女	玉牒
崇德八年 （1643）	喀爾喀	索爾哈	皇太極五女	實錄

資料來源：清史館公主表；《清史稿》；《滿文老檔》；實錄、玉牒等。

　　簡表中所列年分始自天命二年（1617），迄於崇德八年（1643），共計27年。滿洲女成員下嫁蒙古諸部者，共43人次，包括：努爾哈齊之2人，姪女4人，孫女及姪孫女共33人，其中皇太極女計8人，努爾哈齊女兒、姪女、孫女及姪孫女下嫁蒙古諸部者計39人，約佔下嫁總人數百分之91。就表中蒙古部別分佈而言，包括：科爾沁部15次，佔百分之43，喀爾喀部8次，約佔百分之19，其餘喀拉沁5次，烏喇特、敖漢、巴林等部各3次，察哈爾2次，四子部、奈曼、蘇尼特、扎魯特等部各1次。由此可以說明，無論娶入或嫁出，都是以科爾沁部最為頻繁。從滿洲男成員娶入蒙古女子及滿洲女成員嫁往蒙古的頻繁，可以了解滿蒙聯姻過程中迎娶送嫁，絡繹於途的情景。

互結姻親　化敵為友

　　明仁宗洪熙年間（1425），科爾沁部為厄魯持蒙古所破，部分族眾於是避居嫩江，稱為嫩科爾沁，留居原地者，稱為阿魯科爾沁，以示區別。其後嫩科爾沁習稱科爾沁，並活躍於明朝開

原、鐵嶺邊外。明代後期，科爾沁部經過長期的繁衍發展，又分出扎魯特、杜爾伯特、郭爾羅斯等部，俱服屬於察哈爾部。努爾哈齊爲鞏固並進一步發展滿洲與蒙古諸部的關係，所以十分重視聯姻活動。由於滿洲與科爾沁部之間積極地以婚姻作爲聯繫方式，爲滿洲與蒙古諸部的聯姻立下了良好典範⑤。

天命十年（1625），察哈爾發兵入侵科爾沁部，努爾哈齊即派兵爲科爾沁部化解危機，翌年，科爾沁部奧巴台吉前來乞婚，努爾哈齊即以姪圖倫台吉之女肫哲公主妻之⑥。努爾哈齊雖然積極爭取科爾沁部的支持，揭開了滿蒙聯姻的序幕，但就天命年間而言，滿蒙友好關係，並不穩固。努爾哈齊崩殂，皇太極繼承汗位後不久，曾命巴克什希福等齎書往科爾沁部，歷述滿洲與奧巴盟誓之詞。《清太宗文皇帝實錄》初纂本詳載書信內容云：

> 天聰汗致書於吐舍兔額夫，插漢兒胯兒胯掠爾牲畜，爾密使巴丫里兔去，不令我知，去後使人告我何益？先汗愛爾猶子，以女妻之，視他親獨厚。及先汗崩，爾若使人來吊慰，以全親情，豈不善乎。先汗愛爾，適以格格，是永訣時遺爾以思念也。爾今差人來說，令我遣人迎格格來，其意若何？既對天地盟誓，結爲姻親，吾所以不諱而盡言之⑦。

引文中「吐舍兔額夫」，即土謝圖額駙奧巴，「插漢兒胯兒胯」即察哈爾喀爾喀，「巴丫里兔」即巴雅爾圖。科爾沁部與滿洲既已互結姻親，盟誓天地，形成軍事同盟，當察哈爾喀爾喀發兵掠奪科爾沁部牲畜時，奧巴即應遵守盟誓，先行知會滿洲。但奧巴卻密遣巴雅爾圖往索，然後報知滿洲，不守忠信。天聰二年（1628）十二月，皇太極又遣近侍索尼等致書於奧巴，書信開端有一段話云：

汝父子昔助夜黑，謀分吾地，彼時若勝我，今日豈能獨存
乎？此其一也；後我兵征兀喇國，至乙哈阿林，汝父子又
援之，此其二也；後汝兵復助夜黑，殺吾布陽姑蝦，此其
三也。似此三事，非重罰可償，理當報復，我先汗寬仁大
度，猶執大禮，差人講和，遂盟誓天地，與之和好。後汝
欲親自相見，約會其處，先汗赴約，汝背盟不來，此欺誑
一也。插漢兒興兵殺汝，我聞之，不辭勞苦，不惜馬匹，
將至濃安塔，插漢兒聞之，遂棄將陷之城而回。若非我兵
救援，尚有今日乎？汝果勇猛，何故還加兒布蝦台吉二人。
插漢兒回兵後，與吾和好，因珍愛汝，遂以女妻之，又厚
賜東珠、金子、貂皮、猞猁猻、緞帛、盔甲、銀五千兩及
一切應用等物，汝有何名馬送我？及後施恩德於汝之先汗
崩，空戈落貝勒聞之，即差一大人來吊。汝聞之，何不令
子及親近大人來吊，遲兩月後，方差一下等班底，牽老馬
一匹來，汝之負恩二也⑧。

引文中「夜黑」，即葉赫，「兀喇國」即烏拉部，「乙哈阿林」
即牛山（ihan alin），「布陽姑蝦」即侍衛布陽果。由書信內容
可知在天命年間，科爾沁部與滿洲並不和睦，土謝圖額駙奧巴處
處與滿洲為敵，時而為友，時而為敵，努爾哈齊欲借通婚結親以
鞏固軍事同盟關係的嘗試，並未收到預期的成效。皇太極痛責土
謝圖額駙奧巴欺誑、負恩、貪鄙、侮慢、凌辱、失信等等，奧巴
見書大驚，即集子弟眾官商議，願意扶病謝罪。但因科爾沁部是
漠南蒙古的強部之一，對敖漢、奈曼、巴林等部可以產生較大影
響，因此加強滿洲與科爾沁部的聯姻關係，仍然是不可改變的重
要政策。

五宮並建　蒙古歸心

在漢蒙聯姻過程中，崇德五宮后妃的冊立，頗具意義。萬曆四十二年（1614）六月初十日，蒙古科爾沁部扎爾固齊貝勒莽古思送其女哲哲（jeje）給皇太極爲妻。哲哲芳齡十五歲，皇太極親迎至輝發部扈爾奇山城，大宴成婚。天命十年（1625）二月，科爾沁部貝勒寨桑之子吳克善台吉親送其二妹布木布泰（bumbutai）給皇太極爲妻。布木布泰芳齡十三歲，皇太極親迎至瀋陽北岡。布木布泰將至，努爾哈齊率領諸福金、貝勒等出迎十里。進入瀋陽城後，爲皇太極和布木布泰舉行了隆重的婚禮。天命十年（1625）三月，努爾哈齊遷都瀋陽，改稱盛京（mukden hoton）。天命十一年（1626）八月十一日，努爾哈齊崩殂，皇太極嗣統，改明年爲天聰元年（1627），哲哲就是中宮福金，布木布泰就是西宮福金。天聰六年（1632）二月初九日，皇太極以東宮未備，聞蒙古扎魯特部戴青貝勒女賢慧，遣使往聘，立爲東宮福金。莽古思之子貝勒寨桑是中宮福金哲哲的兄弟，西宮福金布木布泰是寨桑的女兒。因此，布木布泰就是哲哲的親姪女，其母即寨桑次妃。天聰七年（1633），寨桑次妃等人到盛京皇宮朝見，備受皇太極的盛情款待。皇太極久聞次妃長女即布木布泰大姊海蘭珠（hairanju）溫文爾雅、端莊秀美，決定納爲妃。天聰八年（1634）十月十六日，吳克善送其妹海蘭珠至盛京，海蘭珠芳齡二十六歲，皇太極與福金等迎接入城，設大宴納爲妃。海蘭珠、布木布泰都是吳克善的親妹妹，哲哲與姪女海蘭珠、布木布泰姑姑姪女三人都嫁給了皇太極。

天聰八年（1634）五月間，滿洲大軍駐箚納流特河附近，軍營中出現雌雉飛入御帳的現象。《清太宗文皇帝實錄》初纂本

有一段記載說：「有雌雉自西北來，落至御營，眾軍急覓無踪，夜入上幄御榻下，次日起營，移幄，雉欲飛，觸幄之椽，乃得之。眾皆曰：此番行兵，上必得賢后也。」⑨同年閏八月二十八日，察哈爾林丹汗屬下寨桑德參濟王等人率領小寨桑、貝勒等護送林丹汗之妻竇土門福金巴特瑪、璪（batma dzoo）帶領部眾歸順滿洲。皇太極令飾良馬四匹，加御用鞍轡往迎，將近營地，皇太極率眾貝勒台吉出營前升坐黃幄。竇土門福金至黃幄前拜見皇太極。閏八月三十日，太貝勒代善及眾和碩貝勒等公同具奏，請皇太極納竇土門福金為妃。皇太極固辭，欲於貝勒中夫妻不睦者配之。代善等人以竇土門福金乃上天所特賜，若不納為妃，恐拂天意，而力勸皇太極納為妃，皇太極納妃之意始定。

盛京崇德五宮后妃簡表

嫁入年分	宮名	位號	名　字	部別	父名	諡號
萬曆四十二年 （1614）	清寧宮	中宮皇 皇后	哲哲 jeje	科爾沁	莽古思	孝端文 皇后
天命十年 （1625）	永福宮	次西宮 莊妃	布木布泰 bumbutai	科爾沁	寨桑	孝莊文 皇后
天聰八年 （1634）	關雎宮	東宮宸 妃	海蘭珠 hairanju	科爾沁	寨桑	敏惠恭 和元妃
天聰八年 （1634）	衍慶宮	次東宮 淑妃	巴特瑪・璪 batma dzoo	阿霸垓	博第塞 楚祜爾	康惠淑 妃
天聰九年 （1635）	麟趾宮	西宮貴 妃	娜木鐘 namjung	阿霸垓	額濟格 諾顏	懿靖太 貴妃

資料來源：《滿文老檔原檔》（臺北，國立故宮博物院）；清史館后妃傳稿。

　　天聰九年（1635）五月間，貝勒多爾袞、岳託、薩哈廉、

豪格等四人統領大軍出征察哈爾，至西喇朱爾格地方，林丹汗妻
囊囊太后娜木鐘（namjung）等率眾歸附滿洲。同年七月二十日，囊
囊太后至盛京，皇太極即納爲妃。五宮后妃可列表如上。

清代盛京崇德五宮的宮殿名稱是天聰十年（1636）四月所
定的，中宮賜名清寧宮，東宮稱關雎宮，西宮稱麟趾宮，次東宮
稱衍慶宮，次西宮稱永福宮⑩。崇德元年（1636）七月初十日，
皇太極在盛京崇政殿舉行冊立后妃大典。臺北國立故宮博物院珍
藏《滿文原檔》，共四十大本，其中原編《日字檔》，以高麗箋
紙用新滿文書寫。原檔中詳細記錄了冊封后妃的經過。根據原檔
的記載，科爾沁部貝勒莽古思之女哲哲（jeje）被封爲清寧宮中
宮國君福金，即中宮皇后，這是清代史上正式大典冊立的第一個
皇后，卒後諡號孝端文皇后。科爾沁部貝勒寨桑長女海蘭珠（
hairanju）被冊封爲東宮關雎宮大福金宸妃。海蘭珠婚後，與皇
太極的關係，十分和諧，皇太極將宸妃所居住的東宮命名爲關雎
宮，取《詩經》「關關雎鳩，在河之洲」之義。東宮宸妃位居各
妃之首，其地位僅次於中宮皇后，卒後諡號敏惠恭和元妃。海蘭
珠的妹妹布木布泰（bumbutai）被冊封爲西宮永福宮側福金莊
妃，她就是清代史上赫赫有名的孝莊皇后。乾隆年間重抄《滿文
老檔》時，將中宮皇后、宸妃、莊妃的芳名俱改書「博爾濟吉特
氏」（borjigit），其本名遂湮沒不傳。林丹汗妻囊囊太后娜木
鐘（manjung）因其地位尊崇，被冊封爲西宮麟趾宮大福金貴妃。寶
土門福金巴特瑪‧璪（batma dzoo）的地位較天聰六年（1632）
娶入的扎魯特部貝勒戴青之女爲高，被冊封爲東宮衍慶宮側福金
淑妃，貝勒戴青之女不在崇德五宮之內，而退居爲皇太極的側妃。
五宮並建，蒙古歸心，滿蒙聯姻的時代意義，不容忽視。

溫文爾雅　端莊秀美

　　努爾哈齊、皇太極及諸王貝勒所娶入的蒙古婦女，大致都是端莊秀美，有一定文化素養的賢慧淑女。萬曆四十年（1612），努爾哈齊聞科爾沁部明安貝勒女「頗有豐姿」，娶而為妻⑪。皇太極聞扎魯特戴青貝勒女甚賢，而納為東宮妃。永福宮莊妃布木布泰是一位雍容華貴的蒙古佳麗，她的大姊宸妃海蘭珠更是一位溫文爾雅，端莊秀美的蒙古婦女。

　　天聰七年（1633）五月初六日，皇太極命文館龍什等人傳諭云：「廓爾沁女，乃中宮女弟也，厄里克出呼里，先欲娶之，予未允，又堅意欲娶。予曾曰：此女之貌，亦非甚美，今必欲娶，可召來爾親觀之，爾雖以為美，如不合予意，必不令娶，遂召至使觀，娶意愈殷。予以其幼失父汗，不忍勸阻，欲令妻之，豈以中宮女弟之故，而嗔吾弟耶？」⑫「廓爾沁」即蒙古科爾沁部，中宮女弟即科爾沁部大妃女，「厄里克出呼里」即額爾克楚虎爾貝勒多鐸。由引文內容可知蒙古嫁出的女子，不但貌美賢慧，而且還要合乎皇太極之意，否則不令娶入。天聰四年（1630）六月初四日，皇太極令岳託貝勒傳旨，歷數阿敏貝勒謀亂各款，其中第三款罪狀如下：

> 回至東京，有進獻美婦，彼欲納之。姚托貝勒云：我等出征，有甚奇物，常聞朝鮮實產美婦，今此一婦，將以獻上。阿敏貝勒謂姚托貝勒曰：汝父征扎掄部時，不常納婦人耶？我娶之，何謂不可？姚托貝勒答云：吾父得來美婦，盡獻於上，上不納，乃賜出征子耳，且我父得一人，汝亦得一人，今汝如是，恐於禮未當。後獻其婦，上命存之，阿敏貝勒復令副將那木泰乞討。是日，那木泰未奏。次日，乃

奏。上云：汝昨日未進獻之先，何不言之，今已有旨矣，

如之何可與，彼因不得此婦，時有怨色。上知之云：爲一

婦人，乃致兄心不快耶？遂賜總兵冷洛里，此其三也⑬。

引文中「姚托」即大貝勒代善之子岳託的同音異譯，扎掄部即扎
魯特部。由前引內容可知滿洲諸貝勒爭相欲得蒙古美婦。

天聰九年（1635）七月二十日，察哈爾汗大福金囊囊太后
投誠至盛京後，皇太極遣人告知大貝勒代善云：「此大福金素有
名，貝勒宜娶之。」代善答云：「雖然，彼無財帛牲畜，吾何以
爲養，待淑泰福金至，我將娶之。」⑭後來大貝勒代善聽說察哈
爾汗妹妹泰松格格饒於財富，奏聞欲娶，得到皇太極俞允。由此
可以說明大貝代善選擇對象的主要條件，是蒙古婦女不僅要長得
貌美賢淑，而且還必須要有財帛牲畜，饒於財富。

永福宮莊妃布木布泰是崇德五宮后妃中最年輕的一位，她貌
美而有內涵，在清初政治舞台上扮演了最令人矚目的角色。她歷
經三朝，輔立過兩位幼主。皇太極在位期間，端莊賢淑，相夫教
子，有內在美。在順治朝稱爲皇太后，由多爾袞攝政，輔佐幼主，
度過危機。在康熙朝稱爲太皇太后，周旋於四大輔政權臣之間。
一生聰明機智，善於運用謀略，在誅除權臣鰲拜、平定三藩之亂
的過程中，充分表現出她知人善任以及應付突發事件的卓越才能，
對穩定清初的政治局面作出了重要的貢獻。清史館《后妃傳稿》
對孝莊皇后布木布泰的評論，頗爲中肯，原稿中指出「后仁慈愛
人，每有偏災，輒發宮帑賑恤。值三藩用兵，后念出征駐防，兵
士勞苦，盡發宮中金帛加犒。」布爾尼叛亂期間，清軍北征，孝
莊皇后聽說慈寧宮庶妃有母年九十餘，居察哈爾，即面諭玄燁誡
師行毋加擄掠。孝莊皇后幸五台山時，「所至出內帑供頓」。清
初故事，后妃、諸王、貝勒福金、貝子、公夫人，皆有命婦更番

隨侍，自孝莊皇后開始罷除。孝莊皇后「性知書」，福臨秉承母訓，述內則衍義。玄燁命儒臣譯《大學衍義》，進呈孝莊皇太后。她常勗勉玄燁，「祖宗騎射開基，武備不可弛，用人行政，務敬承天，虛公裁決。」又書寫誡諭稱，「古稱爲君難，蒼生至眾，天子以一身臨其上，生養撫育，莫不引領，必深思得眾得國之道，使四海咸登康阜，綿曆數於無疆惟休。汝尚寬裕慈仁，溫良恭敬，慎乃威儀，謹爾出話，夙夜恪勤，以祗承祖考遺緒，俾予亦無疚於厥心。」⑮玄燁幼承太皇太后慈訓，深悉得眾得國之道，孜孜求治，仁孝著稱，爲清朝政權奠定穩固的基礎。

制禮作樂　相夫教子

滿蒙聯姻活動日趨頻繁，無論娶入或嫁出的婦女，多能遵守夫婦綱常，努爾哈齊誡諭婦女的訓示，頗有助於家庭和睦的齊家之道。天命八年（1633）六月初九日，努爾哈齊御八角殿，訓誨福金、公主等云：

> 天作之君，凡制禮作樂，豈可不體天心。然天心何以體之，莫若舉善以感發其善者，誅惡以懲創其惡者，如我國諸王中，亦有被貶責者，豈於我有隙哉？不過因其紊亂綱常，法所不容耳！即執政諸王尚不令枉法，爾等女流，苟犯吾法，吾豈肯縱恕以敗綱常乎？男子披堅執銳，共歿於陣者，蓋因不背同心之約，故以身殉國耳！爾居家女流，違法行背理之事，有何好處，吾之所以將汝等妻諸大臣者，原酌其才，論其功而匹配之也，豈令受制於汝乎？若爾等悍惡凌逼其夫，較之鬼魅尤甚。如萬物俱賴日光而生，爾等當乘我之光，各安其分可也。又謂御妹曰：姑若不預訓諸女，儻犯事之後，汝毋阻我⑯。

努爾哈齊一面訓誨滿洲婦女,不可敗壞綱常,若因悍惡凌逼其夫,犯法背理,決不縱恕;一方面也訓諭蒙古諸額駙,不可受制於滿洲婦女,若有心事,即當奏聞。努爾哈齊訓諭歸降蒙古諸王云:

> 爾等降王,凡在我結婚立家而娶吾女者,勿以吾女為畏。朕原念汝等遠附,故與之,豈令汝受制於吾女乎?吾嘗聞胯兒胯部諸王,以女妻左右近臣者,多侮其夫,而虐害其國人。若吾女有似此不賢者,汝等毋輒殺傷,即告朕知,罪當誅則誅之,罪不至死則廢之,另以別女妻焉,或有不賢而不告朕,是汝等之過,告之而不責其罪,是予之過,凡有艱苦之情,切毋自諱,各有心事,當盡告之⑰。

努爾哈齊諄諄訓誨,其目的在使婦女遵守綱常,相夫教子,螽斯嗣徽,壺化肅雍,正所謂一朝選在君王側,從此宮闈繫君德。

滿蒙聯姻活動,其嫁娶儀式均極為隆重,而且重金禮聘。天聰二年(1628)六月初十日,皇太極命大貝勒代善領其子瓦克達(wakda)前往科爾沁部娶扎薩克圖杜稜布塔齊(butaci)之女為妻,將行,皇太極諭曰:「我國諸貝勒,從未往蒙古國娶妻,此次因係首次前往,故當備厚禮以往。」⑱遂具備黃傘、鼓、喇叭、嗩吶、簫等攜之以往。永金格格是貝勒岳託之女,皇太極收為養女。科爾沁部台吉寨桑之子滿珠習禮曾隨皇太極出征察哈爾,賜名達爾漢巴圖魯。天聰二年(1628)正月,永金格格下嫁滿珠習禮,翌年五月初三日,永金格格與額駙滿珠習禮歸國。皇太極率福金等送嫁,出城三十里,越宿朝暮俱設宴,再送十里,滿珠習禮下馬獻酒,皇太極賞賜鞍轡馬五匹,然後引永金格格馬行三里,下馬後相抱送別而去⑲。皇太極以滿洲大汗的身分親送公主遠嫁,固然是對年幼遠嫁滿族公主表示安慰,同時也意味著對娶親的科爾沁部姻親的尊重⑳。

　　蒙古諸部出嫁婦女時，多由其父母或兄長親自送至盛京，滿洲貝勒福金遠迎入城。天聰六年（1632）二月二十五日，皇太極諭眾貝勒大臣曰：

> 我國舊制，凡嫁娶之禮，眾同迎送，向無違悖，後蒙古送女與瓦格達爲妻，眾妃將出迎，值陰雨，城外設宴不便，遂進城，是我命止之。今默里根歹青親迎，命眾妃出城迎接，卻彼此推委，或云有事羈身，或云衣飾不整，竟無人往。我宮中后妃，遂亦中止，此後嫁娶，如本固山各自送迎，恐從此失八固山和睦之體㉑。

引文中「瓦格達」又作瓦克達，「默里根歹青」即墨爾根戴青貝勒多爾袞，「八固山」即八旗。多爾袞娶妻將至盛京，只有多爾袞所領一旗迎娶，其餘各旗彼此推委，有失八旗和睦之體，爲此皇太極特降旨明示，反映皇太極對嫁娶迎送禮節的重視。

生前寵眷　雖沒不忘

　　皇太極在位期間，滿蒙聯姻活動，是以政治目的爲取向，滿洲貝勒大臣及其子女與蒙古的通婚嫁娶，必須奏明皇太極，不得擅自嫁娶。例如天聰三年（1629）五月十八日，貝勒阿濟格因未奉諭旨，私娶蒙古喀喇沁部奈曼女，經諸貝勒大臣議罪，罰銀一千兩。天聰四年（1630）六月初五日，諸貝勒大臣等議覆貝勒阿敏罪狀十六款，其中第五款罪狀就是阿敏未經奏准，擅以其女嫁給蒙古巴林部台吉塞特爾爲妻，又擅自納塞特爾女爲妻。其第十五款罪狀爲阿敏鎮守永平時，遣人前往蒙古喀拉沁部，強脅喀拉沁部娶其二女，恃強逼娶㉒。滿蒙男女青年的結合，雖然具有濃厚的政治意味，男女雙方並非因戀愛而結合，但他們婚後，大致相當幸福美滿。

　　五宮后妃婚後，與皇太極一直很和諧，皇太極優寵宸妃海蘭珠，遠在其他后妃之上，皇太極與宸妃的感情，最為深厚，其思念之情，雖沒不忘。崇德六年（1641）九月十二日，皇太極征明，駐營於松山城西北十里。是日，滿篤里、穆成格等自盛京馳至軍營，奏聞關雎宮宸妃有疾。皇太極命安平貝勒杜度等圍守錦州，貝勒多鐸等圍守松山。翌日卯刻，皇太極回兵，早行晚駐。九月十七日，至舊邊界下營。是夜一鼓時，來自盛京的使者奏聞宸妃病情慚重。皇太極立即起營，先遣大學士希福、剛林等馳返盛京探視妃病。希福等五更抵盛京，梅勒章京冷僧機等入大清門至內門時，宸妃已薨，享年三十三歲。皇太極兼程而進，是日卯刻馳至盛京，入東宮柩前，慟哭不已，王以下，牛彔章京以上固倫公主，和碩福金、和碩公主、多羅福金、多羅格格以下，梅勒章京命婦以上俱齊集哀悼，一切喪殮之禮，悉令從厚，漆官杏黃色，上畫五色龍鳳，貼金，內用粧緞七層，擺儀仗，由東側門出地載門北五里地葬之。皇太極率諸王以下，牛彔章京以上，公主以下，梅勒章京命婦以上親送，跪奠酒三次方回。

　　宸妃出殯後，皇太極居帳幄內，六日不進飲食，朝夕慟哭。崇德六年（1641）九月二十三日午刻，皇太極悲悼過度，不能自持，以致昏迷，言語顛倒。九月二十九日，初祭宸妃，諸王以下，命婦以上，俱至宸妃靈前，皇太極跪奠酒，諸王以下及眾官官員皆跪，三叩頭，宣讀祭文。《清太宗文皇帝實錄》初纂本所載祝文內容較詳，其原文如下：

　　　　崇德六年，歲次辛巳九月甲戌朔，越二十七日戊子，皇帝
　　　　致祭於關雎宮宸妃，爾生於己酉年，享壽三十有三，薨於
　　　　辛巳年九月十八日，朕自遇爾，厚加眷愛，正欲同享富貴，
　　　　不意天奪之速，中道仳離。朕念生前眷愛，雖沒不忘，追

思感歎，是以備陳祭物，以表哀悃，仍命喇嘛僧道諷誦經文，願爾早生福地㉓。

祝文淺顯生動，感人肺腑，生前眷愛，雖沒不忘，諷誦經文，早生福地，追思歎息，眞情畢露。喇嘛僧道誦經四十九天，十月二十七日，追封宸妃爲敏惠恭和元妃。十一月十一日，皇太極思念宸妃，獨自在宮痛哭，諸王大臣等亦悲不自禁。崇德七年（1642）正月初一日元旦，因宸妃喪，免朝賀，停止筵宴樂舞，民間亦不許作樂，舉國上下，如喪考妣，滿蒙聯姻，對增進滿洲與蒙古的民族感情，確實產生了不容忽視的意義。

同化融合　滿蒙一家

滿蒙通婚，是滿洲與蒙古諸部同化融合的過程，清初關外時期，頻繁的聯姻活動，使滿洲與蒙古形成了新的民族生命共同體，滿蒙一家，對維持東北與西北亞洲的長期和平作出了重要的貢獻。在滿蒙聯姻過程中，就其中見於官書及檔案資料，且有年分與蒙古部別可查者列表統計後，可知努爾哈齊時期滿蒙聯姻包括娶入嫁出共24次，皇太極時期娶入嫁出共79次，合計共103次，平均每年三次以上，其迎來送往，確實絡繹於途。

東北亞與西北亞，都是屬於北亞文化圈的範圍，滿洲與蒙古的文化背景較相近，從滿蒙婚娶對象加以觀察，滿蒙姻親表現了姐妹共夫，姑姪女同嫁，互爲翁婿，父子同娶姑姪女等形式㉔。例如五宮后妃中，科爾沁部宸妃海蘭珠與莊妃布木布泰是姐妹，姐妹同嫁皇太極，就是姐妹共夫。中宮皇后哲哲是海蘭珠、布木布泰的姑姑，姑姪女三人同嫁一夫，就是姑姪女同夫。喀爾喀部恩格德爾先於天命二年（1617）娶舒爾哈齊之女爲妻，天命六年（1621），恩格德爾又將女兒嫁給舒爾哈齊之子費揚古，費

揚古姐弟的嫁娶對象就是恩格德爾父女，恩格德爾是費揚古的姐夫，同時也是岳丈。此外還有各娶對方之女、叔姪女嫁娶父女、同宗兄妹嫁娶叔姪、兄弟娶姐妹等形式，大致而言，都是屬於一夫多妻的形式。由於滿洲與蒙古的婚姻習俗較爲相近，所以聯姻活動較爲成功，婚後家庭生活不因倫常輩分產生障礙，此即北亞文化圈的共同文化特質。當滿洲與蒙古的聯姻活動大規模、多層次、長期連續性地展開以後，便迅速地從血緣關係及心理狀態的共鳴下形成軍事、政治的牢固聯盟。

　　努爾哈齊時期的滿蒙聯姻，是以八旗內的蒙古爲嫁娶重點，皇太極時期，隨著歸附滿洲的蒙古部落數字的急劇上昇，而及時地調整聯姻政策，將婚嫁對象轉向爲廣大的外藩蒙古，終於使皇太極取得了統率蒙古各部的至高權力。華立撰〈清代的滿蒙聯姻〉一文已指出滿蒙聯姻雖然是以滿洲貴族與蒙古王公爲中心的通婚活動，但由於長期以來大量蒙古女子進入中原，大量滿洲貴族女子遠嫁蒙古地區，還有陪嫁人員，包括漢民族。因此，聯姻活動不但促成了滿蒙兩族的直接融合，同時也促進了滿蒙漢族的文化、經濟交流，有助於中華民族多民族共同體的形成與鞏固⑤。總之，努爾哈齊、皇太極時期所奠定的滿蒙聯姻基礎，經過長期持續性的發展，終於有助於中華民族共同體的形成，因此，探討關外時期的滿蒙聯姻活動，具有重大的意義。

【注　釋】

① 奇文瑛撰〈漢蒙文化淵源關係淺析〉《清史研究》，1992年，第4期（北京，中國人民大學，1992年12月），頁61。

② 《蒙古族通史》（北京，民族出版社，1991年9月），頁614。

③ 華立撰〈清代的滿蒙聯姻〉，《中國蒙古史學會論文選集》（呼和

浩特，內蒙古人民出版社，1986年8月），頁294。

④ 劉潞撰〈清太祖太宗時滿蒙婚姻考〉，《故宮博物院院刊》，1995
年，第3期（北京，故宮博物院，1995年8月），頁67。

⑤ 劉曉瑩撰《清代科爾沁部與滿洲關係之研究》（臺北，政治大學民
族所碩士論文，民國85年6月），頁65。

⑥ 《清太祖武皇帝實錄》（臺北，國立故宮博物院），卷4，頁27。

⑦ 《清太宗文皇帝實錄》，初纂本（臺北，國立故宮博物院），卷2，
頁15。

⑧ 《清太宗文皇帝實錄》，初纂本，卷3，頁17。

⑨ 《清太宗文皇帝實錄》，初纂本，卷14，頁30。

⑩ 《清太宗文皇帝實錄》，初纂本，卷22，頁55。

⑪ 《清太祖武皇帝實錄》，卷2，頁13。《清太祖高皇帝實錄》，卷4，
頁1，將「頗有豐姿」改書「甚賢」。

⑫ 《清太宗文皇帝實錄》，初纂本，卷11，頁31。

⑬ 《清太宗文皇帝實錄》，初纂本，卷5，頁34。

⑭ 《清太宗文皇帝實錄》，初纂本，卷20，頁3。

⑮ 《后妃傳稿》，（臺北，國立故宮博物院，清史館稿本），7631號。

⑯ 《清太祖武皇帝實錄》，卷4，頁8。

⑰ 《清太祖武皇帝實錄》，卷4，頁9。

⑱ 《滿文老檔》（日本東京，東洋文庫，昭和三十四年），第四冊，
太宗(1)，頁138。

⑲ 《清太宗文皇帝實錄》，初纂本，卷4，頁10。

⑳ 華立撰〈清代的滿蒙聯姻〉，《中國蒙古史學會論文選集》，頁
295。

㉑ 《清太宗文皇帝實錄》，初纂本，卷9，頁13。

㉒ 《清太宗文皇帝實錄》，初纂本，卷5，頁37。

㉓　《清太宗文皇帝實錄》，初纂本，卷37，頁57。

㉔　劉潞撰〈論後金與清初皇室婚姻對象的演變〉，《清史研究》，1992年，第3期，頁17。

㉕　《中國蒙古史學會論文選集》，頁305。

崇德元年（一六三六）七月《滿文原檔》

廓爾喀之役與藏傳佛教的改革

班禪入京　緣起緣滅

　　宗教信仰是一種文化現象，屬於歷史範疇，有它發展、變化的過程，藏傳佛教就是源遠流長的一種宗教信仰。藏傳佛教與滿清政權建立關係，可以追溯到滿洲入關以前。清太宗崇德四年（1643）十月，皇太極派遣察漢喇嘛即察干格隆齋勅書出使西藏。崇德七年（1642），五世達賴喇嘛所派遣的伊拉古克三呼圖克圖抵達盛京。這些活動說明藏傳佛教與清朝開始正式建立了密切的聯繫，隨著形勢的變化，清朝與藏傳佛教的關係，變成了清朝中央政府與西藏格魯派（dge lugs pa）即俗稱黃教地方勢力間的關係①。隨著清廷對西藏地方關係的進一步強化，黃教上層人物也給清朝皇帝戴上了文殊菩薩化身的桂冠，使清朝皇帝凌駕於西藏地方性質而成為高高在上的中央政教首領。

　　清世祖順治九年（1652），達賴喇嘛五世阿旺布藏嘉穆錯入北京，順治皇帝招待他住在太和殿，為他修建西黃寺。達賴喇嘛返回西藏時，順治皇帝還親自為他餞行，授他金冊、金印，封他為西天大善自在佛，領天下釋教普通鄂濟達賴喇嘛。清廷通過與黃教領袖的密切關係，以維持對西藏和蒙古的影響。康熙五十二年（1713）四月，康熙皇帝冊封五世班禪為班禪額爾德尼，並賜滿、漢、藏文金冊、金印，這是西藏歷世班禪正式稱為班禪額爾德尼的開始，同時標誌著班禪額爾德尼轉世系統已在宗教和政治上取得了與達賴喇嘛轉世系統平行的地位。雍正年間，仍然

貫澈因其教不易其俗的策略，對蒙古、西藏實行懷柔政策。禮親
王昭槤著《嘯亭雜錄》已指出，「國家寵幸黃僧，並非崇奉其教，
以祈福祥也。祇以蒙古諸部敬信黃教已久，故以神道設教，藉使
其徒，使其誠心歸附，以障藩籬，正王制，所謂易其政，不易其
俗之道也。」②清廷爲了懷柔西藏、蒙古，所以制定了扶持黃教
的基本政策。

　　清高宗乾隆皇帝爲了促進西藏、蒙古內部的穩定，所以支持
黃教的政教合一，即所謂興黃教以安西藏、蒙古。但乾隆皇帝對
黃教實行保護政策，是有條件的。他一方面因俗而治，一方面因
勢利導進行改革，積極設法由中央直接治理西藏，靈活推行具體
措施，以加強國家的統一③，此即所謂「易其政，不易其俗。」

　　乾隆二十三年（1758），清廷授意達賴喇嘛宣布蒙古哲布
尊丹巴的呼畢勒罕，今後仍然出生在西藏。不久以後，理藩院更
明文規定，哲布尊丹巴的呼畢勒罕今後不能出生在蒙古貴族之家，
只能在唐古忒的平民子嗣中指認④。乾隆四十五年（1780）是乾
隆皇帝的七十壽辰，前一年六月十七日，六世班禪額爾德尼率三
大堪布、高僧喇嘛及隨從一千多人，由駐藏大臣護送，從後藏日
喀則啓行。途經青海西寧塔爾寺，乾隆四十五年七月二十一日，
抵達熱河避暑山莊。爲提供六世班禪額爾德尼講經和居住，乾隆
皇帝在避暑山莊北面山麓建造一座須彌福壽廟，又稱班禪行宮，
是外八廟中最晚建造的一座喇嘛寺廟。八月十三日，乾隆皇帝七
旬萬壽慶典，前來祝壽的厄魯特、喀爾喀、杜爾伯特、內蒙古、
青海各部王公貴族等齊聚一堂。班禪額爾德尼的堪布及眾高僧祝
誦無壽經，班禪額爾德尼還親自爲乾隆皇帝施無量壽佛大灌頂。
須彌福壽寺廟的修建及祝壽活動，促進了各民族的團結，同時反
映了清朝中央政府對西藏地方管理及統治的加強⑤。

　　乾隆末年，廓爾喀因與西藏商務及界務的糾紛，在紅帽喇嘛沙瑪爾巴的唆使下兩次入寇後藏，擾至札什倫布，肆行搶掠，不僅侵犯宗教聖地，甚至威脅到中國領土主權的完整，於是聲罪進剿，同時利用發兵西藏，擊退廓爾喀軍隊的有利時機，對藏傳佛教進行改革，釐剔積弊，取締迷信，通過金瓶掣籤制度的採行，終於將達賴喇嘛、班禪額爾德尼掌控的傳統活佛轉世制度改變爲由清廷嚴格掌控及監督的金瓶掣籤制度，探討清廷的宗教政策，有助於理解藏傳佛教轉變的過程。

打壓紅教　振興黃教

　　取締異端，壓抑紅教，以振興黃教，是清初以來對藏傳佛教所遵循的宗教政策。《清史稿》有一段記載說：「西藏喇嘛，舊皆紅教，至宗喀巴始創黃教，得道西藏噶勒丹寺。時紅教本印度之習，娶妻生子，世襲法王，專指密咒，流極至以吞刀吐火炫俗，盡失戒定慧宗旨。黃教不得近女色，遺囑二大弟子，世以呼畢勒罕轉生，演大乘教。」⑥十五世紀初，宗喀巴（tsong kha pa, 1357—1419）在西藏拉薩以東五十里的地方創建噶丹寺，即以此寺爲主寺創立了格魯派。經宗喀巴改革後形成的黃教，其教理、教義及教規，都比其他教派完整、系統、正規，而且影響越來越大，信徒越來越多。宗喀巴自充第一位噶丹池巴，在他即將圓寂時，將衣帽傳給了他的弟子達瑪仁青，即賈曹傑。於是賈曹傑接替宗喀巴的地位爲第二任噶丹池巴。宗喀巴的另一弟子克珠傑後來爲第三任噶丹池巴。克珠傑後來被格魯派追認爲第一世班禪呼圖克圖。明世宗嘉靖二十五年（1546），宗喀巴的大弟子根登珠巴的繼承人根登嘉措圓寂後，根據宗喀巴的遺囑得以轉世，形成了達賴活佛的轉世系統，根登珠巴後來被追認爲第一世達賴喇

嘛。從此以後，藏族地區的格魯派便產生了以達賴嘛嘛和班禪呼
圖克圖兩大活佛的轉世系統⑦。藏傳佛教的活佛轉世傳承法，是
以佛教的輪廻轉世理論爲依據，在西藏特殊環境中逐漸發展起來
的一種特殊的宗教信仰。他們相信活佛或大喇嘛生前修佛已斷除
妄惑業困，證得菩提心體，身死之後，能不昧本性，不隨業而自
在轉生⑧。《清史稿》對活佛轉世也有一段記載：「呼畢勒罕者，華
言化身。達賴、班禪即所謂二大弟子，達賴譯言無上，班禪譯言
光顯。其俗謂死而不失其眞，自知所往，其弟子輒迎而立之，常
在輪廻，本性不昧，故達賴、班禪易世互相爲師。其教皆重見性
度生，斥聲聞小乘及幻術小乘。當明中葉，已遠出紅教上。」⑨
「呼畢勒罕」，又作呼必勒罕，滿語讀如"hūbirhan"，是蒙古語
的音譯，漢譯爲化身，意即轉世靈童，或再生人。達賴喇嘛居拉
薩布達拉廟，稱爲前藏；班禪額爾德尼居日喀則札什倫布寺，稱
爲後藏。達賴喇嘛和班禪額爾德尼受到僧俗等人崇高的尊敬及愛
戴，被藏族歌頌爲「天上太陽和月亮；地上達賴和班禪。」到了
明代中葉以來，黃教不僅在西藏地區取代了紅教等教派所佔有的
統治地位，而且它的勢力，迅速地擴展到蒙古等地區。

　　紅教喇嘛又稱紅帽喇嘛，清代官方文書認爲「紅帽一教，本
屬喇嘛異端，自元季八思巴流傳至今。」⑩紅教被清朝官方斥爲
異端，打擊異端，振興黃教，樹立正統，就是清廷對西藏實行的
宗教政策。欽差大臣巴忠入藏於查明紅教緣由後具摺指出，「紅
教一事，臣於便中向仲巴呼圖克圖議及。據稱，紅帽中亦有兩教：
薩嘉呼圖克圖之教，名索魯克巴，雖戴紅帽，仍行宗喀巴黃教之
道；前往巴勒布之沙瑪爾巴呼圖克圖，則名噶拉木普，乃正紅帽
教也，其人雖多，皆係各行其道，亦斷不能雜於黃教之中。」⑪
但無論索魯克巴或噶拉木普，均留髮娶妻。當欽差大臣巴忠前往

薩嘉呼圖克圖廟中詳加查看後指出，「薩嘉呼圖克圖雖係紅教內
大喇嘛，仍係留髮娶妻，所習經典禮儀，亦與黃教不同，祇伊屬
下三百餘名，加以尊敬，而黃教中人，俱視之甚爲輕忽。」⑫紅
帽喇嘛留髮娶妻，爲黃教喇嘛所輕視，清朝因護持黃教而排斥紅
教。

　　廓爾喀與後藏壤地相接，十八世紀以來，廓爾喀崛起，恃強
侵略，蠶食鄰封，覬覦藏邊，聲稱聶拉木外扎木等地爲其所屬，
界務糾紛，爭執不休。後藏爲息事寧人，竟私下議和，後藏許銀
贖地。廓爾喀又藉口藏內不用其銀錢，食鹽攙土，地租不清，先
後兩次入侵西藏：第一次在乾隆五十三年（1788）；第二次在
乾隆五十六年（1791），清朝官方將廓爾喀的入侵歸咎於紅帽
喇嘛沙瑪爾巴的唆使。駐藏辦事大臣保泰具摺時曾指出，「廓爾
喀地方有紅帽喇嘛沙瑪爾巴呼圖克圖，係仲巴呼圖克圖之弟。訪
聞伊兄弟彼此相仇，此次賊匪至藏侵擾，即係沙瑪爾巴陷害伊兄
之意。」⑬清朝君臣一致認爲沙瑪爾巴與札什倫布商卓特巴仲巴
呼圖克圖弟兄不和，遂唆使廓爾喀搶掠後藏，藉報私仇。據廓爾
喀頭目咱瑪達阿爾曾薩野供稱：

> 上次廓爾喀搶佔脅噶爾等處，維時我先被差往西邊界上辦
> 事，不在陽布，回來後聞知此事係紅帽喇嘛沙瑪爾巴唆使
> 所致。他初到陽布二年，與巴都爾薩野並不相好，後來因
> 班禪寄信勸他回去，他不肯依，班禪便與他斷絕音信，不
> 認兄弟。他口出怨言，說定要幫廓爾喀人搶佔後藏，搶得
> 時將地方歸與廓爾喀，纔洩其忿，是以與巴都爾薩野結交
> 和好，唆使出兵。」⑭

根據廓爾喀官方的指證，沙瑪爾巴唆使廓爾喀出兵，當屬實情。
廓爾喀國王喇特納巴都爾，因年幼而由其叔巴都爾薩野攝政，總

管一切。阿爾曾薩野已指出廓爾喀第一次入侵後藏就是沙瑪爾巴因與班禪額爾德尼不和，挾怨洩忿，唆使廓爾喀人搶佔後藏邊境。廓爾喀人第二次入侵後藏的原因，據阿爾曾薩野供稱：「上次原係沙瑪爾巴慫恿巴都爾薩野做的事，此次巴都爾薩野因藏內不給銀兩，就向沙瑪爾巴商量，沙瑪爾巴說你們若不要藏內銀兩就罷了，若必要銀兩，何不去搶札什倫布，可得好些金銀寶物，所以巴都爾薩野起意侵擾扎什倫布是實。」⑮因後藏未能如期付清贖地銀錢，所以沙瑪爾巴唆使巴都爾薩野發兵侵擾札什倫布，搶掠金銀寶物。魏源著《聖武記》一書對廓爾喀人侵犯後藏的原因，有一段記載說：

> 初，後藏班禪喇嘛，以四十六年來朝，祝高宗七旬嘏，中外施舍，海溢山積。及班禪卒於京師，資送歸藏，其財皆為其兄仲巴呼圖克圖所有，既不布施各寺廟與唐古特之兵，又擯其弟舍瑪爾巴為紅教，不使分惠，於是舍瑪爾巴憤懟廓爾喀，以後藏之封殖，仲巴之專汰，煽其入寇。五十五年三月，廓爾喀藉商稅增額，食鹽糅土為詞，興兵闌邊⑯。

引文中的「舍瑪爾巴」，即沙瑪爾巴，因以紅帽喇嘛轉世，所以是紅教，並非被其兄仲巴呼圖克圖所擯斥。由於沙瑪爾巴的煽動，遂導致廓爾喀的入侵後藏。《清史稿》也有類似的記載：

> 初，第六輩班禪之歿，及京歸舍利於藏也，凡朝廷所賜賚，在京各王公及內外各蒙邊地諸番所供養，無慮數十萬金，而寶冠、瓔珞、念珠、晶玉之鉢、鏤金之袈裟，珍慶不可勝計，其兄仲巴呼圖克圖悉踞為已有，既不布施各寺番兵，喇嘛等亦一無所與，其弟沙瑪爾巴垂涎不遂，憤唆廓爾喀藉商稅增額，食鹽糅土為詞，興兵擾邊⑰。

六世班禪額爾德尼到避暑山莊為乾隆皇帝七十壽辰誦經祝釐，其

間，中外施舍，朝廷賜寶，海溢山積，不可勝計。《六世班禪洛桑巴丹益希傳》一書詳列賞賜物件品名，例如班禪額爾德尼甫抵山莊，與乾隆皇帝會晤時，乾隆皇帝即將御用無價的上等項飾、精美無比鑲嵌大珍珠的黃緞僧帽、如意羊脂玉鉤送給班禪額爾德尼。班禪額爾德尼至須彌福壽行宮，於宴會後乾隆皇帝贈送班禪額爾德尼的禮物有：上等大長條哈達、三十兩黃金曼荼羅、銀曼荼羅、集密本尊小像、勝樂本尊小像、大威德本尊神小像、茶碗、長柄、金座、金乞化鉢、痰盂、水壺、金達巴、金香爐、玉石相飾的四方金巴爾布五個、羊脂玉碗一個、玉石碗十個、水晶石花瓶、水晶石達普、玻璃瓶四個、短柄碗十個、白瓶十個、碗器十個、碗具兩個、紅木製器皿兩副、黑芸香木器皿兩副、上等哈達五百匹、黃金五百兩、上等紅黃緞九匹、上等遠東緞二十匹、水獺皮九張、豹皮九張、黑狐狸皮九張、白猞猁皮一千張、黑鼠皮一千張、上等恰爾皮一千張。此外還有賜給大強佐洛桑金巴、司膳布堪洛桑克卻及其他隨員等人禮物。七月二十三日，六皇子、八皇子、十一皇子及七歲的公主各獻哈達給班禪額爾德尼，同時合獻十兩金曼荼羅一具、五色供物繫角、上等哈達二十疋、誦法哈達四十疋、上等紅緞三十疋、銀朱緞十疋、黃緞二十疋、紅棉布十疋、緞子七十疋、紅黃氈毹十疋。臨別時，公主還將自己隨身佩帶的鑲有珍珠的項鏈獻給大師。七月二十四日，在乾隆皇帝七十吉祥萬壽喜宴上，乾隆皇帝贈送班禪額爾德尼的禮物，包括：黃緞珍珠飾班智達僧帽、上等緞製珍珠飾法衣、大氅、袈裟、坎肩、腰帶、格雜、坐墊、緞綢僧衣、各色上等緞子五十疋、哈達二十疋、水晶石碗十個、水晶石瓶十個、黃金五百兩、白銀一萬兩、鞍子一套。七月二十九日，在達普寺宴會上，乾隆皇帝送給班禪額爾德尼護法、度母、多聞子、怙主四輪等佛像。歌舞彈唱

等表演節目結束後，乾隆皇帝賞給班禪額爾德尼的禮物有：上等哈達、上等緞八十四疋、黃色緞衣，及緞袋、彩緞等。八月初五日午後，乾隆皇帝派遣大臣向班禪額爾德尼呈獻慰問品，都是上等禮物，其中鐘錶內有小鳥形象，每當到時小鳥鳴叫，聲音悅耳動聽。此外還有金柄、玉製勝幢、魚形器具、新念珠等⑱，其後仍有贈送，不曾間斷，皇帝、皇子、公主以外，其他奉獻禮物，也是不可勝計。班禪額爾德尼自乾隆四十五年（1780）七月二十一日至熱河避暑山莊，九月初二日入京，十月二十九日，出痘，十一月初二日，圓寂。乾隆四十六年（1781）二月十三日，百日誦經事畢，仲巴呼圖克圖等護送靈櫬返回後藏，其間，各界賜賚呈獻金銀及上等禮物，確實海溢山積，也令沙瑪爾巴垂涎不已。大學士福康安入藏後具摺指出廓爾喀入寇後藏的主要原因，就是由於沙瑪爾巴的唆使。其原奏有一段記載說：

> 查上次廓爾喀滋事，全由沙瑪爾巴唆使，賊匪深知唐古忒懦弱，明肆欺凌，稱兵犯界，而巴忠等所奏唐古忒多收稅課，貿易私債不清，致啟釁端之處，竟係飾詞，不過欲歸藏番，以便准其和息。臣等到藏後，隨時體察，實非因貿易啟釁，亦無未清私債，賊酋屢次向臣福康安具稟，惟自認聽信沙瑪爾巴唆使之罪，從未稟訴交易不公之事⑲。

大學士福康安相信廓爾喀兩次入侵，全由廓爾喀國王聽信沙瑪爾巴唆使所致。乾隆皇帝也採信沙瑪爾巴是罪魁禍首的說法。在寄信上諭中有一段內容說：「仲巴與沙瑪爾巴伊二人同為前輩班禪弟兄，仲巴係札什倫布商卓忒巴，坐享豐厚。沙瑪爾巴居住廓爾喀，未能分潤，遂爾藉口生心唆使賊匪前來搶掠。」⑳關於沙瑪爾巴前往廓爾喀居住的經過，仲巴呼圖克圖供述頗詳：

> 沙瑪爾巴與班禪額爾德尼他兩人是同父生的，我又是前父

生的，我們的規矩，同母生的就為親弟兄。因沙瑪爾巴生來即係紅帽呼圖克圖呼畢勒罕，是以就為紅帽喇嘛。因他生性狡點，不服教訓，所以我們弟兄自幼俱與素不相睦的。他向來就不與我們同住，總在達賴喇嘛所屬的羊八井地方另有廟宇居住，平日亦無書信來往，惟四十九年班禪坐床時，他到後藏道喜來過一次。那時達賴喇嘛、諾們罕都在後藏，他當面向達賴喇嘛、諾們罕、阿旺楚勒提穆跟前告假說要到廓爾喀去，彼處地方有塔一座，甚屬利益，要他那裡朝塔去。達賴喇嘛就向說廓爾喀不是好地方，你去朝塔，可即速回來為是，不可在彼久住。我當下亦曾再三攔阻過他，他總不肯聽我說話，隨即去了，總沒有回來。他亦曾寫信來說因廓爾喀人留住，不叫他回來[21]。

沙瑪爾巴與班禪額爾德尼同父同母，與其兄仲巴呼圖克圖同母異父，雖然是親弟兄，但感情不穆。沙瑪爾巴住在陽八井，又作羊八井，有廟產。乾隆中葉，沙瑪爾巴年約三十餘歲，前往廓爾喀。據西藏噶勒桑丹津供稱：「帶了他的妻子同去，他妻子係羊八井地方番子，名叫博穆，其父母已故，不知姓名，向與巴都爾薩野通姦，是以彼此和好。」[22]沙瑪爾巴前往廓爾喀居住二十餘年。沙瑪爾巴認為藏中產業，為其弟兄共有，仲巴呼圖克圖據為己有，因此唆使廓爾喀人入藏搶掠。據駐藏大臣保泰奏稱，「沙瑪爾巴唆使科爾喀，以伊與仲巴呼圖克圖俱係前輩班禪額爾德尼弟兄所有，札什倫布廟內貲財等項，均屬有分，可以到彼搶掠。」[23]

沙瑪爾巴是紅帽喇嘛，清朝官方一方面以沙瑪爾巴為構釁唆使的罪魁，必須將沙瑪爾巴生擒縛獻，嚴法懲治，一方面對壓抑紅教，取締異端，視為振興黃教的具體措施。乾隆五十七年（1792）二月二十五日，沙瑪爾巴染患腹瀉、嘔吐、口瘡等病症，

病情日益惡化，延至同年五月十五日病故，十九日，燒化，六月初二日，拾回骨殖，後來廓爾喀將骨殖獻出。同年八月二十七日，乾隆皇帝頒諭指示，「此次廓爾喀滋擾後藏，皆由沙瑪爾巴挑唆起釁，實爲罪魁禍首，若其身尚在，必當盡法懲治，梟首示衆。今已伏冥誅，現據賊酋將該犯骨殖送出，自當分裂徇示，以昭炯戒。著傳諭福康安等，於賊酋送出沙瑪爾巴骨殖時，不必送京，即在藏內將其骨殖分懸前藏之布達拉，後藏之扎什倫布，並查明前後藏及察木多以至打箭爐一帶大寺廟，一一懸掛。」㉔乾隆皇帝將沙瑪爾巴號令示衆，就是要讓各處紅帽喇嘛及僧俗人等觸目驚心，接受法律的制裁，用示儆戒。同年九月十六日，乾隆皇帝另頒諭旨，「今思藏內寺廟如布達拉、札什倫布等皆爲吉祥佛地，若將沙瑪爾巴骨殖懸掛，未免喇嘛等見爲不祥。」㉕因此，諭令將沙瑪爾巴的骨殖即在前後藏及察木多一帶通衢大站地方懸掛號令，較爲妥善。沙瑪爾巴既爲藏傳佛教的罪魁，雖伏冥誅，但仍不應准其轉世，嗣繼衣鉢。

　　陽八井地方有沙瑪爾巴舊住廟宇，廟內紅帽喇嘛共一百零三名，未便仍令紅帽喇嘛徒衆安居。乾隆五十七年（1792）八月初六日，諭令福康安、和琳等於事定後將紅教廟宇改給黃教喇嘛居住，所有沙瑪爾巴徒衆，概令還俗，分發閩粵浙江及江西等處安插㉖。和琳等覆奏時指出，陽八井廟內紅教喇嘛若概勒令還俗，反恐滋生事端，於是奏請改爲黃教，分給前藏各大寺堪布等嚴加管束。同年九月初五日，乾隆皇帝於寄信上諭中指出：

> 此項紅帽喇嘛業經和琳派委營官等先行押赴前藏，和琳回藏時，當傳集該喇嘛，諭以沙瑪爾巴搆釁之事，業將伊骨殖號令示衆，爾等不應仍襲其教，且爾等所習經典，本與黃教彷彿，若爾等情願改歸黃教，仍可在藏焚修，如不願

改歸黃教，即行將爾等一併解京，聽候安插，如此明白曉諭，伊等自必願留藏地，可以聽受黃教堪布等約束。至撒迦溝紅帽喇嘛，前本擬移至內地安插，又慮該喇嘛等人戶眾多，或實有難行之處，即交駐藏大臣嚴加管束。今思福康安等撒兵之便，聲勢壯盛，或於過撒迦時，趁此軍威，傳集撒迦呼圖克圖等，諭以爾等於上年賊匪路過時，曾經遞送哈達，即與從賊無異，俱干重罪。今蒙大皇帝念爾等俱係僧家愚昧無知，不行嚴辦，已屬格外施恩，爾等若情願改歸黃教，即當奏聞大皇帝，仍准爾等在本寺焚修安業，若再執迷不悟，即當令官兵撒回之便，將爾等一併解至內地安插，禍福利害，惟爾所擇。該喇嘛懾於兵威，或俯首聽從，情願改入黃教，可以永杜異端，潛歸正教，更可易於集事㉗。

黃教是正教，也是正統，紅教是邪教，也是異端，乾隆皇帝企圖以政治力量迫使紅帽喇嘛改歸黃教，其目的就是取締邪教，永杜異端，漸歸正教，振興黃教，樹立正統。沙瑪爾巴的徒眾都是紅帽喇嘛，俱令改歸黃教，送往前藏寺廟安插。鍍金沙瑪爾巴大小銅像數軀，約共重二百餘觔，均被銷燬變價。沙瑪爾巴在陽八井及廓爾喀所收藏的珍寶什物俱被查抄解京。

撒迦又作薩嘉，薩嘉呼圖克圖也是紅帽喇嘛，當廓爾喀第一次侵犯後藏時，薩嘉呼圖克圖私自遣人往廓爾喀兵營議和。乾隆皇帝在寄信上諭中已指出，「薩嘉係紅帽喇嘛，另為一教，伊見達賴喇嘛忠厚，班禪額爾德尼尚幼，或借此議和一事，意欲侵奪黃教之權，而唐古忒人等，亦以私心感激，漸至尊崇紅教，此大不可。」㉘乾隆皇帝認為唐古忒人等雖然多奉黃教，但因議和一事，對紅帽喇嘛薩嘉呼圖克圖心懷感激，必致漸奉紅教，而侵奪

黃教的勢力。當成都將軍鄂輝等入藏後遵旨詣布達拉廟謁見達賴喇嘛，諭以「今聞薩嘉呼圖克圖私自遣人議和，伊係紅帽喇嘛，此事經彼和息，必致恃功專恣，從此興起紅教，黃教漸至不振，所關非細。」㉙紅教相沿已久，傳習亦衆，雖然未便遽爾更張，但必須防範唐古忒人等漸歸紅教。由此可知，乾隆皇帝壓抑紅教，振興黃教的措施，就是遵循清初以來對黃教的保護政策，經過廓爾喀的戰役，西藏紅教遭受到重大的打擊。

剝黃正法　破除迷信

札什倫布廟是向來班禪額爾德尼轉輪駐錫的宗教中心，約有喇嘛三千餘名。廟內供奉歷輩班禪額爾德尼安藏舍利之所，塔上鑲嵌珍寶，莊嚴華麗。大學士福康安具摺指出，札什倫布後層佛樓五處，供奉歷輩班禪額爾德尼金塔三座，班禪額爾德尼住房、經堂，皆在其上。金塔外用木板圍護，木板外包銀皮鑲嵌珠寶、珊瑚、松石，背後一面，則爲溜金銅皮包裹，塔前各有供器一分，俱係金銀鑄造。東首是第四輩班禪額爾德尼塔座，中間是第五輩班禪額爾德尼塔座，西首是前輩班禪額爾德尼塔座㉚。

乾隆五十六年（1791）八月初二日，廓爾喀分兵兩路進犯後藏：一路由濟嚨入口，圍攻宗喀；一路由烏嚨前進，滋擾定結。當廓爾喀兵未到札什倫布二十日前，仲巴呼圖克圖等已聽到管殿人果尼爾說前輩班禪額爾德尼金塔上有鐵針自上落下，雖然佛教經典內並無雨針不祥之說，但札什倫布衆喇嘛卻紛紛傳說，非吉祥之兆㉛。八月十六日，廓爾喀兵進逼撒迦溝廟前，廟內喇嘛爭先向廓爾喀兵呈遞哈達，撒迦溝喇嘛廟遂被廓爾喀兵佔據。當廓爾喀兵逼近春隊地方時，相距札什倫布只有四日路程，駐藏辦事大臣保泰鑒於唐古忒兵民怯懦性成，即命都司嚴廷良帶領達木兵

一百五十名，將班禪額爾德尼由陽八井一路移送前藏，留都司徐南鵬帶領綠營兵一百二十名守護札什倫布廟。

八月十八日，札什倫布廟內眾喇嘛聽說廓爾喀兵將至，即連夜逃散。據仲巴呼圖克圖供稱：「班禪額爾德尼去後，羅卜藏丹巴等因扎什倫布係歷代班禪住錫之地，且廟前左右堆積柴薪甚多，恐賊匪前來滋擾，或致放火焚燒，羅卜藏丹巴等一時不得主意，遂欲在吉祥天母前占卜龍丹，欲求保護。」㉜八月十九日早晨，濟仲喇嘛羅卜藏丹巴等起意占卜，告知仲巴呼圖克圖。據仲巴呼圖克圖供稱：「我想廟內僧人歷來原仗佛法護衛，現當賊匪要來搶刼，就是急難到了，他們要求吉祥天母的龍丹，亦屬情急求禱之意，所以就不曾阻止。」㉝當天，仲巴呼圖克圖將廟內要緊細軟財物連夜搬至東噶爾地方藏匿。聚巴扎蒼是約束各扎蒼僧眾傳習經典的喇嘛，四學堪布喇嘛羅卜藏策登就是聚巴扎蒼，自幼學習經典，向來相信佛法可以護衛眾生。八月二十日，僧眾聚集商議，濟仲喇嘛羅卜藏丹巴及四學堪布喇嘛就去喇嘛廟求吉祥天母的龍丹占卜，寫作「打仗好，不打仗好」兩條，將糌粑和為丸，放入磁碗求卜，結果占得不打仗好龍丹一丸，一面稟知仲巴呼圖克圖，一面令小喇嘛將占卜結果告知眾人毋庸打仗，以致眾心惑亂，紛紛散去。同日，廓爾喀兵由聶拉木、撒迦溝一帶進逼札什倫布。八月二十一日，輕易攻佔札什倫布。札什倫布廟東首第四輩班禪額爾德尼塔座，因樓門鎖固，有廓爾喀兵二名登梯上房，從天窗越入，失足跌下，絆在石獅子及貯藏淨水缸上，連斃二命，廓爾喀兵心懷畏懼，所以此座金塔及塔前供器，均未被搶掠。中間第五輩班禪額爾德尼塔座鑲嵌銀皮，被間斷挖去，尚未全損。其西首前輩班禪額爾德尼塔座內金塔有木板圍護，尚未損壞，但外面銀皮鑲嵌及供器，俱被搶掠無存。頭輩班禪額爾德尼傳留紫

色石一塊，叫做諾爾布桑珀勒，堅潤光瑩，不似石質，鐫刻梵文，藏中相傳此石爲鎮山舊物，以石之去留，卜廟之興廢。此石被廓爾喀兵盜去後，又遺棄於廟外樹林內，後來又被札什倫布喇嘛尋獲，藏中僧俗人等都相信是佛力呵護所致㉞。後來廓爾喀國王喇特納巴都爾乞降時，福康安提出多項議和條件，其中一條要求廓爾喀須將搶去札什倫布各種物件，全行交還。廓爾喀呈繳札什倫布什物內，其奉旨解京物件包括：金四足圓爐1個（鑲嵌脫落）；金三足鼎1個（無蓋，鑲嵌脫落）；金四足方鼎1個（鑲嵌脫落）；金茶壺1件；金盒2個（鑲嵌不全）；金盤1個；鏨花金爐1個；大小金架几2件；金碗蓋碗托2件（鑲嵌脫落）；金碗托1個；金海燈1個；金纍絲茶盤1個（鑲嵌不全）；金纍絲如意1柄（鑲嵌不全）；小金如意2柄（鑲嵌不全）；金片子1塊（重23兩）；金納木結貢布1件（鑲嵌不全）；小金圈3個（上有珠子1顆）；金喇嘛帽頂1個（鑲嵌脫落）；金記念20顆（上有小金圈2個）；玉如意1柄；玉噶布拉鼓1個（鑲嵌不全，大珊瑚1個）；噶布拉鼓1個（珠子5串，共18顆，大珊瑚1個）；玉把碗1個；碎玉石1塊；珠子2串（計323顆）；米珠9串（計660顆）；碎珠1包（重5兩8錢）；碎珠1包（重18兩）；大小珊瑚（共5650顆，外有珠子31顆）；小珊瑚1串（307顆，，內米珠79顆）；碎珊瑚枝13件；珊瑚簪1枝；碎珊瑚1包（重4兩 2錢）；倭緞鑲珠五佛冠1頂（脫落米珠 3顆）；倭緞鑲金五佛冠1頂（鑲嵌脫落）；鑲嵌蚌殼五佛冠1頂（上有珠95顆，珊瑚5顆）；大小松石10塊；鑲嵌大小松石18塊；珊瑚松石米珠吊掛5件（重22兩）；珊瑚米珠繡帶一條；鍍金鑲玉片鞍板1副（脫落鑲玉1塊）㉟。廓爾喀兵丁肆行搶掠，佛教文物慘遭洗劫，清廷掌握時效，及時搶救，功不可沒。

八月二十五日，保泰護送班禪額爾德尼等抵達前藏，因廓爾喀揚言欲分兵三路直趨前藏，保泰與雅滿泰商議，欲將達賴喇嘛及班禪額爾德尼移往泰寧居住。但達賴喇嘛認爲布達拉廟位在山頂，地勢險峻，四面皆設垛口，可以固守，若移泰寧，前藏僧俗人等必致驚散，故未遷移。九月初七日，廓爾喀兵丁搶掠札什倫布後，又前往搶佔定結。乾隆皇帝據奏後，即命成都將軍鄂輝就近帶兵入藏查辦。福康安素嫻軍旅，識見較優，聲勢亦大，因此，命福康安兼程入京，面授方略，以便統率大軍前往藏內征剿廓爾喀兵丁。乾隆皇帝指出，保泰一味畏葸，甫聞敵至信息，即帶同班禪額爾德尼退至前藏，以致札什倫布喇嘛等無所倚仗，各思奔逃，而濟仲喇嘛、堪布喇嘛等復於吉祥天母前占卜，妄託神言惑衆，人心渙散，使廓爾喀得以乘虛佔據，肆意搶掠。保泰既失後藏，又欲將達賴喇嘛、班禪額爾德尼移往泰寧，竟棄藏地與敵，悖謬至極。乾隆皇帝認爲「衛藏爲崇奉黃教之地，各蒙古番衆，素所皈依，今一旦將達賴喇嘛、班禪額爾德尼移至泰寧、西寧地方，不特衆蒙古番衆無從瞻仰，即該處僧俗人等，亦皆爲賊所擄，賊匪原因後藏空虛，始行佔據。設前藏亦無人守禦，賊匪亦必乘虛而入，似此逐漸侵佔，則察木多、巴塘、裏塘等處，亦必委之於賊。」㊱保泰竟欲棄前藏於不顧，所辦無異於「開門揖盜」，奉旨改名爲「俘習渾」（fusihūn），意即卑賤，並在前藏枷號示衆，復加杖責。

札什倫布廟有班禪額爾德尼數輩塔座在彼，皆因仲巴呼圖克圖首先逃避，以致廓爾喀兵丁肆行刼掠，仲巴呼圖克圖背師忘祖，即爲悖亂佛法。乾隆皇帝指出，《賢愚因緣經》第一卷內即載佛捨身割肉喂鳥一節，況於前輩世代塔座廟宇之重，尤應不惜軀命，加意護持，而仲巴呼圖克圖祇爲身謀，棄捨逃避，實爲佛法所不

容，本應即予正法，姑念仲巴呼圖克圖爲前輩班禪額爾德尼之兄，特加寬宥，但令解送入京，即在前輩班禪額爾德尼所住德壽寺居住㊲。仲巴呼圖克圖由雅滿泰拏解入京後，其商卓特巴之缺，由歲琫堪布補授。

　　濟仲喇嘛、堪布喇嘛等既皈依佛教，見廓爾喀兵侵擾佛地，乃竟假託占辭，妄行搖惑，以致喇嘛僧俗，皆無固志，相率散去，被乾隆皇帝指爲喪心叛教，情罪重大。成都將軍鄂輝奉命到藏後即密行查明占卜惑衆的濟仲喇嘛及四學堪布喇嘛等係屬何人？即行按名正法。不久，又奉諭旨，濟仲喇嘛等占卜惑衆，本應概予駢誅，但念罰不及衆，又命鄂輝將首先起意之人查明處決，其餘解京辦理。四川建昌鎮總兵官穆克登阿奉命到後藏查辦占卜惑衆喇嘛，於乾隆五十六年（1791）十一月二十七日，將起意占卜濟仲喇嘛等五名查出押解前藏，交鄂輝辦理。鄂輝即率同鹽茶道林儁嚴加訊究。其中羅卜藏丹巴供認起意占卜，僧衆皆聽信，並將派出堵禦各喇嘛全行撤散。羅卜藏丹巴及其他四名後來又起意與廓爾喀人講和，復至吉祥天母前占卜，占得講和爲好，即派喇嘛諾聶爾前往敵營講和。諾聶爾在途中一聞敵至，隨即潛逃。廓爾喀兵丁抵達札什倫布時，羅卜藏策登等四人，亦俱躲匿。廓爾喀兵丁飽掠而去後，羅卜藏丹巴查點物件，見前輩班禪額爾德尼塔上物件，俱被起去，佛前供器，亦已無存。同年十一月二十八日，鄂輝又會同濟嚨呼圖克圖覆訊，隨即傳集衆噶布倫及各寺大喇嘛等眼同將羅卜藏丹巴剃黃，押赴市曹處斬，其餘羅卜藏策登等四名，暫行羈禁，隨後解京㊳，這些喇嘛分別是四學堪布喇嘛羅卜藏策登、羅卜藏扎什、羅卜藏格勒、克春丕勒登卜，奉旨俱安插於德壽寺㊴。

　　乾隆皇帝降旨將濟仲喇嘛羅卜藏丹巴剃黃正法，以示占卜一

道，固不可信，尤足惑亂人心，必須嚴法懲治，藉以破除迷信。乾隆皇帝撰〈卜筮說〉一文中有一段話說：「國家大事，動資卜筮，以定吉凶，則言吉凶者紛至，將何適從？豈不同待議論定而敵兵早過河乎？茲故明言卜筮不能行於今，而以大舜不習吉之言爲準。然舜豈無所本哉！濬哲文明溫恭允塞，具此德則通天地恪神明，動罔不吉，又何卜筮之足藉乎？」⑩元代崇奉藏傳佛教，轉成虐政，乾隆皇帝崇奉黃教，以黃教爲正信宗教，以紅教爲異端，他對黃教採取保護政策，壓抑紅教。但他對黃教中的占卜活動，卻極端排斥。他在寄信上諭中已指出，「衛藏爲我皇祖皇考戡定之地，久隷職方，僧俗人等胥霑醲化，百有餘年。況該處爲歷輩達賴喇嘛、班禪額爾德尼住錫之地，蒙古番衆素所崇奉。」⑪廓爾喀派兵入藏，肆行搶掠，不僅侵犯宗教聖地，而且更威脅到中國領土主權的完整，濟仲喇嘛羅卜藏丹巴等竟將國家大事，動輒假託占卜，搖惑衆心，以致僧俗人等，相率逃避，札什倫布寺棄捨不顧，確實爲佛法所不容。乾隆皇帝取締占卜，破除迷信，懲處濟仲喇嘛，厚集兵力征討廓爾喀，收復失地，不僅保障了中國領土主權的完整，也是維護黃教的重要措施，乾隆皇帝確實有不得已的苦衷，後世不當以好大喜功、窮兵黷武的批評去否定他的貢獻。

金瓶掣籤　釐剔積弊

黃教注重見性度生，排斥幻術小乘，爲唐古忒、衆蒙古所崇奉，但其呼畢勒罕活佛轉世的過程中，由拉穆吹忠降神指認的流弊，日益嚴重。《清高宗純皇帝實錄》有一段記載：

> 佛法以虛寂爲宗，無來無去，故釋迦涅槃後，並未出世，即宗喀巴闡演黃教，亦未出呼畢勒罕。達賴喇嘛、班禪額

爾德尼係宗喀巴之二大弟子，始世世出有呼畢勒罕轉世，共掌黃教有年。從前指認呼畢勒罕，尚無情弊，但藏內亦必須統攝之人，是以循照舊例，相沿辦理。即如康熙年間，有一丹巴呼圖克圖呼畢勒罕出世時，能自述前世之事，故封以清修禪師，後復授爲五台山扎薩克喇嘛，乃竟因貪酒漁色，滋事妄爲，即行革退。似此能言前事之眞呼畢勒罕，尚不免改絃易轍，況拉穆吹忠行私所指涉疑似之呼畢勒罕，轉可信以爲實乎？且佛經秘密戒內，能先知一切者，必須能定心運氣，觀想正法，直參上乘者，方能夢中預知是非空色，今之達賴喇嘛，甫學經卷，並未克造極詣，豈能有此法力，況爲吹忠之古爾登巴，又不能降神，用言試探，所指更屬荒唐，又焉能知眞呼畢勒罕哉㊷！

吹忠既無降神法力，指認呼畢勒罕，頗多情弊。據丹津班珠爾供稱，「呼畢勒罕出世時，有以達賴喇嘛、班禪佛誦經試驗者；有以前輩所愛物件令出世之幼孩聽其揀取以作試驗者；聞亦有吹忠降神以刀鎗剚入皮膚無所損傷信爲靈驗者，我卻未曾親見，想是邪法障眼，不足深信，惟糊塗番衆信以爲眞，其實想來是假的。」㊸乾隆皇帝指出拉穆吹忠降神作法，假藉邪術，妄指呼畢勒罕，荒唐不可信，必須永行禁止，以除積弊。

爲破除迷信，大學士福康安等曾令吹忠表演其法術，並繕摺具奏。福求安傳訊吹忠，藏內有何休咎，試舉一、二事，以爲徵驗。吹忠即假託神諭說藏人將有痘症，此外並無別事。降神之後，甫經旬餘日，藏人出痘者，有二百餘人，是其法術之小驗者。乾隆皇帝頗不以爲然，他認爲以出痘之事，試驗吹忠眞僞，殊屬未當。因爲「現值春氣發生，正屆痘症時行之際，況藏內上年番民多患痘症，此時餘氣所感，紛紛觸發，出痘者有一、二百餘人，

自屬事所必有，何足爲異，即如京城，當此春令，若欲查出痘及
患病者，亦當不少，藏內番民不下數十萬，此等出痘之人，隨處
皆有，豈得因查出二百餘人，即以吹忠所言不虛，爲術法之靈驗，
番衆等方以吹忠降神，共相信奉，茲又以此等易驗之事，令其試
驗，轉使吹忠等得以借端神奇其說，是不但不能破其相沿錮習，
並更堅其崇信之心。」㊹降神附體是原始宗教信仰中常見的活動，在
東北亞文化圈中的薩滿（saman），就是使用巫術降神附體的靈
媒，其荒誕不經，乾隆皇帝耳熟能詳，拉穆吹忠假託神諭指認靈
童，固不可信，流弊滋多，必須先行破除迷信。乾隆皇帝在寄信
上諭中指出：

> 向來藏內出乎畢勒罕，俱令拉穆吹忠降神附體，指明地方
> 人家尋覓。其所指呼畢勒罕不止一人，找尋之人，各將所
> 出呼畢勒罕生年及伊父母名姓，一一記明，復令拉穆吹忠
> 降神禱問，指定眞呼畢勒罕，積習相沿，由來已久。朕思
> 其事近於荒唐，不足憑信，拉穆吹忠往往受人囑托，假托
> 神言，任意妄指，而藏中人等因其跡涉神異，多爲所愚，
> 殊屬可笑。即以部中掣籤而喩，原係堂官自行親掣，並不
> 經書吏之手，而書吏往往預行指定某缺，向人撞騙，及至
> 掣籤時，竟有果得此缺者，無識之徒，遂以書吏爲有權，
> 甘心酬謝，殊不知應行掣籤之人，俱向書吏囑托，而書吏
> 概行應允，則其所指之籤，總有一人掣得，是非爲書吏所
> 愚而何？藏中拉穆吹忠所指呼畢勒罕，其弊正與此相似，
> 此等拉穆吹忠，即係內地師巫，多以邪術惑人耳目，聞拉
> 穆吹忠降神舞刀自扎，而於身體無害，是以人皆信之，此
> 等幻術，原屬常有。但即使其法果眞，在佛教中已最爲下
> 乘。若係虛假，則更不值一噱，其妄誕不經，豈可仍前信

奉。福康安等現在整飭藏務，正應趁此破其積弊，莫若在藏即令拉穆吹忠各將其法試演，如用刀自扎等項，果能有驗，則藏中相沿日久，亦姑聽之。若福康安等親加面試，其法不靈，即將吹忠降神荒唐不可之處，對眾曉諭，俾僧俗人等共知其妄，勿爲所愚，嗣後出呼畢勒罕，竟可禁止吹忠降神，將所生年月相仿數人之名專用金本巴瓶，令達賴喇嘛掣籤指定，以昭公允。此事若專交和琳一人試演，恐僧俗人等尚不能同心信服，此旨到時，如福康安、孫士毅、惠齡業經啟程，已過察木多，則距藏較遠，不便再行轉回，即令和琳、成德遵照辦理。倘福康安等尚未啟程，或已經啟程，尚未過察木多地方，即當轉回前藏，與和琳一同演試，以祛積弊，而破群愚，更爲妥善㊺。

乾隆皇帝認爲吹忠降神一事，雖然唐古忒僧俗人等素相信奉，一時驟難革除，但當此整飭藏務之際，總當將拉穆吹忠傳來，在藏內對眾親加面試，以驗其靈或不靈。即使不以吞刀剜肉等事，即用力自扎及以舌舐刀等項令其搬演，亦應將難試之事，窮其伎倆，俾藏中僧俗人等共知其荒唐不可信，以破群愚，然後積弊自可漸除。

兵部侍郎正藍旗漢軍副都統和琳奉命督辦西藏台站烏拉，因福康安等已啟程過察木多，不克轉回西藏，和琳在大昭公所會同達賴喇嘛、濟嚨呼圖克圖及喇嘛僧俗人等，傳齊吹忠四人，令其各將法術演試，並告以「內地亦有如爾等托言降神預言人家休咎者，其人皆能吞刀割肉，以示神奇，然俱係障眼小術，不足爲異，當官尚且嚴禁，若並此不能，其爲藉詞惑眾無疑，尤當重治其罪。」㊻和琳等認爲障眼法術，就是一種邪術，藉以惑眾，必當治罪。和琳向眾人宣示來意後，即授以刀劍，令吹忠四人試演吞刀割肉

的法術。吹忠四人俱各恐懼，不敢以性命爲戲。和琳即向吹忠等
詰問托言神降，將刀向人亂扎，既能扎人，何以不能自扎？據吹
忠等供稱：「聞得前數輩吹忠有將刀自扎之事，或者實係神降，
故能如此，我等實在不能。」和琳又詰以吹忠等既無法術，即不
能降神，何得妄言休咎？據吹忠等覆稱：「凡番民向問年歲豐歉，
及本年有無痘症，不過依著經典，照例答之，或有時湊巧偶中，
番民等即傳以爲奇。」⑰達賴喇嘛亦稱，吹忠托言降神，從前信
以爲眞，惟唐古忒習俗相沿，不能家喻戶曉。和琳具摺指出，前
後藏地方遼闊，雖用唐古忒字張貼告示，徧加曉諭，恐僻遠藏人，
一時不能盡知，除呼畢勒罕一事永遠不准吹忠指認外，其餘藏民
患病，向吹忠推問吉凶等事，只可暫聽土俗，以仍其舊。

　　吹忠降神附體的權威，既被摧毀，進一步革除呼畢勒罕積弊，
就較易進行。《清史稿》對拉穆吹忠指認呼畢勒罕舞弊情形有一
段記載：

　　　　初、達賴、班禪及各大呼圖克圖之呼畢勒罕出世，均由垂
　　　　仲降神指示，往往徇私不公，爲世詬病甚。至哲卜尊丹巴
　　　　胡圖克圖示寂，適土謝圖汗之福晉有妊，眾即指爲呼畢勒
　　　　罕，及彌月，竟生一女，尤貽口實。而達賴、班禪親族亦
　　　　多營爲大呼圖克圖，以專財利，致有仲巴兄弟爭利唆廓夷
　　　　入寇之禍。而達賴兄弟孜仲、綏繃等充商卓特巴，肆行舞
　　　　弊，占人地畝，轉奉不敬黃教之紅帽喇嘛，令與第穆呼圖
　　　　克圖、濟嚨呼圖克圖同坐，且與眾喇嘛歛取銀兩，並將商
　　　　上物件暗中虧缺，來藏熬茶人應得路費，皆減半發給，有
　　　　傷達賴體制，因之特來參見者日減，殊失人心⑱。

引文中的「垂仲」，即吹忠的同音異譯。呼畢勒罕出世，都由吹
忠降神指示，徇私不公，肆行舞弊，宗教領袖專圖財利，兼併地

敝，日益腐化，藏中喇嘛轉奉紅教，黃教式微。軍機大臣阿桂等遵旨妥議西藏善後事宜章程，其中關於革除拉穆吹忠降神妄指肆行舞弊的要點如下：

> 前後藏爲達賴喇嘛、班禪額爾德尼駐錫之地，各蒙古以及番眾人等，前往煎茶瞻拜，皈依佛法，必其化身的確，方足以衍禪教而愜眾心。今藏內達賴喇嘛、班禪額爾德尼等呼畢勒罕示寂後，俱令拉穆吹忠作法降神，俟神附伊體，指明呼畢勒罕所在。拉穆吹忠既不能認眞降神，往往受人囑求，任意妄指，是以達賴喇嘛、班禪額爾德尼、哲卜尊丹巴呼圖克圖等，以親族姻婭，遞相傳襲。近數十年來，總出一家，竟與蒙古王公世職無異，甚至丹津班珠爾之子，亦出有呼圖克圖之呼畢勒罕者，以致蒙古番眾，沸騰物議，均懷不平，即仲巴與沙瑪爾巴伊二人同爲前輩班禪弟兄，仲巴係札什倫布商卓忒巴，坐享豐厚，沙瑪爾巴居住廓爾喀，未能分潤，遂爾藉口生心，唆使賊匪前來搶掠，此即呼畢勒罕之不眞，族屬傳襲之弊所由起也。嗣後應照前降諭旨，令拉穆吹忠四人，認眞作法降神指出，務尋實在根基呼畢勒罕名姓若干，將其生年月日各寫一籤，貯於由京發去金本巴瓶內，令達賴喇嘛等，會同駐藏大臣公同念經，對眾拈定具奏，作爲呼畢勒罕，不得聽其仍前任意妄指，私相傳襲，以除積弊而服人心⑭。

福康安、和琳等都認爲如此辦理，確實可除積弊而服人心。拉穆吹忠雖然仍可作法降神，指出呼畢勒罕若干名，但最後必須由金瓶掣籤粘定具奏後生效，其中駐藏大臣與達賴喇嘛公同念經，對眾公開粘定，確實具有公信力。

蒙古崇奉黃教，由來既久，其拉穆吹忠舞弊情形，亦極嚴重。

例如喀爾喀三音諾彥部落額爾德尼班第達呼圖克圖圓寂後，其商
卓特巴那旺達什為營謀汗王子弟為呼畢勒罕，竟代求達賴喇嘛、
拉穆吹忠附會妄指。和琳詢問達賴喇嘛，據稱，那旺達什到藏時，
向達賴喇嘛詢問額爾德尼班第達的呼畢勒罕，出在何方？達賴喇
嘛令那旺達什去問拉穆吹忠。拉穆吹忠批說，土謝圖汗屬雞的兒
子就是。達賴喇嘛向來總據拉穆吹忠所說為憑，就照向例憑拉穆
吹忠龍單上的神語給他批了。和琳又訊問尼爾巴敦珠卜達爾結，
據供，那旺達什於乾隆五十七年（1792）復到拉穆廟內，求問
呼畢勒罕究竟在於何處？拉穆吹忠降神龍單內批令於東方中等人
家找尋。過了幾日，那旺達什來寺，又送銀50兩，緞1疋，哈達
1個，向拉穆吹忠告稱，土謝圖汗車登多爾濟之子，暨公林沁多
爾濟之子，俱是屬雞的，此二人內是否真實，並開列其父母年歲，
請求拉穆吹忠降神。拉穆吹忠即於那旺達什所遞字上批說車登多
爾濟之子屬雞的，是真呼畢勒罕⑤。車登多爾濟是蒙古汗王，欲
使一子襲其汗爵，又使一子為呼畢勒罕，可得喇嘛財產，圖佔便
宜，奉旨革去汗爵，令其即由張家口回赴游牧，安分自悔。商卓
特巴那旺達什用財營謀汗王子弟為呼畢勒罕，奉旨剝去黃衣，發
往河南地方安置。盟長薩木不爾多爾濟瞻徇情面，轉為咨報，奉
旨交理藩院嚴加議處⑤。乾隆皇帝為力挽頹風，振興黃教，永息
爭端，是以不准蒙古王公的子弟為呼畢勒罕。乾隆皇帝特頒諭旨
說明朝廷整飭流弊，護衛黃教的用意，其要點如下：

> 近因黃教之習，愈趨愈下，蒙古番民等，失其舊時淳樸之
> 風，惟知牟利，罔識佛教正宗，不得不亟加整頓，是以製
> 一金奔巴瓶，派員齎往，設於前藏大昭，俟將來藏內或出
> 達賴喇嘛、班禪額爾德尼及大呼圖克圖呼畢勒罕時，將報
> 出幼孩內擇選數名，將其生年月日名姓各寫一籤入於瓶內，

交達賴喇嘛念經，會同駐藏大臣公同籤掣。並於雍和宮內亦設一金奔巴瓶，如蒙古地方出呼畢勒罕，即報明理藩院，將年月名姓繕寫籤上，入於瓶內，一體掣籤。其從前王公子弟內，私自作爲呼畢勒罕之陋習，永行停止。朕之此旨，原因各蒙古汗王貝勒等既有世爵，可以承襲罔替，已極尊榮，何必復占一呼畢勒罕，又謀喇嘛之利，似此見小，罔知大義，將來必致謀奪財產，啓爭肇釁，滋生事端。方今國家威稜遠播，各蒙古札薩克，咸隸理藩院管理，遇有田產細故，俱爲之秉公剖斷，若任伊等牟利不已，久而或致爭奪相尋，成何事體，是朕之整飭流弊，正所以護衛黃教，厚愛蒙古人等，使其各闢愚蒙，永除爭競㊿。

乾隆皇帝於〈御製喇嘛說〉中已指出自元代以來，各蒙古一心皈依黃教，「興黃教即所以安眾蒙古，所繫非小，故不可不保護之，而非若元朝之曲庇諂敬番僧也。」㊼清朝護持黃教，只爲從宜從俗之計，並非如元人佞佛，所以無意曲庇喇嘛。乾隆皇帝認爲經此掃除積弊之後，必能潛移默化，共知朝廷護衛黃教至意。

福壽須彌　人間淨土

藏傳佛教的形成和發展，經歷了漫長的歷史過程，對藏傳佛教的轉變，進行歷史考察，是具有意義的。明清時期，黃教已經成爲西藏及蒙古等族共同崇奉的宗教信仰，具有廣泛的群眾性，打壓紅教，振興黃教，就是朝廷懷柔西藏、蒙古的宗教政策。由於長期優禮喇嘛，黃教內部積弊叢生，喪失舊時淳樸之風，每況愈下，罔識佛教正宗。清太宗皇太極對喇嘛的言行，曾提出嚴厲的批評。據《清太宗文皇帝實錄》記載：

上謂眾臣曰，喇嘛等口作訛言，假以供佛持素爲名，姦淫

婦女，貪圖財物，逆行惡道，彼陽間索取人財帛牲畜，口稱使人陰間無罪孽，其虛誕未有甚於此者。喇嘛等不過陽圖財物，至於陰間孰念爾之情面，遂免其罪孽也。今之喇嘛，皆屬荒唐，不足以稱喇嘛之名。蒙古輕信喇嘛，費用財物，懺悔罪過，令冥魂超生福地，扯布條受戒者，今後不許爲之(54)。

清太宗在位期間，滿洲與黃教的關係，日趨密切，但對荒唐喇嘛，並不曲庇。康熙皇帝自幼就不喜歡喇嘛，當他十歲時，曾有一喇嘛來朝，提起西方佛法，「朕即面闢其謬，彼竟語塞，蓋朕生來便厭聞此種也。」(55)乾隆皇帝進一步從藏傳佛教宗教信仰的本質及制度進行改革，他因勢利導，乘派兵入藏擊退廓爾喀入侵勢力的有利時機，極力打擊異端，護持正統，迫令紅帽喇嘛改奉黃教，採取一系列的措施，打壓紅教，屢次頒佈行政命令來取締紅帽喇嘛的活動，同時對黃教進行整頓，喇嘛犯法，或出賣國家利益時，即按律治罪，強調法律的不可侵犯，並不因優禮喇嘛而豁免，喇嘛必須接受朝廷法律的約束，不允許喇嘛有凌駕大清律例之上的特權。

呼畢勒罕是借活佛轉世來轉移宗教權力的一種特殊方式，也是藏傳佛教的特點之一。爲了解決宗教首領繼承問題，藏傳佛教即以靈魂轉世說法爲依據，以寺廟經濟關係爲基礎而創立了活佛轉世的宗教制度，這種制度是用維護寺廟獨立經濟及宗教特權作爲鞏固西藏政教合一的一種統治手段(56)。活佛轉世相承的辦法，對黃教寺廟集團的法統繼承問題及鞏固寺廟集團的政治、經濟實力都具有重要意義，它可以使寺廟領導集團保持相對的穩定，避免了內部因權力之爭而引發分裂。尤其重要的是活佛轉世制度的推行，一方面使寺廟財產得以合法繼承，一方面又能名正言順地

繼承前輩宗教領袖的社會關係，使轉世者及其僧侶貴族集團得以承襲和維護他們既得的特權地位，並擴大影響⑤。但因財富過於集中，宗教領導階層內部屢起爭端。拉穆吹忠指認呼畢勒罕時，往往受人囑托，任意妄指，積弊叢生，乾隆皇帝開始採行金瓶掣籤的制度，這種制度是黃教改革過程中重要的轉變。

　　藏內拉穆吹忠降神指認呼畢勒罕的辦法，相沿日久，一時難以革除。乾隆皇帝即以中央政府中掣籤的辦法，創立了金瓶掣籤制度，由拉穆吹忠四人降神作法，指出呼畢勒罕若干名，各寫一籤，貯於金瓶內。部中掣籤，例由堂官自行親掣，金瓶掣籤則由達賴喇嘛會同駐藏大臣公同掣籤，或由理藩院一體掣籤，可以避免舞弊。豆格才讓、扎嘎撰〈班禪世系的產生及歷世班禪轉世過程〉一文已指出在藏傳佛教活佛轉世制度上實行金瓶掣籤，是清廷對西藏宗教制度的一項重大改革，也是清朝對西藏施政的具體措施之一，實行這項改革，雖然是從沙瑪爾巴勾結廓爾喀侵犯後藏一案引起的，但實際是清廷對活佛轉世制度早有自己的看法，只是沒有機會實施改革而已。從活佛轉世制度形成到無限制發展其本身帶有很多的弊端，缺乏統一公正的標準為依據，以致爭端頻起。隨著政教合一制度的進一步發展，上層活佛的職位便成了僧俗各勢力集團爭奪的目標，從而出現了一個家族裡轉世幾個或幾代活佛的現象，甚至有些活佛示寂時就作出他將轉世在哪個家族的決定。由於上述現象往往是借用神祇的旨意來進行，降神為他們的合法化提供了依據，這就使朝廷確信其中必有串通作弊的情形，於是利用發兵西藏的有利時機，頒佈了金瓶掣籤制度，充分表現出清廷對原有活佛轉世制度的看法，以及對拉穆吹忠降神指認呼畢勒罕極端不信任的態度。乾隆皇帝對黃教的改革，對當時西藏和蒙古的社會都產生了很大的影響。從本質上講，金瓶掣

籤與吹忠裰神並無區別，都是缺乏科學依據的，但從效果來看，金瓶掣籤制度可以阻止貴族勢力對活佛轉世過程中的干涉。因吹忠降神在西藏有著悠久的歷史，已成爲活佛轉世制度中不可或缺的組成部分，所以不是用金瓶掣籤所能代替的。經過福康安等大臣與西藏上層人物反覆商議，最後採取了一個折衷的解決辦法，即認定靈童出生的方向，尋訪及決定候選靈童的人數，都由吹忠降神來決定，而最後確定誰是眞正的靈童，就要通過金瓶掣籤來決定，如此既符合西藏佛教的傳統，又執行了乾隆皇帝制定的金瓶掣籤制度，把達賴喇嘛、班禪額爾德尼等繼任人選的決定大權，由西藏地方集中到朝廷中央，這是清廷對西藏行使主權的一項重要決策⑱。乾隆皇帝也指出，「此次辦理廓爾喀，不特衛藏敉寧，而於呼畢勒罕一事，亦可革除舊習，爲護持黃教之良法，實屬一舉兩得。」⑲作爲一個統治者而言，乾隆皇帝在藏傳佛教改革上的成就，確實是可以肯定的。

【注　釋】

① 陳小強撰〈試論西藏政教上層與滿洲清政權的初次互使〉，《西藏研究》，1992年，第二期（拉薩，西藏社會科學院，1992年5月），頁48。

② 昭槤著《嘯亭雜錄》，卷一〇，頁28。見《筆記小說大觀續編》（臺北，新興書局，民國51年8月），第24冊。

③ 顧祖成撰〈清朝前期治藏政策述略〉，1989年，第四期（1989年11月），頁45。

④ 康右銘撰〈清朝政府對蒙古的宗教政策〉，《中國蒙古史學會論文選集》，1983年（呼和浩特，內蒙古人民出版社，1987年9月），頁320。

⑤　黃崇文撰〈須彌福壽之廟的建立及其歷史意義〉，《西藏研究》，
　　1989年，第三期（1989年8月），頁81。

⑥　《清史稿校註》（臺北，國史館，民國79年5月），第15冊，藩部
　　列傳，頁12022。

⑦　豆格才讓・扎嘎撰〈班禪世系的產生及歷世班禪的轉世過程〉，《
　　西藏研究》，1991年，第一期（1991年2月），頁77。

⑧　巴桑羅布撰〈活佛轉世傳承的文化內涵〉，《西藏研究》，1992年，
　　第四期（1992年11月），頁72。

⑨　《清史稿校註》，第15冊，頁12022。

⑩　《欽定廓爾喀紀略》（臺北，國立故宮博物院，清內府朱絲欄寫本），卷
　　四一，頁1。乾隆五十七年九月初五日，據和琳奏。

⑪　《欽定巴勒布紀略》（臺北，國立故宮博物院，清內府朱絲欄寫本），卷
　　一七，頁23。乾隆五十四年二月二十七日，據巴忠奏。

⑫　《欽定巴勒布紀略》，卷二一，頁13，乾隆五十四年六月初六日，
　　據巴忠奏。

⑬　《欽定廓爾喀紀略》，卷八，頁1。乾隆五十六年十一月初七日，
　　上諭。

⑭　《廓爾喀檔》（臺北，國立故宮博物院），乾隆五十七年六月三十
　　日，阿爾曾薩野供詞。

⑮　《廓爾喀檔》，乾隆五十七年六月三十日，阿爾曾薩野供詞。

⑯　魏源著《聖武記》（臺北，世界書局，民國59年6月），卷五，頁
　　158。

⑰　《清史稿校註》，第15冊，藩部八，頁12032。

⑱　嘉木央・久麥旺波著，許得存等譯《六世班禪洛桑巴丹益希傳》（
　　拉薩，西藏人民出版社，1990年8月），頁474—492。

⑲　《欽定廓爾喀紀略》，卷46，頁21。

⑳　《廓爾喀檔》，乾隆五十七年八月二十七日，字寄。）

㉑　《廓爾喀檔》，乾隆五十七年閏四月二十四日，仲巴呼圖克圖供詞。

㉒　《廓爾喀檔》，乾隆五十七年七月二十六日，噶勒桑丹津供詞。

㉓　《廓爾喀檔》，乾隆五十六年十一月，寄信上諭。

㉔　《欽定廓爾喀紀略》，卷四○，頁23，乾隆五十七年八月二十七日，
　　寄信上諭。

㉕　《廓爾喀檔》，乾隆五十七年九月十六日，寄信上諭。

㉖　《廓爾喀檔》，乾隆五十七年八月初六日，寄信上諭。

㉗　《廓爾喀檔》，乾隆五十七年九月初五日，寄信上諭。

㉘　《欽定巴勒布紀略》，卷一○，頁20，乾隆五十三年十月初九日，
　　寄信上諭。

㉙　《欽定巴勒布紀略》，卷一四，頁5，乾隆五十三年十二月初六日，
　　據鄂輝奏。

㉚　《欽定廓爾喀紀略》，卷二○，頁3，乾隆五十七年四月三日，福
　　康安等奏摺。

㉛　《廓爾喀檔》，乾隆五十七年四月初五日，寄信上諭。

㉜　《廓爾喀檔》，乾隆五十七年閏四月二十四日，仲巴呼圖克圖供詞。

㉝　同前注。

㉞　《欽定廓爾喀紀略》，卷二○，頁5，乾隆五十七年四月初三日，
　　據福康安奏。

㉟　《乾隆朝上諭檔》（北京，檔案出版社，1991年6月），第17冊，
　　頁291—294。

㊱　《欽定廓爾喀紀略》，卷五，頁43，乾隆五十六年十月十八日，寄
　　信上諭。

㊲　《欽定廓爾喀紀略》，卷三○，頁15，乾隆五十七年閏四月二十九
　　日，寄信上諭。

㊳ 《欽定廓爾喀紀略》，卷一四，頁1，乾隆五十六年十二月二十六日，據鄂輝奏。

㊴ 《廓爾喀檔》，乾隆五十七年十月初六日，軍機大臣奏稿。

㊵ 清高宗撰《御製文三集》（臺北，國立故宮博物院，嘉慶間烏絲欄寫本），卷四，〈卜筮說〉，頁8。

㊶ 《清高宗純皇帝實錄》，卷一三八九，頁11，乾隆五十六年十月十八日，寄信上諭。

㊷ 《清高宗純皇帝實錄》，卷一四二四，頁28，乾隆五十八年三月十五日，上諭。

㊸ 《廓爾喀檔》，乾隆五十七年十一月二十九日，寄信上諭

㊹ 《廓爾喀檔》，乾隆五十八年二月初四日，寄信上諭。

㊺ 《廓爾喀檔》，乾隆五十七年十一月十七日，寄信上諭。

㊻ 《欽定廓爾喀紀略》，卷五二，頁5，乾隆五十七年四月十九日，據和琳等奏。

㊼ 《欽定廓爾喀紀略》，卷五二，頁6。

㊽ 《清史稿校註》，第十五冊，頁12034。

㊾ 《廓爾喀檔》，乾隆五十七年八月二十七日，軍機大臣奏稿。

㊿ 《清高宗純皇帝實錄》，卷一四二七，頁2，乾隆五十八年四月十九日，上諭。

(51) 《清高宗純皇帝實錄》，卷一四二四，頁29，乾隆五十八年三月十五日，上諭。

(53) 《清高宗純皇帝實錄》，卷一四二七，頁7，乾隆五十八年四月十九日，〈御製喇嘛說〉。

(54) 《清太宗文皇帝實錄》，（臺北，國立故宮博物院，初纂本），卷二二，頁30，天聰十年三月十五日，上諭。

(55) 《康熙起居注》（北京，中華書局，1984年8月），㈠，頁127。

㊋　孫雨志等撰〈談談西藏宗教習俗〉，《世界宗教研究》，1990年，
　　第三期（北京，中國社會科學出版社，1990年9月），頁106。

㊌　勁夫撰〈西藏佛教發展的幾個階段及特徵〉，《西北民族研究》，
　　1991年，第一期（蘭州，西北民族學院，1991年6月），頁143。

㊍　豆格才讓、扎嘎撰〈班禪世系的產生及歷世班禪轉世過程〉，《西
　　藏研究》，1991年，第三期（1991年8月），頁76。

㊎　《廓爾喀檔》，乾隆五十七年九月十六日，寄信上諭。

四月初九日

御覽謹
奏

恭呈

等查照原單逐一核對尚屬相符謹分別開單

倫布物件及查抄沙瑪爾巴等各物件前來臣

據福康安等委員德通解到廓爾喀呈繳扎什

※查抄沙瑪爾巴陽八井廟內存貯什物並廓爾
喀繳出沙瑪爾巴什物內奉

旨解京物件清單

一大小黃教紅教佛像六百六十四軸又依什
甲木朶名下十五軸

一緞鑲佛像一軸

一黃教紅教經七百五十三卷又依什甲木朶
名下二十五卷

一佛牙二個

一噶布拉二十個

一噶布拉手珠二掛

一噶布拉鼓七面

一野獸角五件

一獸膠一個

一藥珠二串

小珍珠二顆重四分

一珊瑚大小枝塊顆粒　共重一百零六兩八錢

一碎小油松石　共重一百二十兩零一錢二分

一大小塊蜜蠟　共重五十六兩五錢

一藍田玉圭二小件又圍一件杴一件

一五佛冠二頂上嵌小金佛小珊瑚珠

一龍泉窯碗一個

一碎珠珊瑚窠蠟纓絡一串重十七兩

乾隆五十八年《上諭檔》

清代海南治黎政策的調整

一、前　言

　　海南與臺灣都是孤懸外海的島嶼，其地貌與位置，頗爲相似。臺灣島的面積爲三萬五千餘平方公里，海南島的面積爲三萬三千餘平方公里，幅員相近。臺灣在我國東南方，海南在正南方，都與內地一衣帶水，隔海相望。臺灣中央山脈縱貫南北，將全島分爲東西兩部，形成不對稱的條狀層次結構。海南的地貌也是中高周低，以五指山爲最高峰，黎母嶺居次，由山嶺、丘陵、台地、平原而呈現不對稱的環狀層次結構。

　　海南與臺灣也有不盡相同之處，海南的地理位置，與臺灣並不全然相似。海南與雷州半島隔瓊州海峽，相距較近，最短距離僅十餘海里，舟筏可渡，朝發夕至，海南與內地之間的往來，要比臺灣方便，朝廷對海南的控制亦較臺灣容易。因此，海南開發較早，遠在漢代已在海南島上設立儋耳珠崖郡，正式納入我國版圖。從漢代到清朝覆亡，長達二千年的開發史，耕地面積僅約三百六十萬畝，人口約二百萬，行政建置爲一府二州十一縣，而臺灣從康熙二十三年（一六八四）歸入版圖至光緒二十一年（一八九五）割讓日本，僅二百年的開發史，開墾耕地面積卻達八百五十萬畝，人口激增至三百七十餘萬，行政建置擴展爲一省三府一直隸州四廳十一縣，臺灣開發歷史雖然短暫，其成果卻遠遠地的超過海南，這些差異，與清廷的政策及閩粵人口的流動，有著密切的關係。海南的落後，並非因地理位置的偏遠，主要是由於動

態人的因素不同。

　　臺灣島上的原住民有「生番」和「熟番」的他稱；海南島上
的原住民也有「生黎」和「熟黎」的他稱，此外還有岐黎、佟黎
的族稱，都是黎族的支系。清廷的治臺政策和治理海南的政策，
基本上是一致的，清廷將臺灣和海南都視爲本土的一部分，和內
地行政建置並無不同，對島上的原住民積極推行內地化的種種措
施。清初以來，臺灣方面由於漢族移民的大規模反滿運動，朝廷
對臺灣漢族頗多防範，雖有番漢衝突，但臺灣原住民多畏法安分。
海南方面，黎漢衝突案件，雖然屢見不鮮，但黎變對清廷政權並
未形成任何威脅。因此，清廷對臺灣的原住民及海南黎族都採取
不侵擾的綏撫政策。清代後期，由於閩粵內地人口壓迫日趨嚴重，
地狹人稠，食指衆多，以致人口流動頻繁，臺灣和海南都容納了
內地頗多的過剩人口。同時由於列強的加緊侵略，爭奪在華利權，
清廷爲救亡圖存，開始重視邊防，並先後展開各項新政措施，加
強海防，利民實邊，於是沈葆禎等人在臺灣積極開發後山，他們
認爲開山而不先撫番，則開山無從下手，欲撫番而不先開山，則
撫番仍屬空談。張之洞等人也認爲海南地位特殊，開山伐木，解
決黎患，然後始能建設海防，並開發利源，於是調整治黎政策，
從消極的撫黎政策轉變爲積極的剿黎政策。本文撰寫的旨趣，主
要在利用國立故宮博物院現藏《宮中檔》硃批奏摺、《軍機處檔
月摺包》奏摺錄副、《月摺檔》、《起居注冊》等檔案資料，探
討清廷調整海南治黎政策的經緯。

二、海南黎族社會的民情風俗

　　黎族是海南島的原住民，歷代典籍對黎族的族稱，有各種不
同的譯音，《後漢書》稱爲「里」①，隋唐時期或稱「俚」，或

稱「黎」②，宋代以降，普遍稱爲「黎」。有些學者認爲「黎」是「里」或「俚」的音轉，也有學者認爲「俚」、「黎」都是黎族自稱「sai」的同音異譯③。臺北國立故宮博物院珍藏《職貢圖》畫卷，計四卷，共三〇一圖，都是清代乾隆年間彩繪民俗畫卷，除畫像外，還有滿、漢文對譯圖說。畫卷中第二卷含有廣東瓊州府黎人畫像及圖說，對研究黎族歷史提供了珍貴的資料。爲了便於討論，先將畫卷中的滿文圖說影印於後，並譯出羅馬拼音，附錄漢文內容，以便對照。

ᠪᠢᡴᡝ ᠵᡝ ᡥᡝᠨᡩᡠᡵᡝᠨᡤᡤᡝ

kiong jeo fu i lii i niyalma, baicaci lii i niyalma kiong jeo
i harangga kadalara u jy šan alin i geren dunggu i dolo
son son i tehebi, banin ehe oshon, kemuni ishunde
kimtuleme wandumbi, tang gurun ci musei gurun de
isitala dahara fudararangge toktohon aku, elhe taifin i
gūsin jakūci aniya, uheri kadalara da tang guwang yoo
cooha gaifi dailaha de teni elhe obume toktobuha, hū
waliyasun tob i nadaci aniya geren dunggu i eshun lii i
niyalma gemu nirugan dangsede dosimbuha be baiha
turgunde tereci sain irgen ohobi, hahasi šošon be jul-
ergi ergi de halgimbi, ujude fulgiyan bosoi halgime šan
de teišun suihun etumbi, tobgiya de isinara foholon
etuku etumbi, fejergi beyede oci, damu juwe fefe bosoi
juleri amala dasimbi, gurgušeme usin tarime moo sac-
ime banjimbi, kii i hehesi soson be amargi ergide hal-
gimbi, ujude yacin fungku i dasimbi, tusure erinde dere
de umiyaha dondon ilha i durun sabsimbi, boconggo
junggin etuku etumbi, ilha notho sigatu hūwaitambi,
sigatu hūsihah i adali, duin ergi joman acabume wei-
lembi, golmin ici arkan tobgiya be dalimbi, tubai tacin
niyalma bucehe manggi, songgorakū, damu eshun yali
jetere be uthai umesi gosiholoho de obumbi.

瓊州府黎人，按黎人後漢謂之俚人，俗呼山嶺為黎，而俚
居其間，於是訛俚為黎，散處於瓊屬五指山各峒中。性兇
橫，時相雠殺，自唐至本朝，叛服不常。康熙三十八年，
總兵唐光堯率兵剿撫，始獲綏靖。雍正七年，各峒生黎，
咸願入版圖，悉為良民。男椎髻在前，首纏紅布，耳垂銅
環，短衣至膝，下體則以布兩幅掩其前後而已，射獵耕樵
為生。黎婦椎髻在後，首蒙青帕。嫁時以針刺面為蟲蛾花

　　卉狀，服繡吉貝，繫花結補，補似裙而四圍合縫，長僅過
　　膝。其俗親死不哭，唯啖生肉，即以爲哀慟切至④。

圖說中已指出海南島方言呼山嶺爲黎，而俚人居住山嶺。於是訛
俚爲黎。《太平寰宇記》已經記載說：「俗呼山嶺爲黎，人居其
間，號曰生黎。」⑤《職貢圖》畫卷圖說中所描述的俚人或黎族，就
是指生黎而言，黎族散處於海南島五指山各峒中，每個黎峒都有
自己固定的地域，漁獵或採集，不得踰越峒界。從黎峒原來的組
織形式或功能加以觀察，它可能是黎族的原始氏族部落組織。自
唐宋以降，黎族叛服無常，黎族的活動，頗受朝廷的矚目。清代
起居注冊詳載皇帝的言行，除漢文本外，還有滿文本，滿、漢文
互相對譯，內容大都彼此相合。現藏滿、漢文本起居注冊內也含
有黎族歷史的珍貴資料。例如康熙二十三年（一六八四）五月十
九日，起居注冊記載是日卯時，康熙皇帝出古北口避暑。七月十
一日，駐蹕拜察地方，晚上御行宮，扈從學士等以宗人府、工部
等衙門折本請旨，面諭指示後，康熙皇帝向學士石柱詢問廣東地
方情形，起居注冊詳細記載君臣對話的內容。先節錄滿文內容，
譯出羅馬拼音，並照錄漢文如後。

　　dele, ashan i bithei da siju i baru fonjime, si guwang-
　　dung ni yaci fu de isinaha. siju i wesimbuhengge, joo
　　king, g'ao jeo. liyan jeo、lei jeo、kiong jeo、guwang jeo、
　　hūi jeo、coo jeo i jergi fu de isinaha. coo jeo fu ci fugi-
　　yan i jecen de dosika. amban bi hese be alifi, mederi
　　hesven be fesheleme genehe de, guwangdung、fugiyan
　　juwe golo i mederi jakarame tehe irgen feniyen feniyen
　　i hiyan dabufi okdome niyakūrafi hendurengge, be
　　gemu fe susu be waliyafi orin aniya funcehe. da gašan
　　de bahafi amasi bederembi seme mejige hono erehe ba
　　akū. jabšan de enduringge ejen i ferguwecuke horon
　　erdemu de, hūlha holo yooni geterefi, mederi boljon

[illegible]

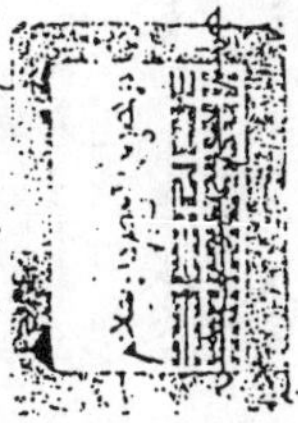

[illegible]

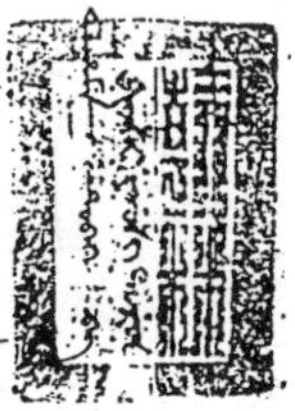

dekderakū ojoro jakade, meni geren irgen gemu bahafi da gašan de bederefi, meni meni boode tefi, usin tarime banjire hethe de sebjelembi. meni beyese teile, ejen i kesi be hukšembi sere anggala, meni juse omosi jalan halame hūwangdi i gosin be mohon akū alimbi seme, siran siran i morin be heturefi ukunjifi hengkišeme, urgunjendure jilgan jugūn i unduri lakcarakū. dele hendume, irgen, mederi dalirame tebuhede urgunjendurengge, cohome mederi de hūdašaci ojoro, nimaha butaci ojoro turgun. suwe ubabe getuken sambime, mederi de hūdašabure be, ainu yabubume gisurehekū. siju i wesimbuhengge, mederi de hūdašabure be, ming gurun ci ebsi neihekū ofi, tuttu yabubame gisurehekū. dele hendume, neneme mederi hūlha bisire jakade, mederi fafun be neirakūngge inu. te mederi hūlha yooni dahaha, geli ai be aliyambi. siju i wesimbuhengge, tubai dzungdu、siyūn fu、tidu se i gisun、tai wan、gin men. hiya men i jergi bade, udu hafan cooha be tuwakiyabucibe, ba be teni baha be dahame, jai emu juwe aniya arbun be tuwafi neici acambi sembi. dele hendume, jase jecen i ujulaha amban oci, gurun i bodohon, irgen i banjire jalin gūnici acambi. te bicibe, mederi be udu fafulacibe, mederi de cisui hūdašarangge, aika nakaha babio. ere mederi de hūdašabure be yabuburakū gisurehengge, cohome dzungdu, siyūn fu ceni beye i aisi be kicerengge kai. siju i wesimbuhengge, ejen i hese inu. ba na i hafasa de, ere gese gūnin bisire be boljoci ojorakū. dele fonjime, koing jeo fu de, neneme hešen fesheleme genehe ambasa gemu isinahakū bihe. sini beye

isinaha be dahame, tubai ba na i arbun dursun ada-
rame, irgen i banjirengge wesimbuhengge, kiong jeo fui
babe daci emu minggan nadan tanggū ba sembihe.
amban be genefi baicaci, uheri juwan ilan jeo hiyan,
suvrdeme ba, juwe minggan nadan tanggū ba funcembi.
ba umesi halhūn, šeng li, šu li juwe hacin i niyalma
tehebi. haha hehe i anggala ton be murušeme bodoci,
juman tumen funceme bi. fu i hoton i šurdeme tehe
irgen be tuwaci, umesi bayan wenjehun. etuhe nereh-
engge gemu gincihiyan. fu i hoton ci goro gūwa jeo
hiyan i irgen i cira gemu ehe. tubaci cen hiyang. bin
lang, hūwa jiyoo i jergi jaka tucimbi. šeng li i niyalma
alin de ganafi, šu li i niyalma de uncambi. šu li i niy-
alma, musei hūdai niyalma de tuweleme uncambi. alin
i bade ehe sukdun bisire jakade, šu li i niyalma seme
inu geneci ojorakū. geneci koro bahambi. dele hendume,
donjici, kiong jeo fu i ba, mederi dolo maktabuhabi.
umesi halhūn, juwari ohode šun den ofi, niyalmai
helmen be saburakū. dobori nan gi. loo zin i jergi usiha
be sabure go,ime, be gi usiha be saburakū. be gi usiha
be na de dalibuhabi sehe bihe. si beye isinaha be
dahame, utungge yargiyūn. siju i wesimbuhengge,
amban be abkai šu be sarkū be dahame, nan gi, be ji
usiha be takarkū, šun uju ninggude bi. tuwame ohode,
oncohon mahala maktame tuwambi.

上問學士石柱曰：「爾曾到廣東幾府？」石柱奏曰：「臣
曾到肇慶、高州、廉州、雷州、瓊州、廣州、惠州、潮州
等府，自潮州入福建境。臣奉命往開海，閩、粵兩省沿海

居民紛紛群集，焚香跪迎，皆云：「我等離去舊土二十餘年，毫無歸故鄉之望矣，幸皇上神靈威德，削平寇盜，海不揚波，我等眾民得還故土，保有室家，各安耕穫，樂其生業。不特此生仰戴皇仁，我等子孫亦世世沐皇上洪恩無盡矣。」皆擁聚馬前稽首懽呼，況途陸續不絕。上曰：「百姓樂於沿海居住者，原因可以海上貿易捕魚之故。爾等明知其故，海上貿易何以不議准行？」石柱奏曰：「海上貿易自明季以來，原未曾開，故議不准行。」上曰：「先因海寇，故海禁未開為是。今海寇既已投誠，更何所待？」石柱奏曰：「據彼處總督、巡撫、提督云：臺灣、金門、廈門等處，雖設官兵防守，但係新得之地，應俟一、二年後，相其機宜，然後再開。」上曰：「邊疆大臣當以國計民生為念，今雖禁海，其私自貿易者何嘗斷絕？今議海上貿易不行者，皆由總督、巡撫自圖便利故也。」石柱奏曰：「皇上所諭甚是，地方官員或此等存心，亦未可定。」上問曰：「先差往展界官員皆未至瓊州，今爾既至其境，彼處地方情形若何？百姓生計若何？」石柱奏曰：「瓊州地方，原稱一千七百里，臣等往察，共計十三州縣，周圍二千七百餘里。地方極熱，生黎、熟黎二種人居住，男女約計十萬餘口，視繞城居住之民甚為富饒，服飾鮮明。至遠離府城各州縣之民，容色皆陋。其地產沉香、檳榔、花椒等物，生黎人入山採取，貨與熟黎，熟黎人轉販諸商。山有瘴氣，即熟黎人亦不敢入，入則必病矣。」上曰：「聞瓊州偏居海中，甚為炎熱，至夏時日高則不見人影，夜間止見南極、老人等星，並不見北極星，北極星被地遮捧。爾親至彼處，果如是否？」石柱奏曰：「臣等不知天文，

不識南極、北極等星，但日在頭上，仰面而視。」⑥
學士石柱已指出瓊州府周圍二千七百餘里，有生黎、熟黎二種人
居住，男女約計十萬餘口。雍正年間，瓊州總兵官施廷專具摺時
亦稱：「瓊屬黎岐附山者，原非州縣所管，是謂生黎。其與土民
接壤而居者，則一體納糧，是謂熟黎。」⑦署理廣東巡撫王士俊
具摺時亦稱，自秦漢以來，生黎並未輸糧入籍，雍正七年（一七
二九）十二月，崖州生黎王那誠等男婦二千三百七十三名，瓊山
縣生黎符天福等男婦二百零二名，定安縣生黎王天貴等男婦六十
七名，陵水縣生黎邢萃等男婦二百八十六名，俱開明戶籍，懇求
附入版圖，願意輸將糧米，或完納丁銀⑧。由此可知，所謂生黎，是
指尚未歸化，並未輸糧入籍的黎族而言，他們居住在五指山各黎
峒中。乾隆年間，瓊州總兵官胡貴指出「內中居平地通貿易者為
熟黎，處深山不通教化者為生黎，無事之時，耕田渡活，亦頗安
分。」⑨五指山內山出產沉香、檳榔、花椒，因內山瘴氣濃重，而
由生黎入山採取，賣給熟黎，再由熟黎轉販諸商。此外，還盛產
楠木，由黎人採辦。至於吉貝是一種彩錦（boconggo junggin），
稱為黎錦，黎族穿著吉貝，服飾鮮明，並以黎錦向漢族換取生活
物資，及鐵鋤、鑱、犁等生產工具。黎族人口，根據起居注冊的
記載，在康熙中葉，約計十萬餘口。據道光年間《瓊州府志》估
計，當時黎族約有二十萬人⑩。黎族個性雖然獷悍，但多守法安
分，由於黎漢衝突，常導致所謂黎亂或黎變，抗官、劫掠、起事，
規模大小不一。

明清時期，黎變次數頻繁，綜合各種文獻記載，約略統計，
明代黎變約有六十餘次，清代約有五十餘次。導致黎變的主要原
因，大致是由於客民的欺凌誘引，文武官員的刻削誅求⑪。例如
明英宗正統九年（一四四四），崖州守禦千戶陳政領軍圍捕黎人，

濫殺無辜，焚劫黎村，以致激變。明代中葉以後，黎變頻仍，已
經對明廷在海南的統治地位形成了嚴重的威脅，臣工於是紛紛條
陳治黎政策。瓊山縣人海瑞（一五一三～一五八七）著《備忘集》
一書，收錄於《欽定四庫全書》，原書記載〈久安疏〉全文。海
瑞於原疏中指出瓊州一府，綿亙二千餘里，黎岐中盤，州縣濱海
旋於外，譬如人體，黎岐是心腹，州縣是四肢。黎岐爲寇，是心
腹之疾，心腹之疾不除，將爲四肢之患。海瑞提出治黎政策。疏
中一段記載說：

> 夫瓊地瓊山縣處其北，崖州處其南，萬州處其東，昌化縣
> 處其西。自瓊山縣轉西歷澄邁縣、臨高縣、儋州、昌化縣、
> 感恩縣，至崖州，計程一千一百里；自崖州轉東，歷陵水
> 縣、萬州、樂會縣、會同縣、文昌縣，復之瓊山縣，計程
> 九百四十里。是瓊州府自南徂北，自東徂西，以圍三徑一
> 計之，大約七百里程也。臣嘗博訪附黎居慣行黎村人及近
> 日大征踏路官兵，皆稱自崖州羅活峒抵瓊山縣大坡頭營，
> 三日可至，是黎岐盤踞地不過方四百里而已。區區方四百
> 里地，自國初以至今日，殘害國家赤子，若此之毒而無已，
> 調用國家官兵若此之眾，費用國家銀糧若此之多。兩廣有
> 巡撫都御史總其權，瓊州有兵備副使專其事，嘉靖十九年
> 以來，又有守備、參將之設，迄不能一施剿撫，安輯吾民。
> 何故武臣憚難畏寇，文臣養望待遇，圖目前苟安，不爲地
> 方永久謀慮，黎小寇害，則隱匿不申請，大寇害調兵又苟
> 且奏功，姑以應事塞責。瓊郡誌書歷載識者開道立邑之議，
> 又載弘治十四年大征，議及此而未行爲深憾，彼非不明知
> 之也，而莫或行焉，間有志立功業者，亦應事掣肘難行邀
> 功起釁之讒，隨有可懼，欲舉而止，無一人竭材力盡忠實

心爲瓊遠計，爲陛下擔當事者，黎寇稔知其習，竊卑笑之，是以大兵一退，即旋轉耕其田，處其地數年，生長積聚，仍前爲州縣寇害，不少衰止，若使兵威震疊，不日此亦可以奏功，蒙顯賞擢從而計久長，開通十字道路，設縣所城池，中峙參將府兵備道，則立犄角之形，成蠶食之勢矣，日磨月化，今日寧復有黎乎？夫得黎無益於地方，處黎或劇於計畫，謂不足州縣置之可也。黎人居處皆寬廣，峒場耕作，皆膏腴田地，非得地不可耕而食。文昌縣斬腳峒等黎，瓊山縣南岐峒等黎，今悉輸賦聽役，與吾治地百姓無異。儋州七方峒今亦習書句能正語，以此例之，非得人不可畜，而使黎固方四百里地也，凡我兵征討，無一次不擣巢穴，無一次不收成功，時異事殊，則又不可以危叢險阻如賈捐之霧露氣濕多毒草蟲蛇水土之害，人未見賊，戰士自死，由未開道立縣。故臣嘗以爲弘治十四年開道立縣，可無嘉靖二十年大征。嘉靖二十年開道立縣，可無二十九年大征。大征後開道立縣，可無歲歲鵰勦，年年守戍，諉之曰地土險惡，勞師無功，藉口聖王不治遠人之說者，皆庸人苟祿偷安，不肯身爲地方當事託詞也。往不可諫矣，今距大征僅三歲，兵威之震懾於黎人，尚存遺黎之生聚猶寡。開道立縣，今日可及爲也，不然數年後必一大變，一大變必用兵十餘萬，必費銀數十萬兩，必殘破地方，心毒痛赤子，功虧一簣，坐失事機，陛下將奚取哉⑫！

海瑞主張治理黎族的辦法是把黎族生聚的五指山開道立縣，開通十字道路，設立縣所城池，早一年開道立縣，就可早一年停止用兵費銀。海瑞在己酉科中式策中就已堅持開十字道心，固執立州縣之計，他認爲開道立縣，就是治黎上策，「自此之外，雖議之

之盡其方，處之之盡其術，皆下策也。」[13]海瑞還主張移民墾荒，他建議將黎族可墾山區，招募無業民人開墾耕種，惟終明之世，海瑞等人的治黎政策，並未爲朝廷所採納。

三、清廷治黎政策的形成及其得失

明代以降，黎漢關係逐漸調整，但因進入海南島的流動人口，與日俱增，黎漢衝突案件，層見疊出，漢族或因放債盤剝，或因吏役兵丁索詐，或因客民誘引，以致激起黎變。有清一代，黎族變亂，層出不窮，其中重大黎變案件，多達五十九起。歷次黎變的時間分佈，順治年間（一六四四～一六六一），共十八年計十三起，約佔百分之二十二；康熙年間（一六六二～一七二二），共六十一件，計十六起，約佔百分之二十七；乾隆年間（一七三六～一七九五），共六十年，計四起，約佔百分之七；嘉慶年間（一七九六～一八二〇），共二十五年，計六起，約佔百分之一〇；道光年間（一八二一～一八五〇），共三十年，計七起，約佔百分之十二；咸豐年間（一八五一～一八六一），共十一年，計四起，約佔百分之七；同治年間（一八六二～一八七四），共十三年，計三起，約佔百分之五；光緒年間（一八七五～一九〇八），共三十四年，計五起，約佔百分之八；宣統年間（一九〇九～一九一一），共三年，計一起，約佔百分之二。黎變案件的地理分析，主要是在崖州、萬州、儋州及瓊山、定安、陵水、昌化、感恩、澄邁、臨高、樂會等縣，共六十六次，其中崖州計二十九次，約佔百分之四十四；瓊山縣計七次，約佔百分之十一；萬州計六次，約佔百分之一〇；定安、陵水兩縣各五次，約各佔百分之八；儋州、昌化縣各四次，約各佔百分之六；感恩縣計三次，約佔百分之五；澄邁、臨高、樂會三縣各一次，約各佔百分

之一⑭。崖州黎變頻率較高的原因，與地理背景有密切的關係。

康熙二十八年（一六八九），瓊山縣陶墜峒熟黎王國臣等率眾焚劫鄉村，瓊州總兵官吳啓爵帶兵平定。吳啓爵請於黎境開通十字路，穿跨黎境，東自萬州界，西抵儋州界，南自崖州界，北抵定安縣界，設立左營太平汛，右營水尾汛，儋州營薄沙汛，萬州營寶停汛，合崖州營原設樂安汛，共計五大汛，每汛派撥千把一員，帶兵駐箚。吳啓爵又奏請興建城垣，添設官兵。但清初以來，朝廷對黎族的基本政策，是採取不擾害黎族，不設州縣的消極態度。現藏《戶口志》有一段記載如下：

> 康熙三十一年，兵部議覆兩廣總督石琳等疏稱，黎人地丁方田無多，不便設立州縣，總兵官吳啓爵所奏，於黎人地方築建城垣，添設官兵，應無庸議。上曰：閱瓊州輿圖，周圍皆服內州縣，而黎人居中，如果此處應取，古人何爲將周圍取之，而在內彈丸之地反棄而不取乎？不入版圖，必有深意。創立州縣，築建城垣，有累百姓，部議不准，良是⑮。

清廷認爲在海南島居中黎族聚居地區設立州縣，築建城垣，將有累百姓，擾害黎族，故議不准行，地方大吏遂秉持黎漢相安不擾的原則，因此，海南島的社會、經濟，發展極爲遲緩。

雍正年間，撫綏黎族的政策，仍未改變。廣東瓊州總兵官施廷專到任後即採取不侵擾黎族的相安態度，他具摺奏稱：

> 黎岐一種，處在州縣之中，先年時或爲匪，多因該地文武官或疏縱奸棍混入勾引作崇，或稧縱兵役騷擾勒索，致滋多事。蓋此等蠢爾無知，雖與本地民人以有易無，歷經久遠，然而不愛銀錢，不慕衣冠，安分耕鑿，自遂其生，非如楚粵滇黔苗蠻之奸貪獷悍，所以歷代處之域中而置之度

外者，實由此也。但治之之法，總在嚴出入之禁，毋使奸
棍混入潛藏，杜騷擾之端，毋使兵役毫有抑索⑯。

嚴禁漢族進入黎族境內，可使黎族不受擾害，黎漢彼此可以相安
無事。雍正五年（一七二七）十一月間，客民王君亮帶領夥伴數
人潛入黎境內，施廷專即飭令各營勒限查拏，送交撫黎同知審理，
王君亮在監病故，其餘各犯分別枷責押解原籍安插。其間有營兵
吳成因查拏王君亮餘夥，曾經需索黎人牛一頭，並向客人需索布
二疋，經施廷專查訪確實後，即追贓給主，並將吳成盡法處死，
其目的就是儆一戒百，「總為安輯地方，撫綏黎岐起見。」

　　廣東提督王紹緒抵任後，查明瓊州一郡，週行二千里，設三
州十縣，環以為治，中央南北綿長五百餘里，東西橫隔三百餘里，
為黎族所居。王紹緒原摺指出黎岐俗習弓矢，田獵為事，從未見
衣冠禮儀之風，動輒自相仇殺，或聽漢奸唆弄，南北峒黎族立即
傳箭，結連啓釁，貽害地方。因此，王紹緒奏請開黎路，並設官
兵，其原奏略謂：

康熙貳拾捌年間，猶為蠢動，鎮臣吳啓爵曾統兵剿撫，迄
今生齒日繁，耕鑿日盛，官於瓊者，惟以相安不擾為幸，
而不知揆諸普天王土，率土王臣之義，豈可容此梗化頑彝
負嵎高臥於版籍腹心之內，不急為籌畫，以分其勢，不致
貽患於萬壹耶？查黎之附近於各州縣者，則為熟黎，或至
城市，與民貿易，所種地畝，薄輸賦稅。其與治境窵遠者，
則為生黎，又為岐人，俗尤狡悍，然其居處，咸有村峒可
名，考諸紀載，明臣海瑞有黎中開十字路之議，揆之於今，
則又事半而功倍，仰請敕下督撫檄令該地文武等官，自儋
州至萬州，東西橫開一字路，除熟黎境界外，生黎地方僅
貳佰餘里，宣揚聖德，次用工力，剋期開闢，以通商民往

來，於適中之沖山地面，設參將壹員，兵壹仟名，安營立
汛，內外巡防，則南北隔截，其勢既分，而萌惡自消，復
諭以衣冠禮義之教，清其地畝，薄其賦稅，不數年間，畏
威懷德之下，佇見熟黎全附版圖，生黎亦同爲盛世之民矣。

王紹緒認爲黎族歷代以來，久爲瓊患，明代海瑞曾提出開通十字
道路的建議，王紹緒則主張開闢一字道路，使南北生黎相隔截，
以分其勢，黎變自將減少，王紹緒另繪圖呈覽。雍正皇帝覽奏後，
以硃筆批諭，其硃批諭旨全文如下：

> 此事朕所悉知者，廣東督撫提鎮未盡得人，盜風未息，民
> 風未淳，營伍未整，吏治未飭，目前緊要切近事尚不能料
> 理，皆朕乏識人之明，愧悔不暇，何顏波及此外事也，暫
> 可息事安內。如當舉之事，朕非怯懦因循主也，若不得其
> 人，勉強料理，不但取辱無益，恐別生事端。似汝等庸才
> 之自取死亡小事，干國體顏面甚巨。但當嚴飭文武鎮靜彈
> 壓，令若輩知恩之可感，兵之可畏，自相安於無事，不必
> 作如此不自知之妄想。若易爲之小事，又何必塗毒頑蠢以
> 邀功，此與國家民生不能爲大害之事，何必生事興端，且
> 寢此舉，俟郝玉麟到任後再看。汝等果能文物竭力將地方
> 營伍、吏治，一一井井可觀，此等地方，人雖愚蠢，亦皆
> 具耳目心思，只須半張告條，可保不煩張弓隻矢，便措置
> 妥協。此事非汝輩大臣所能爲，亦非目下粵省應行之時，
> 此奏誤矣。將此摺併批諭與郝玉麟、傅泰、王士俊等看⑰。

雍正朝的施政重點主要是關於內政的改革及積弊的釐剔。雲貴等
地區的改土歸流，有其歷史背景及經濟因素，海南島黎峒的情況，
與雲貴地區不同。雍正皇帝認爲黎族「人雖愚蠢，皆具耳目心思」，
治理黎族只要鎮靜彈壓，息事安內，自相安於無事，不可別生事

端。

　　廣東布政使王士俊，曾於雍正四年（一七二六）三月署理瓊
州府知府。王士俊抵任之初，曾以黎人聚居五指山境內，恐有事
端，經過細察後，確知黎人雖極「愚蠢」，但卻安分守法。例如
花梨貢木產自黎峒深山，地方官每年採辦，黎人砍木運送，奔走
維勤，就是黎族奉公守法的明驗。黎族或以數十家爲一峒，或以
數家爲一峒，藉五指山爲依棲之所。接近州縣的熟黎，與漢族一
體輸糧納課，僻處山中的生黎，也是惟知力作謀生。王士俊指出，
「今日之熟黎，何莫非昔日之生黎；則今日之生黎，自必爲後日
之熟黎。漸摩以仁義，並濟以恩威，蠢爾黎人，悉與平民無異。」
王士俊署理瓊州府知府期間，曾因外郡刁徒進入黎境騷擾，而立
即擒拏究處，隨後就有黎人十餘名到府叩謝。王士俊見黎人短衣
跣足，垢面蓬頭，即各飽以飯食，給以布帛。王士俊閱讀廣東提
督王紹緒原奏及硃筆批諭後具摺表達意見，其原摺有一段話說：

> 查黎人愚魯樸陋，自秦漢以來，棲止黎峒，耕田鑿井，不
> 識不知，明代海瑞欲於五指山開十字路，盡滅黎人，俾無
> 遺種。臣嘗笑其識見甚淺，器量不宏。今提臣王紹緒襲海
> 瑞之餘論，又海瑞之不若矣。夫天地之大，何所不容。我
> 皇上澤沛遐方，仁覆萬物，凡在海邦日出之區，無不誠心
> 悅服。況黎人近在瓊州內地，伏息山間，謹守法度，毫無
> 過舉。使必欲鑿山開路，致令無地安身，殊非仰體皇上民
> 物胞與之至意也[18]。

王士俊仰體雍正皇帝的施政重點，對伏息山間的黎族，不想驚擾
他們，使黎漢之間可以相安無事，確實是一種民胞物與的精神。
雍正皇帝覽奏後批諭說：「汝所見甚屬可嘉，理應如是者。」署
理廣東巡撫傅泰具摺覆奏時也指出黎人的風俗性情，雖與漢族各

異，但是並無梗化之跡。因此，安戢黎人的方法，原可無庸紛更，
另生事端。廣東應行之事甚多，應辦之案不少，以次第先後而計，
開路撫黎，尚非急務。傅泰捧讀誅批諭旨後，頗能仰體國家政務
的輕重緩急。誅批諭旨已指出，「又何必塗毒頑蠢以邀功，似此
與國家生民不能爲大害之事，何必生事興端。」傅泰也認爲廣東
提督王紹緒原奏所請開路一節，「乃捨急圖緩，棄重就輕，殊失
行政先後之道。」⑲黎族既不足形成地方大害，就不必急於紛更，更
不可棄重就輕，輕議開路剿黎，而生事興端，以干國體顏面。

清初以來，由於人口的迅速成長，生齒日繁，食指衆多，開
墾荒地就成爲舒緩人口壓力的一種人口政策，廣東提督王紹緒曾
經條奏開墾廣東高雷廉瓊四府荒地。廣東總督郝玉麟、署廣東巡
撫傅泰會銜具奏，原奏關於瓊州墾荒一節的內容如下：

> 提臣王紹緒所奏招墾之處，似毋庸再議。至瓊州一府，孤
> 懸海外，黎岐雜處，彼地居民，久安耕鑿，且黎人惟知種
> 田度日，即有一二可墾曠土，亦屬無多，應照怡親王允祥
> 等所議，將瓊州府毋庸招徠開墾，以杜外處民人擅入滋擾，
> 惟令勸諭本地民黎竭力墾種，此誠因地制宜之法⑳。

各省情形不同，地方行政有輕重緩急，必須因地制宜，開墾黎人
荒地，並非急務，徒滋事端。因此，廷議不准行。就現存檔案資
料加以觀察，雍正年間雖偶有黎人竊盜案件㉑，或黎人赴縣控訴
案件㉒，但因朝廷沿襲不擾黎人的治黎政策，黎漢之間，頗能相
安無事，所以未見有重大黎變案件。

乾隆四十二年（一七七七）八月間，萬州知州姜培柱因丁祭
需牛，差遣衙役林通茂購買，林通茂卻帶同屠戶吳從周潛入黎地，
勒令黎頭王俸苦等買牛，因黎地無牛可買，而向王俸苦索得制錢
八千文。後來姜培柱又差遣衙役陳耀採買香料，陳耀轉令幫役同

往黎地勒令王俸菩等購辦，並索番銀一百圓㉓。由於地方大吏嚴禁差役滋擾黎人，使黎漢各安居樂業，因此，乾隆年間，黎變頻率較低。乾隆二十八年（一七六三），安定縣有黎亂。乾隆三十年（一七六五），萬州也有黎亂，惟規模不大。翌年，定安、陵水等縣黎人因漢族重利盤剝、作賤欺凌而激變。萬州知州姜培柱差役索擾黎人被革職後，仍有民人放債盤剝，黎人不堪其苦，乾隆四十六年（一七八一），崖州官坊村黎頭那回遂傳箭糾約黎人搶掠鄉民，崖州西路樂安、多港、保平、頭塘、抱由、官坊等村，同時騷動，拒捕傷官。是年正月二十八日，樂安司巡檢黃彬會營查拏黎犯，卻被黎人射傷身死㉔。大致而言，由於朝廷的治黎政策較保守，因此雖有黎變，但並未形成嚴重的邊患，對清廷的統治政權，亦未構成威脅。

四、海防建設與治黎政策的調整

清代後期，由於廣東、廣西等省內地社會動亂擴大，散兵游勇到處肆虐劫掠，海南島的外來人口與日俱增，社會呈現不穩定的現象，黎漢關係也發生了很大的變化。清代後期，崖州、儋州、萬州境內的黎族、土人及客民都成為海南社會動亂的根源，土、客械鬥，黎族叛亂案件層出不窮。例如嘉慶二十一年（一八一六），儋州薄沙山峒生黎因不堪兵役索詐盤剝，黎族在符那二領導下掀起了聲勢浩大的起事。又如道光十三年（一八三三）七月，儋州黎族不滿民人放債盤剝，在黎亞義等領導下大規模起事，同時還得到漢人薛鳳章的響應，儋州全境遂陷入動亂不安的狀態。光緒元年（一八七五），崖州抱寨村黎頭符亞殿倡亂，引萬州漢人李有章為夥黨，崖州、萬州境內各黎峒先後響應。

儋州等地的客民，有舊客與新客的分別，同治五年（一八六

六），廣東恩平等縣受撫的客民，發往儋州那大、洛基、天表等墟安插，當地土民稱他們為新客，而稱前到者為舊客。兩廣總督劉坤一具奏時指出「舊客與土人相安年久，尚無非為；新客則同治年間由肇慶鶴山、廣州新寧曹沖等處遷往安插，身經百戰，狡悍異常。」㉕光緒四年（一八七八）秋，天時亢旱，米價昂貴。九月初二日，臨高縣土民到天表墟糶穀，與新客爭論價值，互相口角，引起械鬥。新客勾結臨高縣土匪三、四百人持械蜂擁進入天表墟，乘間搶掠各鋪戶財物，傷斃多命，盤踞太平墟，企圖攻打那大、洛基等墟，並脅迫舊客加入陣營。九月十二至十六等日，新舊客民數千人，連日攻打儋州所屬北地等村，臨高所屬蓮塘、頭社、美靈等村，擄掠男婦，焚劫村莊，抗拒官兵，計劃進攻臨高縣城，此次民變，主要是因土、客械鬥，地方官處理不善而釀成的巨案。

　　安插於海南島的新客，不僅脅迫舊客，同時潛伏黎峒，糾結黎人叛亂。光緒四年（一八七八）秋，土客械鬥後，署雷瓊道劉鎮楚辦理善後事宜，不能持平辦理，客民不服。雷州與瓊州，隔海相望，朝發夕至，被安插於雷州的客民，紛紛逃往瓊州邊境，倡立天地會，潛伏於各黎峒，勾結黎人，不時突出劫掠鄉村，裹脅良民入會，以致天地會勢力龐大，吏科給事中戈靖具摺指出：

　　　　瓊州府屬現在有天地會匪徒三股，潛伏黎峒，時出滋擾，
　　　　其一股在萬州邊界，稱偽大將軍，以鄭顯昌、陳忠明為匪
　　　　首；其一股在陵水縣邊界，以王紅胸、李文進為匪首；其
　　　　一股在定安縣邊界，以陸居濚、許德明、黃大賢、黃壯謀
　　　　及軍師林作賢為匪首，各聚集土匪、游勇千數百人，勾結
　　　　黎匪，以黎峒為窩巢，以黎匪為嚮導，不時突出剽劫鄉村，
　　　　良民盡受其害，勢甚猖獗㉖。

由於客民的安插，進入瓊州的廣東流動人口，增長迅速，因此，海南島的天地會勢力，日益猖獗。光緒六年（一八八〇）三月，外委陳志泰奉命前往查探，竟被會黨戕殺。同年五月，天地會滋擾崖州鄉村，樂平汛外委盧啓明率汛兵堵禦，寡不敵眾，力竭陣亡。光緒七年（一八八一）正月及二月，天地會勾結萬州西峒黎人連次劫掠坡頭、長城等處鄉村。三月間，又擾至中興市。六月間，天地會勾結本崗黎人蜂擁至萬州城下，搶殺眾多。兩廣總督張樹聲、廣東巡撫裕寬會銜具奏時指出：

> 瓊州蟠山環海，州縣列其外，黎峒居其中，昔人比爲心腹之疾。自開郡以來，迄二千年，無黎患之日蓋少，元明兩代皆曾興師十萬，窮其巢穴，兵威甫斂，侵軼如恆。考之載籍，唐宋之間，即有湖廣、福建姦民亡命其中，爲四郡患，今之客民，亦正相似。蓋其嚴壑阻深，瘴癘極實，逋逃之藪，伺間出擾，則到處驛騷，一經追剿，則獸奔鳥伏，遁歸巢穴，官兵常臨險欷歔，自嚴而返，故黎匪之肅清，瓊屬州縣之安堵，係常有之事。既已肅清，安堵而復擾，亦常有之事，實與內地土匪不同。在地方官深念終事之難，常不敢舉，舉以召釁。在百姓太息受害之久，常致憾痛剿之無，此局外之議所以難明也。臣等深念海南百姓久爲黎匪所患苦，每博稽古事，詢謀眾論，思得久安長治之方，議者僉謂必如明臣海瑞、吳會期之策，大動師徒，削平黎峒，伐山通道，因之置軍設里，遞創縣營，庶可永絕禍萌，使成樂土[27]。

兩廣總督張樹聲等地方大吏認爲海南黎變層見疊出，百姓久爲所苦，爲求長治久安之計，對黎族的態度已由綏撫轉變爲征剿，並主張師法海瑞等人開道設縣的方案，調集大軍，削平黎峒，伐山

開道，使海南成爲內地漢人的海外樂土。光緒八年（一八八二），清軍大舉進剿崖州黎洞。同年十月十八日，黎頭符亞對被官兵誘擒，押解廣州。其夥黨繼續糾約崖州西黎、陵水、感恩等縣蕎黎愚千人併力抵抗官兵，迄同年十一月間，始爲清軍所剿平㉘。儋州、臨高客民逃入黎峒後，又於光緒九年（一八八三）勾引黎人滋事。光緒十年（一八八四）二月間，因清廷海防喫緊，客民王亞昌等人乘機糾邀萬州、崖州及陵水、樂會等縣黎人四出放火殺人抗官掠劫，搶奪耕牛，瓊山、定安等縣頗遭塗毒，參將李奇珍、瓊山團總附生陳鳳生、定安團總監生黎奇等先後陣亡㉙。光緒十二年（一八八六）十月二十六日，兩廣總督張之洞具摺時附片陳奏海南黎情，略謂：

> 瓊州海外孤懸，密邇越界，水土毒惡，地瘠民貧，穀米仰給腹地，外而防海，內而防黎，儋州、臨高、澄邁一帶，又須兼防客匪，加以遊勇莠民，勾結滋擾，皆爲心腹之患。歷年瓊民困於殺掠，瓊餉竭於屯防，外侮內患，交迫兼營，實非經久之計。現屢接提督馮子材電稱，已經攻克什密老巢，剿平黎首陳鍾明一股，從前滋事客匪，亦經懾服就撫，容俟另摺詳奏。惟黎山尚未開闢，其中種類繁多，未通聲教，大軍一撤，又慮出巢肆擾，重煩兵力，惟有欽遵本年正月十二日寄諭，將該黎人設法化導，變狂獷爲馴擾，始爲一勞永逸之計。如能逐漸歸化，納土編氓，則因其頭目以省兵力，息其殺掠以安土民，開其鑛利以徠商賈，蓄其雜糧以資軍食，內安食足而後可言防海。查兵部侍郎曾紀澤原奏稱，近日瓊州情形較之臺灣尤爲喫重。法人既據前越，即不能忘情於瓊州，在我宜增瓊州之守備，以杜法人之覘覦等語，洵爲深明形勢，切中肯綮之論。是今日籌瓊

> 之要，以治軍防海爲歸宿，而必自撫黎開山始爲是。大軍深入，事機頗順，而黎情未得化導，難言先後事宜，更未能即時就緒。必須選擇閎通堅卓之大員，任以地方重寄，親歷巖峒，周察習俗，通其情性，布以恩威，束以條教，令其熟者爲我用，生者不爲我患，則黎通而瓊安矣㉚

瓊州一府爲法人所覬覦，爲辦理海防，就不能忽視海南的戰略位置。因此「籌瓊之要，以治軍防海爲歸宿，而必自撫黎開山爲始」，黎通而後瓊安。光緒十三年（一八八七）二月，萬州、陵水等處叛黎肅清，清軍移辦崖州叛黎期間，兩廣總督張之洞、廣東巡撫吳大瀓即擬撫黎章程十二條，要點如下：

㈠官軍此舉爲剿除亂黎，招撫良黎，開通十字大路，以期黎漢永遠相安。

㈡叛黎投誠者免，抗拒者誅，擒斬來獻者重賞。

㈢投誠各黎，無論生熟，一律薙髮改裝。

㈣投誠黎首，開送戶口冊，綑獻亂民，繳呈槍械。

㈤投誠黎衆，隨官兵伐木開山，前驅嚮導。

㈥開通生黎大路後，選擇要地，設官撫治，安營彈壓。各村黎長助剿開路有功者，授爲土目。

㈦開通後，黎人仍安生理，抗拒者籍產入官，充官軍屯田之用。

㈧開通田業三年內不收賦稅，三年之外，務從輕則起徵。

㈨開通後黎境有鑛各山，由官商開採者，給錢租賃，黎漢均享其利。

㈩開通後民人鹽布百貨，與黎地牛木糧藥等物在各峒口設場互市，來往暢通，公平交易。

(十一)設立土目之後應各具永遠不敢殺掠抗官，藏匿匪徒之切結

存案。

㈢每數村設一義學,延請塾師習學漢語漢文,宣講聖諭廣訓
㉛。

張之洞等人擬定的撫黎章程,是在民族危機日趨嚴重,東南海防
倍受關注的特定歷史條件下提出的,「內安食足而後可言防海」,
穩定海南局勢,加強對全島的開發,直接關係到包括黎族在內整
個中華民族的長遠利益㉜。撫黎章程的內容,主要包括政治方面
加強對黎族的控制,社會方面促進黎漢融合,在經濟方面注重開
發資源,在文化方面實行對黎族的漢化教育,其目的就是加速黎
族的內地化,消除黎亂,以便推動海防政策。即所謂黎通瓊安,
內安而後可言防海。

撫黎以開路為急務,黎峒多瘴癘,必須開鑿險隘,芟焚林莽,
使各山嶺四通八達,陽光照臨,人氣日盛,然後嵐嶂自消,水毒
自除。張之洞、吳大澂等人擬開大路十二道:一由樂會嘉漬市西
行經石壁船埠加嶺中平河濫出五指山之北,西抵牛欄坪,此為東
北路;一由萬州興隆五甲西北行經長沙營什密禁會南峒七邨出五
指山之東,抵牛欄坪;一由定安銅甲口西北行過毛祥口出五指山
之南,西抵五指山下水滿峒;一由陵水烏牙開至寶停司,又由崖
州藤橋亦開至寶停司,再由寶停司西行,橫開一路,越七指山抵
崖州屬樂司,此為東三路;一由崖州東三亞口西北行越華林大嶺
出五指山之西,抵凡陽,此為東南路;一由儋州南豐市東行經大
水番崙元門紅毛合棘諸峒東南,抵五指山下水滿峒;一由紅毛峒
南行經番響毛匱諸峒出五指山西北,經凡陽南抵樂安司;一由儋
州調南市東南行經七坊刀缸諸峒南,抵感恩古振州峒北,為西三
路;一由昌化東行經古振州峒東,亦抵樂安司,此為西南路;一
由崖州西九所市北行經樂平汛東北,抵樂安司,此為南路;一由

定安嶺門南行經蚺蛇峒、十萬峒、牛欄坪、南勞峒，抵五指山，
過山南至水滿峒，此爲北路；一由嶺門西南行經三坎溪、豬母灣、
加釵峒，出黎母山之南，抵紅毛峒，此爲西北路。明代海瑞等人
已有開通十字路之議，張之洞、吳大澂參考海瑞、俞大猷等人的
方案加以變通，推廣所開道路如「井」字形，縱橫貫通，所到之
處，伐木焚莽，搭橋鑿井，經過黎岐，分遣員生測繪地圖。

　　光緒十三年（一八八七）五月間，提督馮子材等軍肅清叛黎
後，據道員方長華等稟報南路崖州新撫丁口計二萬三千餘人，中
西兩路瓊山、定安、儋州、昌化、感恩等處陸續就撫丁口計十萬
三千餘人。所開大路十二道，合併計算，共三千六百餘里。此外，
由各州縣團紳另開小路，包括萬州五道；陵水縣三道；定安縣四
道；崖州二道；澄邁縣二道；儋州一道；臨高縣一道；感恩縣一
道；昌化縣一道；樂會縣一道；會同縣一道，合計小路共二十二
條，都與大路接合。張之洞等人於諸事略定後，即著手辦理善後
事宜，其要點如下：

　　㈠移民墾田，黎山既通，民人願入山墾種者，聽其自擇地段
　　　認墾報官，堪明給照，三年內免其升科。

　　㈡招商伐木，於撫黎局內附設招商局，以開採山木，分爲官
　　　辦、商辦二法，派員帶領土勇，深入老山，無論良材雜樹，
　　　一律砍伐。

　　㈢助商開鑛，黎境五金鑛產豐富，銅鑛、石綠，鑛苗豐美暢
　　　旺，設法鑄錢，可免外購洋銅。

　　㈣除弊化俗，體恤黎人，黎村糧賦，量加核減，力除苛累剝
　　　削。建立義學，使黎人知禮義法度之大端。輯和土客，解
　　　釋宿嫌。

由善後事宜諸款，可知張之洞等人打通黎峒後，使叛服無常的黎

族，不再叛亂。黎峒山谷，移民墾田，可以種禾、種薯、種藍、種蔗。老山林木，一律砍伐，成材者堆積溪河兩岸，轉售商人。其叢雜者可充搭棚蓋屋，開山伐木，固可開發利源，亦可消除黎峒瘴氣，豁其陰霾㉝。海南自從唐代建州置縣以來，峒黎叛服無常，主要就是由於山深林密，恃險堅守，官兵畏懼瘴氣，不敢窮兵深入。開路伐木，既可消除瘴氛，地盡其利，亦可去其險峻，使叛黎無險可恃。張之洞等人對黎族剿撫並重的積極措施，都得到清廷的支持，反映朝廷與地方大吏都已認識海南在推動海防政策過程中所扮演的重要角色。質言之，清末治黎政策的調整，是有它的歷史背景。

五、結　論

清初以來，海南地方，除了黎漢雜居不斷擴大，因而有許多黎族與漢族互相同化融合外，其主要黎族聚居地仍集中於五指山、黎母嶺等山區，由於缺乏和外界的接觸及朝廷治黎政策的和緩保守，其生態環境，並無重大改變，黎族社會經濟的發展，仍十分遲緩。清廷治理黎族的政策，仍然沿襲明代的鄉圖制，任用黎族首領頭目充當峒長、哨官、黎甲、黎首和總管，以處理黎族內部事務㉞。因黎漢衝突所引起的變亂，即所謂黎變或黎亂，雖然層見疊出，但清廷還是一直遵循剿撫兼施的傳統政策，在進行軍事鎮壓的同時，也採取安撫緩和措施，懲辦首惡，非法索詐盤剝的漢奸胥役，治以重罪，禁止漢族侵入各峒，擾害黎族的社會，海南黎族依舊徘徊於叛服無常的舞台上。

康熙年間，瓊州總兵官吳啓爵於平定黎亂後，奏請採行海瑞的方案，於黎境開通十字道路，設立州縣，興建城垣。雍正年間，廣東提督王紹緒抵任後奏請於黎境開闢一字道路，使南北生黎互

相隔截，以分化黎族。但朝廷認為歷代以來，不將黎境納入版圖，必有深意，在黎族聚居地區設立州縣，建築城垣，必將擾害黎族。雍正皇帝認為黎族「人雖愚蠢，皆具耳目心思」，治理黎族，但求息事安內，不可別生事端。廣東布政使王士俊仰體雍正皇帝民胞物與的至意，對伏息山間的黎族，不想驚動他們。雍正硃批諭旨指出對待黎族「又何必塗毒頑蠢以邀功，似此與國家生民不能為大害之事，何必生事興端。」署理廣東巡撫傅泰仰體國家政務的輕重緩急，反對捨急圖緩，棄重就輕，輕議開路剿黎。他認為黎人的風俗性情，雖與漢族各異，但是並無梗化之跡，因此，治理黎族的傳統政策，原可無庸紛更。墾荒雖然是清廷紓解人口壓力的一種政策，但海南情形不同，必須因地制宜。怡親王允祥等認為海南黎岐雜處，久安耕鑿，毋庸招徠開墾，以杜外處民人擅入滋擾。由於康熙、雍正年間推行緩和安撫的治黎政策，黎漢之間，頗能相安無事。

　　同光時期，內憂外患，海南也因鄰近廣東內地，而擴大社會動亂，海南地區的外來人口，急速增加，隨之而來的是社會呈現極端不穩定的現象，土客械鬥，黎漢衝突，黎變頻仍，益以列強的侵略，清廷為建設海防，朝廷對海南的統治政策遂開始大幅度的調整，由消極保守轉向積極開發，清廷的治黎政策也隨著調整，終於揚棄了傳統的安撫保守政策。兩廣總督張樹聲等地方大吏認為海南百姓久為黎患所苦，為求長治久安起見，主張師法海瑞等人開道設縣的辦法，調集大軍，削平黎峒，伐山開道，使海南成為內地漢人的海外樂土。張之洞繼任兩廣總督後，對海防建設，開發利源，可謂不遺力。海南鄰近越南，為法國所覬覦，朝廷整頓邊防，建設海防，就不能忽視海南的戰略地位。張之洞等人認為「籌瓊之要，以治軍防海為歸宿，而必自撫黎開山為始。」他

擬定撫黎章程，進行伐山開路，開採礦產，打開封閉的黎峒社會，
加速黎族的內地化，消除黎亂根源，以便推動海防建設，即所謂
通黎而後瓊安，內安而後可言海防。清廷對治黎政策的調整，雖
然是外鑠的，即在外患日亟，民族危機益趨嚴重，東南海防倍受
矚目的歷史背景下進行的，但就穩定東南局勢，開發海南整體利
益而言，清廷治黎政策的調整，確實具有時代的意義。

【附　註】

① 　《後漢書》（臺北，鼎文書局，民國六十九年九月），卷八六，頁
二八三六。

② 　《隋書》（臺北，鼎文書局，民國六十四年三月），卷八〇，頁一
八〇三；《舊唐書》（臺北，鼎文書局，民國六十五年十月），卷
一一二，頁三三三八。

③ 　周愛文著《明清時期海南島黎漢關係之研究》（臺北，國立臺灣師
範大學研究所碩士論文，民國八十三年六月），頁七。

④ 　謝遂繪製《職貢圖》（臺北，國立故宮博物院），卷二，一〇八圖，
瓊州府黎人。

⑤ 　《太平寰宇記》（臺北，文海出版社，民國五十二年四月），卷一
六九，頁四六三。

⑥ 　《起居注冊》，滿文本，康熙二十三年七月十一日（臺北，國立故
宮博物院）；《康熙起居注冊》（北京，中華書局，一九八四年八
月），第二冊，頁一一九九。

⑦ 　《宮中檔雍正朝奏摺》，第十一輯（臺北，國立故宮博物院，民國
六十七年九月），頁四〇五，雍正六年九月二十二日，廣東瓊州總
兵官施廷專奏摺。

⑧ 　《宮中檔雍正朝奏摺》，第十五輯（民國六十八年一月），頁七〇
一，雍正八年二月十六日，王士俊奏摺。

⑨　《宮中檔乾隆朝奏摺》，第三輯（民國七十一年七月），頁五〇五，
　　乾隆十七年七月二十九日，廣東瓊州總兵官胡貴奏摺。

⑩　盧葦撰〈清代海南的黎亂和清朝政府的治黎政策〉，《清代的邊疆
　　開發：一九九一年國際清史學術討論會論文集》（重慶，西南師範
　　大學，一九九四年二月），頁七三。

⑪　周愛文著《明清時期海南島黎漢關係之研究》，頁一五三至一七〇。

⑫　海瑞著《備忘集》，《欽定四庫全書》（臺北，臺灣商務印書館，
　　民國七十二年），卷一，第一二八六冊，頁一。

⑬　《備忘集》，卷八，〈治黎策〉，頁一四。

⑭　《明清時期海南島黎漢關係之研究》，頁一六〇。

⑮　纂修官陳田初輯，吳懷清覆輯《食貨志》（臺北，國立故宮博物院），戶
　　口，第五十冊。

⑯　《宮中檔雍正朝奏摺》，第十一輯（民國六十七年九月），頁二〇
　　二，雍正六年八月二十八日，廣東瓊州總兵施廷專奏摺。

⑰　《宮中檔雍正朝奏摺》，第十三輯（民國六十七年十一月），頁三
　　一九，雍正七年六月初四日，廣東提督王紹緒奏摺。

⑱　《宮中檔雍正朝奏摺》，第十四輯（民國六十八年二月），頁三九
　　六，雍正七年九月十五日，王士俊奏摺。

⑲　《宮中檔雍正朝奏摺》，第十四輯，頁四六九，雍正七年九月十九
　　日，署廣東巡撫傅泰奏摺。

⑳　《宮中檔雍正朝奏摺》，第十六輯（民國六十八年二月），頁五〇，
　　雍正八年三月二十六日，廣東總督郝玉麟奏摺。

㉑　《明清檔案》（臺北，聯經出版公司，民國七十六年二月），第六
　　十二冊，雍正十三年三月二十四，廣東巡撫揭帖記載雍正十二年七
　　月十一日，崖州黎人趙家興因貧偷竊案件。

㉒　《宮中檔雍正朝奏摺》，第十二輯（民國六十七年十月），頁七六
　　六，雍正七年三月二十九日，署廣東巡撫傅泰奏摺奏聞瓊山縣黎人

王那小等赴縣控告額外加收黎糧案件。

㉓　《宮中檔乾隆朝奏摺》，第四十輯（民國七十四年八月），頁七八一，乾隆四十二年十一月初十日，兩廣總督楊景素奏摺。

㉔　《軍機處檔·月摺包》（臺北，國立故宮博物院），第二七〇五箱，一二九包，三〇〇三二號，乾隆四十六年二月三十日，廣東巡撫李湖奏摺奏摺。

㉕　《月摺檔》（臺北，國立故宮博物院），光緒五年三月十三日，兩廣總督劉坤一奏摺抄件。

㉖　《月摺檔》，光緒七年閏七月二十五日，吏科給事中戈靖奏摺抄件。原奏「天地會」，兩廣總督張樹聲奏摺作「天地會或三合會」字樣。

㉗　《月摺檔》，光緒七年十二月十一日，兩廣總督張樹聲等奏摺抄件。

㉘　《月摺檔》，光緒九年二月二十二日，署兩廣總督曾國荃奏摺抄件。

㉙　《張文襄公全集》（臺北，文海出版社，民國五十九年一月），卷一〇，奏議十，頁四，光緒十年十二月二十七日，〈截擊瓊州黎客各匪摺〉。

㉚　《月摺檔》，光緒十二年十一月二十一日，張之洞附片。原奏「什密老巢」、「陳鍾明」，《月摺檔》誤作「打密老巢」、「陳明」。

㉛　《張文襄公全集》，卷一九，頁二七，光緒十三年二月十七日，〈剿撫各黎開通山路摺〉；《月摺檔》，光緒十三年三月十九日，兩廣總督張之洞、廣東巡撫吳大澂奏摺抄件。

㉜　楊東梁撰〈張之洞與海南島開發〉，《清史研究》，一九八八年，第三期（北京，中國人民大學書報資料中心，一九八八年九月），頁五九。

㉝　《月摺檔》，光緒十三年七月二十二日，張之洞奏摺。

㉞　《清代的邊疆開發：一九九一年國際清史學術討論會論文集》，頁七四。

俞允之日再議蓋經營事後莫若先事預防臣身發其

　　地目覩慨宜敬陳管見繪圖恭呈

聖覽伏乞

睿鑒勅議施行臣謹繕摺遣臣標把總王大振齎捧奏

　　聞

此事朕移柔知者廣東督撫提鎮未盡得人遊瓦未息民瓦
未清營伍未整吏治未防目前緊要切近事尚不能料理將
懷受誠人心明悔快與好做及此外事也督可息事安內
忽慮若為之小事又作必隆妻稿狲邊功狲此費國家
生民不能方大害之事仍忽生事無端若輩比舉俟都巳
取應奪益狲別生事謀狲爾庸才之目敢死巳小事干
團體預涵其巨伍舉番防文武鎮靜彈壓令各皆知息
之方懲身之方長目相安於事事不出作妁此不自知之
初時
一并之視此等地方人雜遇委置安協此事小世華
半共歲掟匆候不頻張冒便攝置安協此事小世華
大住不能方有小目下與君應行之時氏奏議奏將此摺
併批諭與勅玉鑒傳奏王士俊等看

辭到任情再看世等景能料地方營伍更好

　　　　　雍正柒年陸月　　初肆日

資料來源：《宮中檔雍正朝奏摺》，第十三輯（臺北，國立故宮博
　　　　物院，民國六十七年十一月），頁三一九，雍正七年六
　　　　月初四日，廣東提督王紹緒奏摺硃批。

資料來源：《皇清職貢圖》，文淵閣四庫全書寫本。

清代閩粵地區的人口流動
與臺灣的社會衝突

一、前　言

　　臺灣與閩、粵內地，一衣帶水。在內地漢人大量移殖臺灣以前，島山雖有原住民定居，但當時的農業技術十分原始，生產力極低，土曠人稀，可以容納內地的過剩人口。明代末年，渡海來臺者，與日俱增。清初以來，經過長期的休養生息，生齒日繁，人多米貴，人口壓迫的問題，日趨嚴重，閩、粵地狹人稠，就是清代人口壓迫最嚴重的地區，同時也是人口外流最為頻繁的兩個省分。福建和廣東的貧民，迫於生計，相繼渡海來臺，積極開發臺灣，篳路藍縷，墾殖荒陬，經過先民的慘澹經營，於是提供了內地漢人一個適宜安居和落地生根的海外樂土。

　　清廷領有臺灣後，臺灣在行政區劃上隸屬於福建省，置府設縣，在政治、社會、經濟、文化等方面，都與內地保持了極為密切的關係。但因臺灣孤懸外海，其人文景觀卻自成一區，在社會、經濟方面的發展，都經歷過非常顯著的變化，同時建立了十分複雜的土地制度及租佃關係，而形成臺灣獨有的特點。由於臺灣社會是屬於移墾型的結構，故其所引發的社會問題，遂與閩、粵內地不盡相同。

　　臺灣由於人口的急劇增加，而引起社會失調，社會流動性和不穩定十分顯著，社會問題相對增加，番漢衝突、兵民糾紛、分類械鬥、結盟拜會，都是因閩、粵內地人口流動所引起的社會衝

突，從這些社會衝突，可以反映臺灣移墾社會的特點。

二、閩粵人口流動與臺灣移墾社會的形成

人口流動是一種社會現象，人口流動的結果，可以改變人口分佈狀況，影響社會發展。人口學研究的人口流動，主要是指由居住地點向外遷移而產生的流動現象，除正式的遷徙外，還包括較長時期的出外就業、屯戍、出征、赴任、駐防、發配或流放等等。至於那些並不改變居住地點的出差、旅遊、探親、訪友之類的活動，就不在人口學研究者的考察視線之內。

人口的流動，按照流動的方向，可以劃分為向心流動、離心流動及回環流動。人口流動起點與人口重心點的距離，比流動終點與重心點距離更遠的叫做向心流動，反之則稱為離心流動，人口流動的起點與終點大體都在一個同心圓上的則稱為回環流動。人口較稀少地區向中心稠密地區的流動，例如邊疆少數民族因人口膨脹後產生高壓的民族遷徙，伴隨著武裝入侵而有組織地快速流入中原，就是一種向心流動。離心流動則具有與向心流動不同的特徵，它主要是起源於人口稠密的已開發地區，由於當地人口過度繁殖，在一定生產力條件下形成高壓，而向四周人口稀少開發中地區擴散。至於回環流動，一般而言，也是人口稠密地區向地曠人稀地區的流動，例如廣東人口向廣西、贛南等地區，或福建向江西沿邊山區的流動。

人口流動按照流動速度，可以分為快速流動與緩慢流動。按照流動原因，可以分為經濟性流動與非經濟性流動，逃荒、墾邊、求業等為了經濟上謀利或謀生的目的而產生的流動，即屬於經濟性流動；因戰爭、刑罰、探訪、遊樂等政治原因或社會、文化等目的而產生的流動，則屬於非經濟性流動①。

　　有清一代，人口的流動，主要是人口因壓力差而產生流動的規律。已開發人口密集地區，形成了人口高壓地區，開發中地曠人稀地區，則為人口低壓地區。於是人口大量從高壓地區流向低壓地區。清初以來，由於人口與田地比例的失調，生齒日繁，人多田少，自然引起物價騰貴與生活艱難。清代人口問題，歸根結蒂主要是人口與土地已失去均衡的比例②。

　　在人口與土地比例失調的情形下，還有許多地方的耕地，普遍的稻田轉作，富戶人家以良田栽種煙草等經濟作物③。福建、廣東地狹人稠，又由於經濟作物種植的大量增產，糧食生產面積日益縮減，耕地緊張，日益嚴重，糧食供應，更加不足。生齒殷繁，人多米貴，康熙末年，福建、廣東的人口壓迫問題已趨嚴重。其歷年平均米價，俱高於鄰近省分。雍正四年（1726）春夏之交，霖雨過多，福建各府米價普遍昂貴，其中漳州府漳府等縣，泉州府同安等縣，米價每石需銀二兩五錢至二兩八錢不等④。廣東潮州等府，人多田少，即使是豐歲，米價仍貴於他郡。食指眾多，米價騰貴，生計艱難，愈來愈多無田可耕、無地可守的窮人就成為離心流動的人口。在清代人口的離心流動中，福建、廣東就是我國南方最突出的兩個省分。

　　清廷為了適應社會變遷的需要，解決人口壓力的問題，曾先後推行了幾項重要措施，例如改土歸流，鼓勵墾荒，以增加耕地面積；改良品種及耕作技術，以增加單位面積生產量；實施丁隨地起的賦役制度，將丁銀攤入地糧內徵收，徭役完全由土地負擔，免除了廣大無地貧民及手工業者的丁銀，取消了他們的人頭稅，而且因為戶口編審制度的停止，人身依附土地的關係減輕了，在居住方面也獲得了較從前更大的自由，有利於無地貧民的向外遷徙，增加他們的謀生機會，加速了下層社會的人口流動，在農村

裡因爲無法獲取土地,被排擠出來的流民,有一部分離鄉背井,披荊斬棘,墾殖荒陬,在開發中地區逐漸形成移墾社會;有一部分進入城鎮,經營小本生意,從事手工業;有一部分東奔西走,浪跡江湖,或進入城鎮,或在開發中地區肩挑負販,傭趁度日,卜卦算命,賣唱耍藝,甚至游手好閒,無所事事,流爲匪盜。

臺灣與閩粵內地,一衣帶水,隔海相望,在內地漢人大量移殖臺灣以前,島上雖有原住民分社散處,但因土曠人稀,可以容納內地過剩的人口。閩粵人口的離心流動方向,除了移入廣西、雲南、貴州等省邊區外,由於地理上的便利,多東渡臺灣。明末,鄭芝龍入臺後,獎勵拓墾,閩省泉州、漳州人移居臺灣者,與日俱增。荷蘭入據臺灣後,爲了增加蔗糖等作物的生產,曾積極招徠內地漢人。據統計,在荷蘭統治末期,臺灣漢人男丁有二萬五千人,婦孺九千人,合計三萬四千人⑤。鄭成功驅逐荷蘭人,收復臺灣後,實施寓兵於農的政策,聽民開墾,漢族移民,顯著增加,開闢日廣。由於鄭氏時代的大量開墾,正好提供了內地漢人一個適宜安居和落地生根的理想地方。據統計,鄭氏時代移殖臺灣的內地漢人已增至十二萬人⑥。除了鄭氏軍隊以外,新增移民有二、三萬人。從族譜資料可以看出,這時期從閩南各地有三十餘姓移民進入臺灣⑦。

清廷領有臺灣後,由於鄭氏文武官員士卒及部分移民的返回原籍,臺灣漢族人口一度減少到七、八萬人。康熙中葉以後閩粵沿海漢人過臺覓食者,與日俱增,臺灣人口迅速成長,食指衆多,不僅臺地米價日昂,且將減少接濟內地的米穀數量。清廷鑒於臺郡生聚日衆,恐有人滿之患,爲了及早限制臺灣人口的過度膨脹,於是飭令嚴禁內地民人偷渡臺灣。清廷禁止偷渡的主要措施是取締不法客頭船戶包攬客民,但偷渡人數並未減少。福建觀風整俗

使劉師恕具摺時已指出，「閩省過臺之禁，遵行已久，然禁者自禁，渡者自渡，究未能絕也。蓋由愚民無知，貪臺地肥饒，往可獲利，故不惜背鄉井、賣房屋，冒風波，干功令，而爲偷渡之計。」⑧雍正十年（1732）五月，據廣東巡撫鄂彌達具摺指出閩粵民人在臺立業者多達數十萬人⑨。其中包括開墾、承佃、傭工、貿易等人口。乾隆年間（1736～1795），臺郡各廳縣戶口，已經編定保甲，其漢族與原住民的實數，亦另款具報。依據臺北國立故宮博物院典藏《宮中檔》及《軍機處檔·月摺包》福建巡撫奏摺原件或奏摺錄副，可將乾隆朝臺灣人口總數列出簡表如下：

清代乾隆年間臺灣人口總數一覽表

年　　　　分	人　口　數	備　　　　　註
乾隆二十一年（1756）	660.147	
乾隆二十八年（1763）	666.040	
乾隆二十九年（1764）	666.210	
乾隆三十　年（1765）	666.380	
乾隆三十二年（1767）	687.290	
乾隆三十三年（1768）	691.338	
乾隆三十八年（1773）	765.721	
乾隆四十二年（1777）	839.803	
乾隆四十三年（1778）	845.770	
乾隆四十四年（1779）	871.739	
乾隆四十五年（1780）	888.516	
乾隆四十六年（1781）	900.940	
乾隆四十七年（1782）	912.920	
乾隆四十八年（1783）	916.863	
乾隆五十三年（1788）	920.836	
乾隆五十四年（1789）	932.420	
乾隆五十五年（1790）	943.414	

資料來源：國立故宮博物典藏《宮中當》、《軍機處檔·月摺包》。

乾隆二十八年（1736）十二月，巡察臺灣給事中永慶等具摺指出，「臺地自開臺以來，多係閩廣人民寄居，迄今百餘年，生息蕃衍，占籍陸拾餘萬，番民歸化者柒拾餘社。」⑩是年，據福建巡撫定長奏報臺灣府屬實在土著、流寓及原住民男婦大小丁口共六六六、〇四〇名口⑪。由此可知永慶與定長奏報臺郡人口數字是相符的。由前列簡表約略可知乾隆朝臺郡人口變遷的概況，從乾隆二十九年（1764）起，臺郡人口總數每年平均約增加一七〇人，乾隆三十三年（1768）分，增四·〇四八人，乾隆四十三年（1778）分，增加五、九六七人，乾隆四十七年（1782）分，增加一一、九八〇人，可以了解乾隆中葉以降，臺郡人口逐年增加的速度極爲迅速。從康熙二十三年（1684）到乾隆四十七年（1782）一個世紀期間，臺灣人口增加了七、八十萬人，其中大部分屬於移入增長⑫。所增加的男女人口，基本上都屬於偷渡。據鄧孔昭的統計，在康熙二十三年至乾隆四十七年之間，臺灣總人口增加八十四萬人，其中有四十二萬人以上屬移民形成的增加，平均每年使臺灣人口增加大約四萬三千人⑬。

閩粵內地民人移殖臺灣，奠定了漢族在臺灣經營的基礎，對臺灣的開發與發展，具有重大的意義。臺灣人口的迅速成長，促進了臺灣社會的繁榮，但同時也因生產發展和人口增長的失調而帶來一系列的社會問題。雍正五年（1727）七月，福建總督高其倬具摺時已指出：

> 查得臺灣府所屬四縣之中，臺灣一縣，皆係老本住臺之人，原有妻眷。其諸羅、鳳山、彰化三縣，皆新住之民，全無妻子，間有在臺灣縣娶妻者，亦不過千百中之什一，大概皆無室家之人，此種之人，不但心無繫戀，敢於爲非，且聚二、三十人，或三、四十人，同搭屋寮，共居一處，農

田之時，尚有耕耘之事，及田收之後，頗有所得，任意花
費，又終日無事，惟有相聚賭飲，彼兄此弟，或酒酣耳熱
之後，較拳逞力，遂萌搶劫之言，或賭輸計窮之時，索逋
莫償，即有偷竊之舉，若令各有妻子，則内外有分，不至
雜沓紛紜，且各顧養贍妻子，則賭飲花費之事自減，各顧
保守家室，則搶奪摽竊之志自消，實爲形格勢禁之要務⑭。

移殖諸羅、鳳山、彰化等縣的內地漢人，大都爲沒有室家的單丁
獨漢，人口結構不健全，賭飲花費，搶劫偷竊，雜沓紛紜。雍正
十一年（1733）三月，巡視臺灣陝西道監察御史覺羅柏修等人
具摺時已指出：

臺灣孤懸海外，五方雜處，土著之民少，而流寓之民多。
蓋土著者知有室家產業爲重，自不敢妄作匪爲，輕身試法。
至流寓之人非係迫於饑寒，即屬犯罪脱逃，單身獨旅，寄
寓臺灣，居無定處，出無定方，往往不安本分，呼朋引類，
嘯聚爲奸，歷考臺地變亂數次，皆係此等烏合之徒爲之倡
者，實由地方官因循苟且，未經清理所致⑮。

臺灣流寓之人，即流民，就是來自閩粵內地的流動人口，他們寄
寓臺灣後所產生的社會適應及社會衝突等問題，是值得重視的。
乾隆二十年（1755）九月，福建巡撫鐘音也提出類似的看法。
其原摺有一段記載說：

臺灣一郡，孤懸海外，人民煙户，土著者少，流寓者多，
皆係閩之漳泉，粤之惠潮，遷移赴彼，或承贌番地墾耕，
或挾帶貲本貿易，稍有活計之人，無不在臺落業，生聚日
眾，户口滋繁。而内地無業之民，視臺地爲樂土，冒險而
趨，繹絡不絕。請照以往者有之，私行偷渡者有之，到臺
之後，或倚親戚而居，或藉傭土爲活，或本無可倚，在彼

> 遊蕩者，亦實蕃有徒；奸良混雜，莫可辨別。近年以來，
> 行兇毆殺及搶奪竊劫等案，較內地繁劇之處尤多⑯。

漳、泉、惠、潮等府的外流人口東渡臺灣後，五方雜處，奸良混雜，造成了嚴重的社會問題，較閩粵內地更加繁劇。乾隆三十四年（1769）九月十二日，奉派前來臺灣訪查的鹽道奇寵格自臺地返回福州，閩浙總督崔應階逐一面詢，奇寵格將赴臺訪查情形面稟後，崔應階即具摺奏聞，其原摺略謂：

> 臺灣一郡，除番子之外，絕無土著之民，俱係外來流寓，內閩人約數十萬，粵人約十餘萬。熟番統計百十社，不及萬丁。伊等極其馴良，奉公維謹，偶有差遣，亦皆不辭勞苦，勇往向前，設臺地盡係熟番，竟可無爲而治。粵民多屬耕種爲活，但貪得好勝，衛護同鄉，眾心齊一，間有並無恆產游手好閒者，亦十居二、三，既無恆業，易致爲匪。至於在臺閩民，多半好勇鬥狠，聚散無常，惟利是務，恩不可結，法不可威，所謂狼子野心，最難約束。其間有地土家室者，尚爲知自愛，而游手之徒，罔知顧忌，無所不爲，是以黃教滋事，隨處輒能招夥聚眾者，職此故也。從前臺郡地廣人稀，赴臺者有地可耕，易於謀食，今則亦有人滿之患，而渡臺者仍源源不絕，此皆窮極無聊及犯罪逋逃之輩，及至到臺，又無以糊口，其性情兇悍狡詐，不能安分，遂致於城市村莊遊行飄蕩，酗酒打降，無惡不作，並結夥聯群，藉爲聲援，混名稱爲羅漢腳，此輩鼠竊狗偷，到官罪止枷責，既釋之後，益加兇橫，實爲閭閻之害。臣思海外重地，關係非輕，游手之人日多，勢必滋生事端，伊等既無田地產業，又無父母妻子，毫無顧戀，當窮無聊賴之時，難保其不爲匪盜⑰。

早期移墾社會的內地移民，或游手好閒，或好勇鬥狠，酗酒打降，結夥聯群，鼠竊狗偷，社會治安欠佳，公權力薄弱，社會不穩定性十分明顯，社會問題相對增加，主要就是由內地人口壓力及人口流動所引起。陳孔立著《清代臺灣移民社會研究》一書根據《問俗錄》的描述，概括臺灣移民社會的基本特點，包括：在人口結構上，除了少數原住民以外，多數居民是從大陸陸續遷移過來的，人口增長較快，男子多於女子。在社會結構上，移民基本上按照不同組織進行組合，形成了地緣性的社會群體；一些豪強之士成為業主、富戶，其他移民成為佃戶、工匠，階級結構和職業結構都比較簡單。在經濟結構上，由於處在開發階段，自然經濟基礎薄弱，而商品經濟則比較發達。在政權結構上，政府力量單薄，無力進行有效的統治，廣大農村主要依靠地方豪強進行管理。在社會矛盾方面，官民矛盾和不同祖籍移民之間的矛盾比較突出，在一定程度上掩蓋了階級矛盾。加上游民充斥，罪徒猖獗，動亂頻繁，社會很不安寧，整個社會還處在組合過程之中⑱。在臺灣早期移墾社會裡，並無明顯的階級結構，但因社會矛盾，導致各種形式的社會衝突，對臺灣社會的發展，產生極大的影響。

三、臺灣土地制度與番漢衝突的背景

　　清初領有臺灣後，土地制度發生了重要變化，鄭氏時代的官田、屯田及文武官田等名目，都被廢除，准許私人開墾，並佔有土地，而確立了土地私有制，包括官地、民地及番地。閩粵移民紛紛東渡，或向熟番租地耕種，或爭墾番界，抽藤吊鹿，於是掀起了墾荒高潮。雍正五年（1727）七月，福建總督高其倬具摺時已指出，「耕田之人，亦有二種：一種係自墾田土自身承種者；一種係承種他人田土為其佃戶者。但佃戶之中又自不同，亦有承

種田數甚多且年久者,亦有承種甚少且年淺者,於中更淳頑不等。」⑲早期渡臺開墾種田者,主要就是自墾田土自身承種的自耕農及承種他人田土的佃戶。

自耕農是清代臺灣土地所有者的一個組成部分,各墾戶都是地主階層的主體,有大墾戶及小墾戶的分別,大墾戶多半是獨資開墾,但也有由富豪資助者。在中小墾戶之中,有許多是自籌資本招佃開墾的,他們招募的佃戶,需要自備各項生產資料,墾闢後墾戶自己坐享地租。佃戶轉佃土地,收取小租後,墾戶就成為大租戶。小租戶原為墾佃制下的佃戶,起初僅擁有土地的使用權,以後佃戶又招到佃人耕種,收取小租,轉化為小租戶,形成一地兩租的狀況。大租戶承擔官賦,小租戶不負擔官賦,卻又索取佔收穫物一半的小租,並可處置及更換佃人,成為土地的實際所有者,而確認了小租戶的業主地位⑳。雍正六年(1728)八月,巡視臺灣史料掌印給事中赫碩色具摺時亦指出向來臺地有田地的人,稱為業主,各業主召募流民種地研糖,稱為佃丁,又叫僱工,閩粵內地渡臺餬口者,大致不出這兩條途徑㉑。自耕農及各墾戶,都是業主,由業主招募佃丁種地研糖。臺灣早期移墾社會的土地制度及租佃關係,確實經歷了顯著的變化。

臺灣富豪之戶及各衙役多任意開墾,隱匿錢糧。康熙年間,臺郡田地情形,並不一致,臺灣府地狹人稠,較少隱匿,臺灣縣的田土是按鄭氏所定舊額徵收租賦,其原有人戶的田土錢糧,尚屬清楚,諸羅、鳳山二縣未墾可耕地面積頗大,業主招人認墾,而領兵武員認佔欺隱的情形,尤其嚴重。雍正初年,福建總督高其倬具摺奏稱:

> 查臺灣田土,向當臺灣初定之始,止臺灣一縣之地原有人
> 戶錢糧,故田土尚為清楚,其諸羅、鳳山二縣,皆係未墾

之土，招人認墾，而領兵之官，自原任提督施琅以下，皆
有認佔，而地方文武，亦佔做官庄。再其下豪強之戶，亦
皆任意報佔，又俱招佃墾種取租。迨後佃戶又招佃戶，輾
轉頂授，層層欺隱。按其賦稅，每田一甲，不過內地之十
餘畝，而納入石有餘之粟，似種一畝之田而納十畝之粟，
類若田少賦重。然佃戶之下皆多欺隱，佃戶下之佃戶，又
有偷開，至業主不能知佃戶之田數、人數，佃戶又不能究
其下小佃戶之田數、人數。實則種百畝之地，不過數畝之
田，究竟糧少田多，是以家家有欺隱之產，人人皆偷開之
戶。若欲清查海外嚴疆，恐其滋變，相延愈久，清理愈難，
因田產經界不清，居人名戶，亦混編立保甲，止是大概，
欲驟更變，未敢輕言。臣現詳訪熟思，俟得一妥貼可行無
慮之法，始敢具奏請旨遵行外，至彰化一縣，新經設立，
田土錢糧，俱爲有限。其所管有藍張興一莊，其地向係番
人納餉二百四十兩，原任總兵張國原認墾其地，代番納餉，
招墾取租㉒。

各墾戶垂涎內山曠土可耕，百計圖謀越界開墾。彰化縣是雍正初
年增設的縣分，荒地甚多，可以開墾，有力之家赴縣衙門呈明四
至之地，請領墾單後，即可招佃開墾。所開田園，以甲計算，每
田一甲，大約相當於內地的十一畝。分爲上中下三則取租，上田
每甲租穀八石八斗；中田每甲租穀七石四斗；下田每甲租穀五石
五斗。上園每甲租穀五石，中園每甲租穀四石，下園每甲租穀二
石四斗。但各田園往往以多報少，業主有以十甲田園只報四、五
甲者。至於佃丁，因自食代耕，且備牛種，如果照甲還租，便少
餘剩，所以不得不從旁私墾，以欺瞞業主，其中有墾至二十甲，
而僅還十甲租穀者，各佃丁輾轉相矇，甚至百甲田園，其完糧還

租者，不過二、三十甲而已。其中藍張興庄，舊名張鎮庄，其地逼近內山原住民鹿場，向來由原住民納餉二百四十兩，不許漢人開墾。康熙四十九年（1710），臺灣鎮總兵官副將張國報墾其地，代替原住民納餉，招墾取租，立戶陞科。因該庄由臺灣鎮兵官張國報墾，所以稱爲張鎮庄。但從此以後，每當秋冬草枯水涸之際，內山原住民便出草擾害。康熙五十八年（1719）九月間，張鎮庄佃民被內山原住民殺死九命。閩浙總督覺羅滿保曾檄飭燬棄張鎮庄，逐散佃民，開除課額。張鎮庄舊屬諸羅縣所管，康熙六十一年（1722），諸羅縣知縣孫魯到任後，即立石爲界，不許漢人擅自進入。

雍正二年（1724），張鎮庄改屬彰化縣，水師提督藍廷珍轉典張鎮庄，令管事蔡克俊前往招墾，自立庄戶，改名爲藍興庄。藍廷珍開墾成田四百九十一甲，每甲計十一畝，收租六石，每年共收佃民租粟二千九百四十六石，彰化縣知縣譚經正並未加以禁止。因地方文武及漢人爭墾番界，以致番漢衝突案件層見迭出。雍正三年（1725）八月二十日，諸羅縣知縣孫魯奉命署理彰化縣事。同日，藍興庄鄉保報稱，八月十七日三更時，有內山原住民數十人到藍興庄放火，殺死佃丁林愷等八人，拾有番鏢、番箭、番刀等㉓。雍正四年（1726）十一月，浙閩總督高其倬將清理藍興庄情形，具摺奏聞。其原摺略謂：

> 數年之前，提督藍廷珍轉典其庄，現聚墾種田土者已二千餘人，地方文武官因生番到其處殺人，以爲開田惹番，意欲驅逐墾戶，以地還番。臣細思詳問以爲此處若不令開墾，當禁之於始，今已有二千餘人，又有墾出之地，一經驅逐，則此二千有餘失業之人，俱在海外，置之何所？但若聽業主私據，佃戶混佔，不於起初清理，又必似諸、鳳二邑之

流弊。臣意欲將此田總行清查，所有田畝，令各墾戶報出認賦，即爲永業。各墾戶當初開未定之時，又聞驅逐，自無不聽從，俟報明查清，不必照諸、鳳二縣之例，以一甲之田定粟八石，止照內地，照其畝數，以定糧數，量寬其力，以下則起科，大約可得一千、二千兩額賦，或再稍多，亦未可定，竟將原納二百四十兩之番餉題請開除，藍、張二家總不許霸佔，並趁量田之時，兼查人戶，編清保甲，更立四界，令官嚴查，不許墾戶侵耕出外，似屬一勞永逸，久長可行㉔。

藍興庄是清初臺灣武職認墾的官庄，其初由臺灣鎭張國認墾，叫做張鎭庄，後來又由提督藍廷珍轉典開墾，因中經燬棄，後來又由藍廷珍復興招墾，所以改稱藍興庄。但因藍、張二家都是業主，故又稱藍張興庄。至雍正四年（1726），墾戶佃丁已多達二千餘人，不便驅逐。因此，閩浙總督高其倬奏請報明查清後，即以下則起科，成爲漢族移民合法化的耕地。雍正五年（1727），水師提督藍廷珍將藍興庄田園奏報充公後，即照佃租原額歸入官庄徵收，祇取佃租，並無供賦㉕。

藍興庄雖然充公，但漢人越界私墾的問題，卻更加嚴重。乾隆十四年（1749）九月，閩浙總督喀爾吉善等具摺時已指出自藍興庄而外，藍廷珍子姪人等均在附近置產報墾。其孫藍曰仁倚藉昔年聲勢，不安本分，仍在彰化縣地方呼朋引類，自稱田主，擅將內山原住民地界任意侵佔，給人耕種，每年抽取租銀，稱爲犁頭，以致遠方無賴紛紛偸渡過臺賃種荒田，又結交廳縣衙役及附近奸徒，包庇分肥，益無忌憚。喀爾吉善曾密諭署臺灣道書成查拏。據書成稟稱，藍廷珍之孫藍曰仁原在彰化大姑婆界內報墾有業，後因希圖射利，貪取犁頭，遂將毗連番界內荒地擅自批發

當地棍徒林順良等耕種，廳縣衙役孫瑞、林傳等通同一氣，彼此分肥。喀爾吉善具摺時亦稱，「查生番素係安靜，祇以內地人民入其界內，抽藤弔鹿，佔墾草地，遂懷怨恨，乘夜出而肆虐，燒人房屋，割人頭顱，雖云兇暴，實由內地奸民自取。」㉖福建巡撫潘思榘具摺時，亦指出閩粵移民侵墾內山的嚴重情形，其原摺有一段記載說：

> 該地流寓多，而土著少，流寓之人，俱係粵東惠、潮，閩省漳、泉等府人民。惠、潮之人，列庄而居，戶多殷實，不致流於匪僻；漳、泉之人，窮窘而散處，或代人傭作，或佃人地畝，或搭蓋寮廠，養鴨取魚以資生，甚至覬覦生番田土，侵墾番界，大抵不肖生事之輩，多出於漳、泉，其土著熟番素爲安分。至生番僻處山後，性良而愚，以殺人頭多者爲大家，因該地奸民抽藤引鹿，入其界內，侵其田土，致被殺害，原非無故出而肆橫，然臺地犯法民人不敢竄入其境者，亦賴生番之獷悍也㉗。

漳、泉移民侵入山後原住民界內佔墾田土，使原住民不得其所，而導致嚴重的族群衝突。羅漢門分爲內門和外門，居臺灣南北兩路之中，內門離臺灣府城七十餘里，外門又離內門二十餘里，僻處內山原住民地界，外門以東過淡水溪即爲生番地界，內山番社甚多，每於秋深水涸草枯之際，內山原住民即涉溪至沿邊一帶庄寮，或焚燒寮房，或戕殺佃民。閩浙總督喀爾吉善細加訪察後具摺指出，「外門東北，地名東方木燒羹寮界外荒埔，皆可墾作田園，無業游民，時時覬覦，前往私墾，屢經嚴拏禁止，實緣該地與生番僅隔一溪，內地民人在彼立庄開墾，生番以逼近彼社，慮加擾害，即時出焚殺。」㉘爲避免番漢衝突，福建督撫飭令嚴禁私墾。在生番界內的荒埔鹿場，即使有土可耕，有泉可引，也不

許漢人越界墾種。同時規定靠近內山生界的荒埔，雖在定界內地，
也禁止漢人居住耕種。但因閩粵移民，與日俱增，界內禁墾荒埔，
多被漢人搭寮居住，漸次墾闢。由於漢人到處越界私墾，臺灣南
北兩路番漢衝突案件，遂層出不窮。例如乾隆十年（1745），
臺灣縣淡埔庄原住民突入庄內殺傷漢人十命。乾隆十一年（
1746），彰化柳樹湳汛兵被原住民殺傷三名。乾隆十四年（
1749），淡水西保庄漢人被原住民殺傷十一命㉙。

　　彰化內凹庄柳樹湳一帶的西邊有北投、南投等社，是界內熟
番；東邊是水沙連，共二十八社，其中二十四社每年僅納鹿餉，
不與界內熟番一體當差，是屬於界外熟番，其餘四社則為生番。
乾隆十六年（1751）十二月初八日夜間，突有原住民數十人擁
入內凹庄，焚燒茅屋八間，殺死賴、白二姓男婦共二十二口，俱
被割去頭顱。十二月初九日夜間，原住民百餘名到柳樹湳庄，放
火焚燒營盤，殺死汛兵七名，殺傷汛兵五名。十二月十一日，原
住民又在南投、北投等庄殺死漢人數十名，內有一家十二口被殺
十一人。據通事張達京率同副通事業福、賴春瑞等分頭查訪後稟
稱，漢人兵丁被殺，是斗截社生番為首，帶引眉加臘社、截仔社
生番出山焚殺。但據內凹庄被焚殺逃脫老人向知縣程運青稟稱，
焚殺漢人的原住民，實係熟番，老人曾親見熟番頭包青布，身穿
青白番衣，能說漳、泉土音，並非生番，而是地方文武嫁禍生番。
把總王友具稟時指出，因內凹庄民賴相、賴蔭、白惜等平日佔墾
水沙連草地起釁，致被殺害全家二十二名。柳樹楠汛地逼近南北
投社番出入弔鹿處所，以致被焚殺。福州將軍新柱奉命暫署福建
巡撫印務，新柱具摺指出起釁根由是因庄民簡耕等向熟番租地墾
種，並未納租，以致原住民不甘，率衆戕殺㉚。

　　閩粵內地移民，與臺地原住民，原以土牛為界，其逼近內山

生番各隘口，則設有隘寮，由地方官派撥熟番常川看守。但因漢人佔墾荒地，也常引起熟番的不滿。例如水沙連地方，介於諸羅與彰化兩縣交界，原來是荒埔，漢人戴澤等在水沙連荒埔開墾，雍正四年（1726），戴澤轉賣給武舉李潮龍管業。其後因通事陳蒲亦赴縣署請墾，互相爭控，經彰化縣勘斷分管。但由於前後荒埔遼闊，日開日廣，綿長三十餘里，橫亙十餘里，墾熟田園一千五百七十餘甲，大小村落二十四庄，男女戶口二千餘人，番民雜處，常滋事端㉛。內地熟番，與後山生番，多結爲親戚，熟番偶有私仇宿怨，即暗中勾引生番出山焚殺。通曉番語的漢人，進入內山後，散髮改裝，娶番女爲妻，稱爲番割，他們也常帶領原住民出山劫奪。漢人佔墾草地荒埔，及抽藤打鹿，熟番常勾引生番殺人㉜。清人陳盛韶著《問俗錄》，有一段記載如下：

> 臺灣初皆番地，厥後漳、泉、惠、潮民至，有強佔私墾者，有典贌給墾者，有墾成絕賣者。番只約略收口糧數碩，而番地盡爲閩、粵所有。計通臺九十二社，田園皆失，存者不過萬分之一。典贌絕賣，皆憑契交價。然則番多金乎？曰：否。番蠢蠢悶悶，不知算數，不知書記，漢人乘其窮借以錢，寫田園爲胎，利上生利，子過於母，不數年而田園準折殆盡。且借債不清，實數有止借一千，券寫十千者。還債不取借券，有已還十千，尚存十千者。田園不符文冊，有典贌一甲，額溢數甲者。臺灣城市之富戶，半富於洋船，實半富於洋船之鴉片。鄉村之富戶，半富於番地，實半富於番地之溢額。甚至歡以酒食，誘以嫖賭，唆以攢充通、土，皆漢奸爲毒而番黎受害，故臺灣閩粵日盛，番日弱日窮㉝。

閩粵移民渡海入臺後，越界墾荒，侵逼番地，強佔私墾，漢番之

間的矛盾所引起的社會衝突，並非種族歧視，而是起因於閩粵內地人口壓迫與人口流動所造成的不穩定現象。移民日盛，原住民遂日弱日窮，喪失田園，番地遂爲閩粵移民所有。

四、兵民糾紛與小刀會的活動

臺灣爲海疆重地，特設重鎮，兵丁都是從福建內地調戍。但是臺地兵悍民強，營伍廢弛，歷任總兵貪黷廢事，戍臺兵丁不僅不能彈壓地方，反而助長了臺灣的社會動亂。康熙四十七年（1708）二月間，臺灣兵丁滋事喧譟。同年三月初三日，閩浙總督梁鼐等接到福建水師提督吳英手字，略謂：

> 臺灣鎮標戎旗兵丁爲賭博之事，有該鎮傳事領旗袒護隨丁，只責營兵，眾兵以其岢擅不公，赴該鎮呈訴。而總兵王元聽信先入之言，竟無發付，遂至眾兵誼譟，勒令罷市，赴道擂鼓，齊集較場。經道府廳縣暨臺澎貳協副將多方曉諭，眾兵勒要責革傳事領旗隨丁叄人，併保眾人日後無事，該鎮無奈依行，然後解散[34]。

水師提督吳英已指出總兵官王元自從履任以後，日以沉酣爲事，因受傳事領旗壅蔽，以致兵丁誼譟。王元出身「海盜」，熟悉海上情形，爲人也有膽量，所以補授總兵官。但他做官平常，身患咯血病症，又輕躁嗜酒，以致諸事廢弛。當營兵與隨丁賭博爭鬧時，其傳事領旗袒護隨丁，擅責兵丁，眾兵呈訴王元，然而王元並未秉公處理，出言不善，於是引起營兵的公憤。由臺灣兵丁喧譟一案，可以反映營伍廢弛之一斑。閩浙總督梁鼐具摺時亦指出總兵官王元年齒漸衰，調任臺灣以後，縱酒廢事，舉動輕躁，難勝海外重任。但梁鼐同時指出臺灣兵丁驕悍之風實不可長，兵驕將惰，惡習相沿，由來已久，染鼐具摺覆奏時指陳積弊頗詳，原

摺有一段記載說:

> 閩省臺灣,海外重地,總兵一官,關係封疆,其員缺尤爲
> 緊要,在閩人生長海濱,海上情形,或所熟悉,而臺灣則
> 兼統水陸,其重不啻在水師,地方遼闊,番社雜處,更須
> 威望懾重,持重得體,方足以彈壓。且以閩人而居此任,
> 則其左右用事,必皆閩人,而親戚知交到彼探望貿易,因
> 而藉勢招搖,俱所不免,即從內地調戍兵丁,其間亦多有
> 本官同里共族之人,遇事未免徇情,多致不公招議㉟。

臺灣設鎮戍兵,多用閩人,遇事徇情,所以閩浙總督梁鼐認
爲臺灣總兵一員,閩人似非所宜。雍正年間,閩浙總督高其倬具
摺時亦指出福建本地人做本地武官後,多瞻顧鄉情,討好眾人,
不嚴管兵丁,甚至多方庇護,形成風習㊱。陳盛韶著《問俗錄》
一書亦稱,「臺灣多漳、泉民,漳、泉兵至非姻族即同鄉,土音
相對,聲氣相通。其上者操練暇日,仍業工商;其次或開小典,
或重利放債,即違禁非法,獲利倍徒者,靡所不爲。」㊲

臺灣歷任總兵,聲名狼籍,深染綠營惡習,對所管各營,多
不督率操演,平日亦不能嚴格管束兵丁,以致營兵驕縱,游蕩曠
玩。臺灣戍兵,規定三年更換,內地提鎮,於兵丁換班之日,雖
然嚴加挑選,始行撥遣,然而各營挑選之兵不盡過臺,每有半途
賄買頂替者,凡熟悉臺灣,積慣生事的兵丁,前期換回,轉眼又
到臺地,生事害民,不守法度㊳。

乾隆年間,兵丁頂替的情形,更加嚴重,各營自守備以上,
例有旗牌、材官、伴當、管班四項目兵,在衙門內輪流當差。其
千總、把總等官分管的兵丁,或在營汛,或守倉庫,其中漳、泉
兵丁,因與漳、泉移民大半同鄉,言語相通,兵丁大多離營在外
經營生理。各兵原無資本,多在街市售賣檳榔、糕餅,與民爭利,

或編織草鞋，日積錙銖，作為貼補衣履的費用。其中汀州府兵丁
善於製造皮箱，或編織皮毯，所以多在皮貨舖中幫做手藝，賺取
工資。兵丁日逐微利，閒散自由，憚於差操拘束，每月出錢三百
文至六百文不等，僱請同營兵丁替代上班，稱為包差，此項包差
兵丁，以漳、泉、汀等府為最多，而且向來操防兵丁，多不按照
內地原營歸整安設，一營之兵分作數十處，以致各府兵丁分散各
處，南北兩路，處處都有包差情弊。

　　柴大紀是浙江江山縣人，武進士出身，補授海壇鎮總兵。乾
隆四十八年（1783），原任臺灣鎮總兵孫猛患病，因水師無人
可調，奉旨以柴大紀補授臺灣鎮總兵。柴大紀到任後，依舊因循
綠營積習，其廢弛營伍，較歷任總兵尤甚。閩浙總督李侍堯曾訪
查柴大紀貪劣各款，例如將臺灣戍兵賣放私回，留營當差的戍兵
只有延平、建寧等府兵丁，而漳、泉兵丁多在外營生，輪賭窩娼，
甚至販賣私鹽㊴。柴大紀遇事婪索，文武員弁彼此效尤。大學士
福康安具摺奏稱：

> 臣等以地方聚賭，自係積慣誘賭之人開場聚眾，抽頭漁利，
> 必有餽送營員規例，何以零星索詐，每處僅得百十文，其
> 中顯有瞞飾，再四窮詰，並密加察訪情形。緣臺灣無籍游
> 民，並無家室者，名為羅漢腳，多以賭博為事，每人各帶
> 錢數百文，即於街市環坐聚賭，骰牌跌錢之外，更有僅用
> 蓆片上畫十字，即可群聚壓寶，雖素未識面之人，皆可共
> 賭，朝東暮西，並無定所，實非開場設局誘令殷實之人重
> 貲聚賭可以肆行訛詐，多得錢文。該汛兵丁遇見，即將攤
> 場錢文，稍為分潤，每處百餘文，或數十文，實不能多為
> 婪索。四十六年以後，兵丁所得錢文，均與本管營員陸續
> 分用㊵。

羅漢腳既無家室，游手好閒，就是一種流動人口。羅漢腳固然以賭博為事，其餘升斗小民聚賭風氣亦盛，兵丁遇有開賭之處，即隨處勒索錢文。柴大紀姑息養奸，包庇娼賭。據大學士福康安奏稱：

> 兵丁窩娼一節，訊據供稱，戍兵來至臺灣，因近年兵房坍塌，無可棲止，租賃民房，力有不贍，娼家留兵居住，藉以包庇，而兵丁既省房租，兼可寄食，並非自行窩娼，亦無另得錢文，再三究詰，似無遁飾。查臺灣各營將弁不知勤慎操防，整飭營伍，乃於上司巡閱，則餽送逢迎，於所管兵丁，則貪得餘閏，縱令包差，曠伍貿易，甚索取庇賭陋規，不論錢數多寡，自數十文至百餘文不等，遇事婪索，卑鄙不堪，且任聽兵丁居住娼家，不加約束，以致存營兵少，武備日益廢弛④。

柴大紀坦承臺灣營伍廢弛，未能實力整頓，以致兵丁在外包庇娼賭，軍紀敗壞，其疏縱怠玩，難辭其咎。

乾隆年間，彰化平原是重要的移墾重心，五方雜處，流動人口，與日俱增，為了彈壓地方，清廷在彰化縣境內多設兵丁。但因兵悍民強，兵民糾紛案件，層出不窮。乾隆三十七年（1772）正月，彰化縣大墩街民林達因賣檳榔，被兵丁強買毆辱，林達遂起意邀約林六等十八人結拜小刀會，相約遇有營兵欺侮，各帶小刀幫護，地方人士以林達等十八人竟敢與兵丁相抗，大如王爺，而稱他們為十八王爺，或王爺小刀會④。營兵知林達等結拜小刀會，各帶小刀抵制，遂不敢肆無忌憚。

彰化經紀小民，為抵制營兵，彼此模倣，各結小刀會。乾隆三十八年（1773），縣民林阿騫、林文韜等各邀人結拜小刀會，各備小刀防身。乾隆三十九年（1774），縣民馮報販魚生理，

營兵短價買魚，馮報不依，被營兵毆打，馮報不甘，於是起意糾邀陳纏等人結拜小刀會。縣民郭秋、陳握以屠宰為業，乾隆四十五年（1780），郭秋向營兵討取肉錢，被辱不甘，遂糾陳握等人結拜小刀會㊸。

乾隆四十五年（1780）七月二十九日，有興化營兵洪標與同伍兵丁陳玉麟等偕抵彰化濘田地方，公祭遠年平番陣亡兵丁。因舊時設祭之處，被居民楊振文新蓋房屋，兵丁洪標等即在楊振文門首擺列供品，祭祀陣亡兵丁的孤魂。楊振文率眾阻止兵丁祭祀，將祭品搶散。兵丁陳玉麟與楊振文毆鬥，各營兵亦一齊加入鬥毆。兵丁鄭高先被楊振文毆傷，即回營攜取鳥槍施放，誤傷販賣果物的林水腿肚，林水到縣衙呈控。彰化縣知縣焦長發差拘陳玉麟、鄭高等犯到案，杖責發落。後經縣民黃文侯調處，令楊振文出番銀一百五十圓，折紋銀一百零五兩給陳玉麟買地起造祠屋，兩絕爭端㊹。

營兵軍紀敗壞，恃強凌弱，欺壓居民。興化營兵丁挾林水赴縣控驗之嫌，屢次擾累百姓，林水氣忿，為抵制營兵，林水遂於乾隆四十五年（1780）九月間邀同縣民孫番、楊報及林葵等四人結拜小刀會，相約如遇營兵欺侮，彼此即攜帶小刀幫護。

乾隆四十六年（1718），彰化小刀會案件共有三起：第一起為林六案，林六販賣檳榔為生，被營兵短價強買，林六即邀林韭等五人結拜小刀會；第二起為鄭思案，林姓營兵向鄭思賒草，鄭思不依，被林姓營兵毆打，鄭思隨邀陳遠生等結拜小刀會；第三起為陳尚等案。福建龍溪縣人吳成，充當漳州鎮左營兵丁，乾隆四十四年（1779），吳成赴臺換班，派撥在彰化縣城守汛，並與同伍兵丁張文貴夥開估衣店。乾隆四十六年（1781）十一月十五日，兵丁黃文水向吳成索欠爭鬧，縣民林文韜與堂叔林庇

出勸，袒護黃文水，吳成忿恨，將林庇推跌，林文韜趕助林庇，欲毆吳成，吳成跑脫。是晚，吳成攜帶鳥鎗，糾約同伍兵丁楊祐等還毆報復，同往林庇店屋尋釁，林庇、林文韜走避，吳成等用石塊擲毀林庇店屋。適有廳役陳尙即陳才經過，吳成疑其幫護林庇，即施放鳥鎗，中傷陳尙頷頰、左背膊、手背等處。陳尙即聽從陳柏糾邀，與蘇鳳、黃新等人結拜小刀會。林文韜則於十一月十六日糾邀縣民王洪等前往吳成所開估衣店報復，適吳成外出，店夥兵丁張文貴出而爭罵，被王洪持刀砍傷腦後、右太陽穴等處，林文韜等扯碎店面估衣，搗毀店內桌椅等物，並搶去衣服十餘件，張文貴報請彰化縣知縣焦長發驗傷㊺。林文韜等差拘到案，訊明兵民打架屬實，焦長發將林文韜、王洪、陳德、陳蕃等分別枷責，但應究兵丁吳成卻未拘解到案。同年十二月，臺灣府知府蘇泰提解林文韜到府城時，林文韜因患病取保就醫。林文韜病癒後潛回彰化。乾隆四十七年（1782）六月十五日晚，吳成等撞遇林文韜，復挾前嫌，將林文韜擒入營盤，由吳成揪住林文韜髮辮，曾篤騎壓林文韜身上，楊祐用力戳殺林文韜右眼成瞎。兵營員弁並未查明具報，竟置之不問。

　　臺灣小刀會倡立的背景，主要是由於臺灣早期移墾社會的不穩定所造成，五方雜處，游民衆多，爲了彈壓地方，所以多設戍兵，但武備廢弛，軍紀敗壞，兵民糾紛案件，層出不窮，臺灣小刀會就是兵民衝突下的產物。福建水師提督黃仕簡奏覆臺灣小刀會起因時已指出，「緣彰邑城內，兵民雜處，兵悍民強，各不相下，由來已久。而小本經濟之人，歷被營員短價勒買，遂各聯同類，藉以抵制。」㊻多羅質郡王永瑢等具奏時亦稱，「臺灣一府，地居海中，番民雜處，是以多設兵丁，以資彈壓，乃兵丁等反結夥肆橫，凌辱民人，強買強賣，打毀房屋，甚至放鎗兇鬥，以致該

處居民，畏其強暴，相約結會，各持小刀，計圖抵制，是十餘年來，小刀會之舉，皆係兵丁激成。」㊼流動性人口眾多，兵悍民強，為抵制營兵，所以紛紛倡立小刀會。

五、分類械鬥的擴大與秘密會黨的發展

臺灣早期移墾社會的失調，主要是由於閩粵內地人口壓力及人口流動所引起。閩粵移民進入臺灣後，缺乏以血緣作為聚落組成的條件，通常是同一條船渡海來臺的人聚居一處，或採取祖籍居地的的關係，依附於來自同祖籍同姓或異姓村落，而形成了所謂地緣村落，同鄉的移民遷到同鄉所居住的地方，與同鄉的移民共同組成村落。基於祖籍的不同地緣，益以習俗、語言等的差異，早期移殖臺灣的閩粵漢人，大致可以分為泉州籍移民、漳州籍移民及廣東籍客家人三個人群，其聚落遂形成泉州庄、漳州庄、廣東客家庄，以地緣為分界。例如彰化快官庄、番仔溝、溪州庄、鹿仔港、過口庄、秀水庄、中庄、沙連保、柯仔坑等庄，以泉州籍移民居多，稱為泉州庄。在泉州庄中，以鹿仔港為泉人鱗集之區，其中又以施姓為大族，聚族而居。快官庄泉州籍移民張姓等，亦聚族而居，族丁眾多。至於過溝仔、三塊厝、大里杙、枋橋頭、瓦窯庄、林杞埔、許厝寮、半線保、馬芝麟保、大崙、半路店、大肚、下保、苦苓腳、山仔腳、南勢庄、竹頭崎庄等庄，以漳州籍移民居多，稱為漳州庄，其中大里杙林姓，族大勢盛。

地緣村落的優點是同鄉意識濃厚，疾病相扶，患難相助。而其缺點是褊狹的地域觀念很強烈，各分氣類，不僅閩粵各有畛域，即泉、漳各庄，長期以來，都形成尖銳的對立，往往因雀角微嫌，而釀成大規模的分類械鬥。據《臺灣通志》、《鳳山縣志》、《彰化縣志》、《淡水廳志》等書的記載，從康熙三十三年（

1684）清廷領有臺灣至光緒二十年（1895）清廷割讓臺灣止二百一十二年間，臺灣發生大規模的分類械鬥案件，共計三十八次：其中康熙朝一次，發生於鳳山縣；雍正朝一次，在鳳山縣；乾隆朝三次，在彰化縣、淡水廳等地；嘉慶朝八次；二次在彰化縣，六次在淡水廳；道光朝十一次：二次在彰化縣，七次在淡水廳，鳳山縣、噶瑪蘭廳各一次；咸豐朝七次：都在淡水廳；同治朝五次：二次在淡水廳，三次在噶瑪蘭廳；光緒朝二次：新竹縣、安平縣各一次㊽。由於地方官處理不善，分類械鬥常常釀成民變。

　　黃璇，籍隸福建漳州府南靖縣，移居臺灣彰化縣三塊厝庄。乾隆四十七年（1782）八月二十三日，彰化西門外莿桐腳庄民張甘在庄演戲。黃璇堂伯黃叫起意聚賭，令黃璇攜帶寶盒，各出本錢一千文，在戲臺前攤場開壓。泉州籍移民廖老壓寶，指輸作贏，輸錢不給，互相爭吵㊾。廖老向黃叫奪取賭本，黃叫氣忿，用竹凳毆傷廖老頂心，廖老嚷罵而走，黃璇追趕，聲稱廖老搶奪錢文。當時有黃璇族人黃弄在戲場削賣甘蔗，即將廖老攔住，廖老腳踢黃弄，黃弄用削蔗刀砍傷廖老左腿，廖老向前奪刀，復被黃弄砍傷左手胂胅，廖老畏懼急走。黃璇從後趕上，抽取檳榔擔上鑲鐵竹串戳傷廖老左腿胂胅，科透腿面，血流不止，不久後殞命。屍兄廖琳投保報縣相驗，但正兇未獲，泉人心懷不甘。八月二十四日，廖老的父親廖詔以其子在賴邱氏屋旁被毆身死，賴姓不行出救，於是邀同其弟廖雄及族人廖國等到賴邱氏家鬧搶㊿。漳州籍移民則糾眾幫護賴邱氏，互相攔搶，從此漳州庄與泉州庄，彼此報復，焚搶不休，蔓延日廣。

　　同年八月二十八日，三塊厝庄漳州籍移民黃璇之父黃添，過溝仔庄漳人陳陽等先後糾約大里杙庄漳人林士慊等人守庄，陳陽又商同許福生等許給庄眾飯食，允諾如保庄無事，另備銀兩酬勞。

林士慊轉告林西河、林訪招集枋橋頭庄黃全等一百一十四人，於八月二十九日出攻泉州庄番仔溝。番仔溝泉人謝笑已先期聞知，即倡首糾眾抵禦，率同吳成等人招約近庄泉人及鹿仔港泉人施奇等轉邀族鄰，並會同各庄泉人出幫番仔溝，與漳人互相械鬥搶殺，旋聚旋散。

　　在漳、泉搶殺期間，漳人林八、林百、林勇、林沃四人被泉人殺害。漳人黃添、林士慊等又糾眾出庄報復，瓦窯庄漳人洪唱也率領漳州籍移民進攻泉州庄。據統計，漳人林士慊等從九月初四日起至九月二十四日止共二十天內先後攻打過口庄、秀水庄、鹿仔港等處，共計九十一庄。其間有把總被殺一案，新調南北投把總林審是漳州人，於九月初九日帶領兵丁張鑣等十名，將赴南北投防汛，路過內快官庄。內快官庄是鄰近大里杙的一個泉州庄，泉人聞大里杙林姓欲率漳州籍移民前來攻打內快官庄，九月初九日午刻，適把總林審赴汛經過，泉人張主忠、鄭全、張克等將林審攔留，指林審為大里杙漳人假扮來庄探聽的奸細，而加以殺害㉕。

　　林圯埔漳人張北，許厝寮漳人石祖等又會同林士慊等率領漳州籍移民於九月二十五至二十七日三天內先後攻打沙連保、埤仔頭、柯仔坑等處泉州庄共計二十庄。鹿仔港泉人施奇等聽從謝笑邀約，出幫番仔溝，於八月二十九日攻打半線保等七庄，自九月初五至十七日止，攻打馬芝遴保等六十一庄。九月二十至二十四日，泉人許允代施奇領頭又進攻大肚等十三庄。統計八月底至九月底一個月內，被泉人攻搶的漳州庄共八十一庄，被漳人攻搶的泉州庄共一百一十一庄。北投大哮庄武舉漳人許國梁，下茄荖庄漳人洪墨等赴南投出帖邀約漳州籍移民五十四名，於九月初五、初六等日攻燒南北投保半山等處泉州庄共計日五庄，其中漳人林

阿罵是小刀會成員。彰化縣境內漳、泉分類械鬥規模擴大後，蔓延至諸羅等地。諸羅縣的縣丞分駐笨港，轄南北兩港，漳人居南港，泉人居北港，各懷疑懼。九月二十日，泉人施斌等糾約北港泉州籍移民赴南港攻搶漳州庄㊿。

在漳、泉各庄分類械鬥期間，彼此焚搶，互相殺掠，社會失控。各要犯被捕後，俱供出其罪行。例如漳人黃卿供認於乾隆四十七年（1782）九月初四日攻燒中庄時，持扁挑幫助毆傷泉人。九月初八日，許開被泉人李然等脅令偕行，焚燒漳人竹頭崎庄。施五是泉州府晉江縣人，在臺灣鹿仔港碾米營生。九月初五日，泉人施諒糾邀施五等同往焚殺漳人南勢庄。施諒用竹篙戮傷漳人血貧骨，施五持竹篙上前爭鬥時，被漳人用扁鎗戳傷左顴骨及眼眶後，負痛潛回晉江縣原籍㊿。漳人黃全連殺泉人七命，張葉隨同洪墨於九月初八日往木柵大哮山搜山，將泉人男婦潘璉等五人殺害㊿。張北、林表、林耀、林樊、林北、黃輝等都是泉人，九月二十七日，林表等聽從張北招引，往攻泉州庄，途遇漳人黃二、黃欣、黃灶、余訓等四人，張北向前攔阻，將黃欣、余訓用繩綑縛，將黃灶、黃二拉至溪埔，林樊用半斬刀將黃灶、余訓先後殺死，林表用鐮刀殺傷黃欣左腿，登時殞命，黃二年幼，由林通抱去為子。漳人吳三跟隨張沃等人往攻泉人溪州庄，路經瓦窯，搜出泉人許泰，指稱奸細，漳人張贊即動手刀砍許泰，吳三刀傷許泰左腿，張沃刀砍許泰血盆骨倒地身死。其餘各犯或焚搶殺命，或放火搶贓，或逞兇擄掠，或同謀殺人，或截留婦人，或姦佔婦女，其間無賴棍徒，乘機附和，藉端搶掠，漳、泉各庄，同時遭受重大的破壞。據福建水師提督黃仕簡於乾隆四十八年二月二十八日奏報已正法人犯共二四二名。

漳、泉移民渡海入臺後，雖然共處海外，但是他們不僅不能

敦相友相助之誼，反而互相戕殺，滋生事端。福建巡撫雅德具摺時已指出臺灣爲海疆重地，漳、泉流寓民人，向有械鬥惡習，各聯聲氣，動輒率衆行兇，目無法紀㊺。臺灣早期移民，以地緣關係組合，同一祖籍的移民聚居一處，形成地緣村落，這種按不同祖籍劃分陣營的分類械鬥，是臺灣早期移墾社會一種特有的社會現象。在漳、泉地緣村落中，例如鹿仔港施姓，大里杙林姓，族丁衆多，逐漸形成宗族村落，因此，以大里杙或鹿仔港等地緣村落爲中心的分類械鬥，已經具有宗族血緣械鬥的性質。

　　由於分類械鬥的擴大，往往形成民變。地方大吏審擬彰化漳、泉械鬥案件時已指出泉人謝笑倡議寫帖，糾聚庄衆，械鬥焚掠，與反叛無異㊻。臺灣天地會等秘密會黨的發展，與械鬥的盛行，有著密切的關係。林爽文是福建漳州府平和縣人，乾隆三十八年（1773），隨其父林勸移居彰化大里杙。因漳、泉分類械鬥，並未完全平息，林爽文爲凝聚漳州籍移民的力量，即於乾隆五十一年（1786）八月間在大里杙山內車輪埔糾衆歃血飲酒，結拜天地會，互相約誓，有事相助，患難相救。由於地方官處理不善，在官逼民反的號召下，天地會終於擴大成爲大規模的反清運動。

　　漳、泉異籍而鬥，閩、粵亦異籍而鬥，廣東客家庄，因人數較少，居於弱勢，爲凝聚客家移民的力量，也出現了秘密會黨的組織。《問俗錄》一書對閩、粵分類械鬥有一段記載說：

　　閩、粵分類之禍，皆起於匪人。其始小有不平，一閩人出，衆閩人從之；一粵人出，衆粵人和之，不過交界處攄禁爭狠。而閩、粵頭家即通信于同鄉，備豫不虞，于是臺南械鬥傳聞淡北，遂有一日千里之勢。匪人乘此撥爲風謠，鼓動全臺，閩人曰：「粵人至矣。」粵人曰：「閩人至矣。」結黨成群，塞隘門，嚴竹圍，道路不通，紛紛搬走。匪人

即乘此焚其廬舍，搶其家資。哭聲遍野，火光燭天，互相鬥殺，肝腦塗地。文武會營調停，兩面猖獗愈滋。鳳山、淡南粵人眾閩人寡，餘皆閩人眾粵人寡。然則粵人受害乎？曰：否。粵人詭而和，沿山聚處，知其眾寡不敵，不分邪正，一氣連絡。閩人蠢而戾，羅漢腳逞志生事，有家室者多觀望不前，故閩、粵分類，閩人往往大敗，且閩人習于蠻橫，動釀亂階。粵人明于利害，不拒捕，不戕官。閩人為叛民，粵人即出為義民，保護長官，衛守城池。匪人又乘此假公濟私，肆橫報復，遇閩人不問其從賊與否，殺其人，焚其室，劫其財，曰：「予殺反賊，不計其為閩人也。」臺灣滋事，有起於分類而變為叛逆者，有始于叛逆而變為分類者。官畏其叛逆，謂禍在官。民畏其分類，謂禍在民。百餘年來，官民之不安，以此是。惟地方官平日于交界處，著閩、粵人各選有家產、有才幹、有聲望之總理。遇兩有嫌釁，即出為理處。倘已成訟端，即為酌情度勢，分斷平允，彼此輸服。如已成分類，即迅速會營彈壓。小者，嚴諭各總理頭家調和解散。大者，一面禦之以兵，使匪人畏威而不敢肆；一面嚴辦總理頭家。治以徇縱之罪，使約束匪人，畏法而不敢亂，則遏其流之道也㉗。

閩、粵分類械鬥，互相鬥殺，焚室劫財，雙方都遭受重大的損失。道光六年（1826）四月間，彰化縣及淡水廳境內廣東客家庄，被閩人焚搶，廣東籍移民憤圖報復，遂與閩人發生分類械鬥。廣東籍移民為凝聚內部的力量，於是倡立會黨，所謂兄弟會或同年會，就是閩、粵分類械鬥的產物。會首巫巧三、嚴阿奉等因屢受閩人欺侮，於是分頭邀人結拜兄弟會，又稱同年會，議明日後與人爭鬥，必須同心協力，互相幫助。會中推舉巫巧三、嚴阿奉為

首，先後攻打蘆竹澫、南港、中港、後壠等處閩人大小各庄。

當廣東籍移民攻打中港街時，巫巧三等人用刀殺斃男婦三命，又在後壠商同吳阿生、傅祥林、巫巧文等人擄獲素有嫌隙的泉人朱雄、趙紅二名，綑縛樹上支解，手段殘忍。嚴阿奉、劉萬盛等糾衆出鬥，或執鏢鎗，或放竹銃，或縱火焚燒，或搶奪財物，傷亡頗衆。其中番割黃斗乃等人引帶三灣內山原住民潛出助鬥。噶瑪蘭閩人吳鄭成乘分類械鬥規模的擴大，糾同吳四海等搶奪粵人財物，搆釁尋鬥⑱。

各要犯被捕後，多供出犯罪事實。例如劉幅生供出年三十四歲，原籍廣東陸豐縣，謝老五四十一歲，原籍廣東嘉應州。道光六年（1826）五月間，田寮庄粵人與中港庄閩人互鬥，黃幅萬糾邀劉幅生等人入夥，謝馨恩邀謝老五等入夥，同往攻打蘆竹澫、南港、中港等閩庄，各用鐵鏢戳傷閩人。許霞、施點是福建泉州府晉江縣人，俱於是年四月間聽從閩人黃源糾邀，連日攻搶粵庄，附和的人不計其數。許霞、施點隨同許排、許存等經過瓦窰厝粵庄，望見草寮失火，人衆擁挤，許霞乘火打劫，搶得過客衫褲一件，施點搶得犁耙一張，賣錢花用⑲。彰化縣民李通等造謠焚搶粵庄，延及嘉義縣境內。福建臺灣道孔昭虔審擬各要犯，並經刑部議覆，其中巫巧三等七十六名，因罪情重大，於審訊後恭請王命綁赴市曹分別凌遲斬決，傳首犯事地方，懸竿示衆。此外各犯的犯罪事實，可以列出簡表如下：

道光六年閩粵分類械鬥要犯簡表

姓　名	供　認　犯　罪　事　實
李　奇	焚搶一次，糾竊殺人一次。
李文強	聽糾攻搶一次，夥劫鄭潮布店一次，夥搶邱英生錢物一次，夥竊行強一次。
宋　合	糾衆攻庄三次，在林仔庄外擄殺粵民一人，夥同林淄焚搶嘉義境內廣東庄。
沈　池	夥同焚搶殿仔林、環地廳等處，放火得贓。
吳　奇	焚搶三疊溪庄，搶劫銀物，殺死粵民一人。
林　殿	攻庄四次，放火一次，夥劫搜贓二次。
胡　盆	夥同焚搶，放火得贓。
陳光明	械鬥殺人一次，糾劫一次。
黃來成	攻庄焚搶一次，殺死一人。
楊　凜	糾人放火攻庄多次，在大埔心庄外殺死粵民一人。
鍾　來	攻庄八次，放火一次，糾衆毆斃一人，夥劫搜贓一次。
蘇光明	焚搶二次，糾劫拒捕傷人一次，爲首強竊逞兇一次，夥劫搜贓一次，夥竊行強一次。

資料來源：《軍機處檔・月摺包》，第五五六一號，管理事務托津等奏摺。

　　福建臺灣道孔昭虔具摺指出林殿等犯因疊次焚庄搶竊及殺命輪姦，兇殘淫惡，俱依強盜殺人放火燒人房屋姦污人妻女例斬決梟示。陳光明等犯械鬥殺人糾劫爲首二罪相等從一科斷，依臺灣械鬥照光棍例擬斬立決。因各犯情罪重大，於審明後即移交文武員弁監視行刑，就地正法，傳首梟示。孔昭虔原奏，於道光七年（1827）四月二十七日奉誅批「刑部議覆」，刑部議覆時，均照孔昭虔原奏完結。閩浙總督孫爾準於《籌議臺灣善後事宜》一摺，對臺灣分類械鬥的原因有一段分析，原奏略謂：

臺灣無土著之民，皆閩粵兩籍寄居，粵則惠、潮兩府、嘉
應一州；閩則漳、泉、汀三府，汀人附粵，而不附閩。粵
人性狡而知畏法，爲盜者頗少，惠、潮兩處之人聯爲一氣，
嘉應則好訟多事，與惠、潮時合時分。閩人既與粵人不睦，
而漳人與泉人又互相讎隙，其有身家而良善者，質直好義，
類多守法，而單身游手，俗稱羅漢腳者，實繁有徒，每多
流爲盜賊，無所不爲。臺灣縣爲郡城附郭，幅員甚狹，民
氣最馴，鳳山縣土沃民稠，較臺灣縣難治，噶瑪蘭風氣初
開，土曠人稀，民甚淳樸，其最難治者惟淡水、嘉義、彰
化三處。淡水粵人素聽總董鈐束，本年械鬥，實因不肖總
董歛錢派飯，主使庄眾出鬥滋事，以致群被脅從，釀成鉅
案⑩。

寄居臺灣的閩、粵兩籍移民，就是來自內地的流動人口，因爲族
群尚未整合，各分氣類，廣東籍移民爲強化組織，凝聚力量，於
是倡立兄弟會，易言之，兄弟會的成立，就是閩、粵分類械鬥的
產物。

　　臺灣天地會是閩、粵會黨的派生現象，彰化漳、泉分類械鬥
規模擴大後，林爽文即加入天地會，並糾邀漳州籍移民結拜天地
會，以凝聚漳州籍移民的力量。兄弟會的倡立，與天地會的活動
有些類似，爲凝聚廣東籍客家庄的力量，巫巧三等人也邀人結拜
兄弟會。天地會在官逼民反的號召下，走上叛亂的途徑，而兄弟
會並未形成叛亂組織，一方面反映兄弟會的性質，是一種分類械
鬥組織，一方面也和「粵人明于利害，不拒捕，不戕官。」及畏
法而不敢爲亂的態度有密切關係，粵籍移民所依附的團體，主要
是義民，並非秘密會黨，這也是臺灣移墾社會的特點。

六、義民組織的社會功能及其與會黨的衝突

　　所謂義民，就是抑制民變的民間武裝組織，其主要功能是抵抗起事者，保境安民，或隨軍出征，進剿叛亂。義民組織雖然並不是臺灣特有的歷史現象，然而臺灣義民的複雜性，確實是值得重視的課題。有清一代，臺灣動亂頻仍，分類械鬥及結盟拜會的風氣，極為盛行，義民保境安民的武裝組織，雖然是屬於自力救濟的自衛行動，但是義民抑制亂民對社會秩序的破壞及維持社會的穩定，確實具有正面的意義。不過由於漳、泉、粵移民的地緣組合，分類械鬥案件，層見迭出，使義民的武裝組織帶有濃厚的分類意識，臺灣分類械鬥的社會侵蝕作用，遂更加惡化。

　　秘密會黨是由下層社會的異姓結拜團體發展而來的多元性秘密組織，名目繁多。各會黨的成員模擬家族血緣制的兄弟關係，彼此以兄弟相稱，並藉盟誓規章互相約束。各會黨的共同宗旨，主要是強調內部成員的互助問題，加入會黨後，彼此照顧，患難相助。林爽文聞知天地會人多勢眾，即要求入會，當漳、泉分類械鬥規模擴大後，漳州籍移民為求自保，便紛紛加入天地會，依附天地會，接受天地會盟誓規章的約束，直接排斥朝廷的法律。但是天地會產生的社會侵蝕作用，也是不容忽視的。林爽文起事以後，裹脅焚搶，聲勢浩大，泉州庄、廣東庄多遭破壞。泉州庄、廣東庄為了保境安民，發揮守望相助的精神，於是多充義民，以抗拒天地會的入境騷擾。因此，就義民與天地會而言，實即當時地方性分類械鬥的對立團體，急公好義的義民，就是廣東與泉州籍移民的庄民，與加入天地會的漳州籍移民勢不兩立，義民組織與天地會都具有濃厚的分類意識。天地會起事以後，泉州庄、廣東庄都拒絕接受天地會的領導。清軍進剿天地會後，義民與官兵

形成了聯合陣線，對天地會形成了反制力量。大學士福康安具摺時指出南路山豬毛廣東庄在東港上游，有粵民一百餘庄，分為港東、港西兩里，因康熙末年平定朱一貴，號為懷忠里，在適中之地建蓋忠義亭一座，林爽文、莊大田起事後，曾遣涂達元、張載柏執旗前往招引粵民入夥，兩里粵民誓不相從，竟將會黨涂達元、張載柏兩人即時擒斬。粵民齊集忠義亭，供奉萬歲牌，決心共同堵禦會黨，挑選丁壯八千餘名，中左右前後及前敵六堆，按照田畝公捐糧餉，由舉人曾中立總理其事，每堆每庄各設總理事、副理事，分管義民，由劉繩祖等充任副理事，清高宗特頒御書褒忠匾額，以嘉獎義民。

　　天地會起事以後，臺灣南北兩路的義民武裝組織，除少數由地方官衙門招募充當外，主要是由紳衿舖戶等招集，義民每日口糧亦多由義民首捐貲備辦。捐納四品職銜楊振文、文舉人曾大源，世居彰化，林爽文起事後，拒絕入夥，棄家返回泉州原籍。大學士福康安在福建大擔門候風時，將楊振文、曾大源帶赴鹿仔港，招募義民，隨官兵進剿。清廷善於利用這股強大的反制力量，相信多增一千義民，即減少一千會黨，所以屢飭地方官廣招義民，嘉獎義民，查明優賞，如係務農經商生理者，即酌免交納賦稅。若係首先倡義紳衿，未有頂戴者，即開列名單，奏明酌予職銜，以示優異。清高宗以廣東及泉州籍移民急公嚮義，所以賞給匾額，令大學士福康安遵照鈎摹，遍行頒賜。以旌義勇。同時諭令臺灣府所屬各廳縣應徵地丁錢糧，悉行蠲免，以示一體加恩，普施惠澤之意。

　　官兵進剿林爽文、莊大田期間，臺灣義民確實扮演了非常重要的角色。乾隆五十一年（1786）十二月十二日，署鹿仔港守備事千總陳邦光邀約泉州籍義民首林湊、林華等率領義民往救彰

化縣城。林爽文聞知官兵將至，即出縣城西門外駐箚，奪取彰化
營汛鎗砲。千總陳邦光命義民分爲左右兩翼向前攻殺，會黨敗退，
前後不能相顧，其執旗指揮的天地會副元帥楊振國、協鎮高文麟、
先鋒陳高、辦理水師軍務楊軒等人俱被義民擒獲，彰化縣城遂爲
義民等人收復。千總陳邦光以署守備防守鹿仔港等汛地，僅有汛
兵五十餘名，其所以能收復彰化縣城，屢敗會黨，確實得力於義
民首林湊等招募義民，始克藏功。

　　乾隆五十一年（1786）十一月十三日，署都司易連帶領兵
丁及義民進攻北路新庄，守備童得魁等帶領義民五百名由艋舺渡
河直攻下庄，李因等督率義民五百名進攻中港厝，監生黃朝陽督
率義民六百名進攻鶯歌與三峽之間的海山頭。廣東庄義民首邱龍
四率領義民設伏於臺北樹林南方的彭厝庄。滬尾庄蔡才等率領義
民三百名，和尙洲鄭窓等率領義民六百名，大坪頂黃英等率領義
民四百名，合攻滬尾、八里坌等處。和尙洲鄭窓等率領義民五百
名由北投唭哩岸，孫勳等率領義民六百名由上埤頭會攻八芝蘭。
十一月十八日，淡水同知幕友年已七十高齡的壽同春，用計退敵，
親赴各庄招集義民，收復竹塹城。諸羅縣義民首黃奠邦、鄭天球、
王得祿、元長庄義民首張源懃等人也都率領義民隨同官兵打仗，
搜拏會黨，購線招降，離間會黨，並差遣義民假扮會黨，四出偵
探會黨內部軍情。淡水廳義民首王松、高振、葉培英，東勢角義
民首曾應開，熟諳內山路徑，深悉內山情形，奉諭前往屋鰲、獅
子等社，率領各社原住民在要隘路口堵截會黨。

　　乾隆五十二年（1787）二月十二日，官兵探知林爽文率領
會黨聚集於諸羅縣城外二十里的大坪頭地方，於是命義民首黃奠
邦帶領義民於是日夜間五更啓程，次日黎明抵達大坪頂，擊退會
黨。諸羅縣城被天地會黨夥圍困數月之久，糧食匱乏，岌岌不保，

但會黨卻久攻不克，確實應歸功於義民的堅守。義民作戰時，每隊各製一旗，以示進退。義民雖然未經訓練，但用以防守地方城池，則頗爲奮勇可恃，十分得力。林爽文起事之初，南北兩路會黨如響斯應，聲勢浩大，在臺戍兵固然缺乏作戰能力，其防守城池，亦未得力，所以不得不多招義民，藉助於地方上的自衛力量，以保衛桑梓。清高宗頒降諭旨時亦稱：「林爽文糾衆叛亂以來，提督柴大紀統兵剿捕，收復諸羅後，賊匪屢經攻擾，城內義民幫同官兵，奮力守禦，保護無虞，該處民人，急公嚮義，衆志成城，應錫嘉名，以旌斯邑。」⑥是年十一月初二日，軍機大臣遵旨更定諸羅縣名，擬寫嘉忠、懷義、靖海、安順四名，進呈御覽，並奏請硃筆點出一名，以便寫入諭旨。清高宗就「嘉忠」的「嘉」，與「懷義」的「義」，各取一字，而結合爲「嘉義」，取嘉獎義民之義⑥。次日，正式頒諭，將諸羅縣改名爲嘉義縣。官兵平定林爽文，義民實有不世之功，諸羅縣改名爲嘉義縣，就是清廷褒獎義民的具體表現。

乾隆五十三年（1788）正月初五日，林爽文在淡水廳境內老衢崎地方被義民高振等人所擒獲，臺灣南北兩路不久即平定。林爽文在供詞中已指出天地會內平海大將軍王芬等人「被鹿仔港義民殺了」。天地會大都督林領供稱：「十二月初一日，我們的家眷又被義民殺了，都逃到貓霧捒，常與義民打仗。」天地會右都督何有志供稱：「官兵沿途追殺，直趕到淡水山內老衢崎地方，四面圍住，被官兵、義民及淡防廳差役將我拏來。」林爽文之役，自乾隆五十一年（1786）十一月至乾隆五十三年（1788）正月止，前後歷時一年又四個月。在歷次戰役中，泉州庄、廣東庄固然屢遭會黨焚搶破壞，而會黨更是慘遭義民及官兵的屠戮，義民與會黨具有濃厚的分類械鬥色彩。

　　臺灣早期移墾社會，由於吏治敗壞，治安欠佳，公權力薄弱，於是出現許多自力救濟團體，天地會就是一種自力救濟的原生團體，林爽文起事以後的義民組織，則是受到天地會刺激而產生的應生團體。當原生團體的活動趨於激烈時，其應生團體亦趨於活躍，並且得到官方的獎勵。林爽文起事以後，由於會黨勢力的過度膨脹，社會秩序遭受重大的破壞，而遭到義民的反彈，泉州庄、廣東庄以自力救濟的方式，紛紛組織武裝力量以圖自衛。義民對臺灣早期移墾社會控制產生了正面的社會功能，義民首黃奠邦是武舉出身，曾中立、曾大源也是舉人，都是屬於文化群的社會菁英，在他們領導下的義民組織，對安定臺灣早期移墾社會的秩序，貢獻卓著，大學士福康安奏請優獎義民首。

　　當原生團體消滅時，其應生團體亦趨於衰歇，同時遭受官方的壓抑。乾隆五十二年（1787）十二月以後，嘉義等處先後收復，不需多人防守，大學士福康安即下令將中路各處官給口糧的義民大量裁減。當南北兩路平定後，各處義民陸續歸庄，所有自備刀矛，俱令義民逐漸繳銷，發交地方官改鑄農器，散給貧民耕種，嚴禁私造器械。除菜刀、農具外，倘若私藏弓箭、腰刀、撻刀、半截刀、鏢鎗、長矛之類，即三從重治罪。漳、泉分類械鬥時，多用旗幟號召，即使不肯助鬥的村庄，亦須豎立保庄旗一面，方免蹂躪。紳衿富戶招募義民，亦豎旗號召。當南北兩路平定後，大學士福康安即奏請禁止義民私造旗幟，違者即照私造軍器例一體治罪。會黨叛亂結束後，原生團體既已消失，應生團體已無存在的必要，基於社會的整體利益，解散義民，就成為清廷的重要善後措施。泉州庄與廣東庄的義民組織，雖然具有保境安民及抑制民變的社會功能，但泉人與粵人的分類意識，並未因此沖淡，嗣後閩、粵分類械鬥案件，依舊層見迭出。由此可以說明清廷鎮

壓會黨及解散義民的措施，對促進臺灣社會的正常發展，具有正
面的作用。

七、結　語

　　臺灣移墾社會的形成及其發展，與人口流動有著密切的關係，
閩、粵地區由於地狹人稠，食指眾多，其無田可耕無業可守的貧
民，因迫於生計而紛紛出外謀生。在清代人口的流動現象中，福
建和廣東就是最突出的兩個省分，其人口流動方向，除了向海外
移殖南洋等地外，主要是向土曠人稀開發中的鄰近邊區流動。臺
灣與閩、粵內地，一衣帶水，土曠人稀，是開發中的邊區，可以
容納內地過剩的人口。明末清初以來，閩、粵民人渡臺覓食者，
接踵而至，生聚日眾。清廷領有臺灣後，臺灣土地制度發生了重
大的變化，鄭氏時代的官田、屯田等名目，都被廢除，准許私人
開墾，並佔有土地。同時致力於撫番工作，內山生番歸化的番社，
與日俱增。但清廷對原住民的治理政策，不同於雲貴等地區的苗
疆，清初以來，在苗疆改土歸流，雷厲風行，准許漢人進入苗疆
墾荒，對苗疆社會經濟的發展，以及解決內地人口壓力，都有貢
獻，但清廷在臺灣內山或後山並未進行類似苗疆改土歸流的措施。
清廷一方面獎勵墾荒，准許私人開墾，並佔有土地，一方面禁止
內地移民進入內山越界墾拓。閩、粵移民，與日俱增，於是紛紛
爭墾番界，抽藤弔鹿，或向熟番租地耕種，甚至任意侵佔，一方
面掀起了墾荒高潮，一方面引發了嚴重的族群矛盾，番漢衝突案
件，層出不窮。這種衝突，與廣西、湖南等省的土客械鬥，頗相
類似，原住民為保護居住空間而訴諸自力救濟，反映地方官對禁
止漢族越界私墾及保護原住民居住地區的執行不力。番漢衝突事
件同時也反映清代臺灣土地制度的不夠健全，豪強富戶任意私墾，

欺隱偷開的情形極爲嚴重，各移墾集團之間，呈現尖銳的對立，彼此常有互相欺凌，以大吃小的現象。但閩、粵移民越界墾荒所引發的番漢衝突，主要是起因於內地人口流動所造成的社會衝突現象，並非種族歧視。

　　社會流動是值得重視的社會問題，社會學所想要了解的，主要包括人類結合的性質和目的，各種結合的發生、發展及變遷的狀況，其目的就是想解釋有關人類結合的種種事實[63]。人群的組合，有各種不同的方式，其中以血緣結合的人群，稱爲宗族，以地緣結合的人群，稱爲鄰里鄉黨。傳統漢人社會，越是歷史悠久且社會安定，則越傾向於以本地的地緣宗族關係爲社會群體的構成法則；越是不穩定的移民社會，或邊疆社會，則越傾向於以祖籍地緣或移殖性的宗族爲人群認同標準[64]。血緣關係是最基本、最直接的社會整合準則，閩、粵地區就是以血緣爲聯繫，聚族而居的宗族社會，其村落的地緣社會，與宗族的血緣社會，是彼此一致的。閩、粵先民渡海來臺後，缺乏以血緣作爲聚落組合的條件，通常是採取祖籍居地的地緣關係，依附於來自相同祖籍的同鄉村落，而形成了泉州庄、漳州庄、廣東庄等地緣村落。各村落之間，則以集資建廟，並經由鄉土祭神的供奉和儀式的舉行，連結成爲一體[65]，成爲一個祭祀圈，或生命共同體。

　　閩、粵地區的宗族社會，強調血緣關係，聚族以自保，具有強大的內聚力，同時也具有強烈的排他性。隨著宗族共同體自保力量的增強，其內聚力與排他力也同步提高，宗族械鬥，蔚爲風氣，大姓欺壓小姓，恃強凌弱，形成社會惡俗。漳州平和等縣，泉州晉江、南安、同安等縣，宗族械鬥的風氣，尤爲盛行，各小姓爲求自保，通常是聯合各小姓，舉行異姓結拜儀式，歃血盟誓，倡立會黨。閩、粵內地漢人移殖臺灣後，基於祖籍同鄉的不同地

緣，益以習俗、語言等方面的差異，以及來臺先後的不同，各地緣村落之間，或各移墾集團之間，同鄉的意識極爲強烈，褊狹的地域觀念異常濃厚，各分氣類，雖雀角之爭，睚眥之怨，動輒聚衆械鬥。臺灣兵民衝突，漳、泉分類械鬥，閩、粤分類械鬥，都是閩、粤宗族械鬥的派生現象，小刀會、天地會、兄弟會等等則爲兵民衝突及分類戒鬥下的產物，至於義民與會黨的衝突，也具有濃厚的分類意識，這些社會衝突，可以反映臺灣移墾社會的形態及其特點，也可以說明閩、粤人口流動對臺灣社會變遷所產生的影響。

【附　註】

① 趙文林、謝淑君等著《中國人口史》（北京，人民出版社，1988年6月），頁632。

② 羅爾綱撰〈太平天國革命前的人口壓迫問題〉，《中國近代史論叢》，第二輯，第二冊（臺北，正中書局，1976年3月），頁34。

③ 《宮中檔雍正朝奏摺》，第六輯（臺北，國立故宮博物院，1978年4月），頁一三七，雍正四年六月初十日，兵部尚書法海奏摺。

④ 《宮中檔雍正朝奏摺》，第六輯，頁15，雍正四年五月十四日，福建巡撫毛文銓奏摺。

⑤ 陳紹馨著《臺灣的人口變遷與社會變遷》（臺北，聯經出版公司，1981年），頁31。

⑥ 《臺灣的人口變遷與社會變遷》，頁四五三。

⑦ 陳孔立著《清代臺灣移民社會研究》（福建，廈門大學出版社，1990年10月）頁7。

⑧ 《宮中檔雍正朝奏摺》，第十四輯（1979年12月），頁七一五，雍正七年十月十六日，福建觀風整俗使劉師恕奏摺。

⑨ 《明清史料》（臺北，中央研究院，1972年3月），戊編，第二本，頁107。

⑩ 《宮中檔乾隆朝奏摺》，第二十輯（臺北國立故宮博物院，1983年12月），頁六三，乾隆二十八年十二月十五日，巡察臺灣給事中永慶奏摺。

⑪ 《宮中檔乾隆朝奏摺》，第十九輯（1983年11月），頁四八八，乾隆二十八年十一月初三日，福建巡撫定長奏摺。

⑫ 《清代臺灣移民社會研究》，頁9。

⑬ 鄧孔昭撰〈清政府禁止沿海人民偷渡臺灣和禁止赴臺者攜眷的政策及其對臺灣人口的影響〉，《臺灣研究十年》（福建，廈門大學出版社，1990年7月），頁262。

⑭ 《宮中檔雍正朝奏摺》，第八輯，（1978年6月），頁四七三，雍正五年七月初八日，福建總督高其倬奏摺。

⑮ 《宮中檔雍正朝奏摺》，第二十一輯，（1979年7月），頁205，雍正十一年三月初三日，巡視臺灣陝西道監察御史覺羅柏修等奏摺。

⑯ 《宮中檔雍正朝奏摺》，第十二輯，（1983年4月），頁478，乾隆二十年九月十一日，福建巡撫鐘音奏摺。

⑰ 《軍機處檔·月摺包》（臺北，國立故宮博物院），第2771箱，71包，一〇八八九號，乾隆三十四年九月二十四日，崔應階奏摺錄副。

⑱ 《清代臺灣移民社會研究》，頁19。

⑲ 《宮中檔雍正朝奏摺》，第八輯，（1978年6月），雍正五年七月初八日，福建總督高其倬奏摺。

⑳ 周力農撰〈清代臺灣的土地制度和租佃關係〉，《清史論叢》，第七輯（北京，中華書局，1986年10月），頁64。

㉑ 《宮中檔雍正朝奏摺》，第十一輯，（1978年9月），頁124，雍正六年八月十八日，巡視臺灣給事中赫碩色奏摺。

㉒　《宮中檔雍正朝奏摺》，第六輯，（1978年4月），頁831，雍正四年十一月初八日，浙閩總督高其倬奏摺。

㉓　《宮中檔雍正朝奏摺》，第五輯，（1978年3月），頁279，雍正三年十月十六日，巡視臺灣監察御史禪濟布等奏摺。

㉔　《宮中檔雍正朝奏摺》，第六輯，頁832。

㉕　《宮中檔乾隆朝奏摺》，第十四輯（1983年6月），頁20，乾隆二十一年三月二十日，福建巡撫鐘音奏摺。

㉖　《軍機處檔·月摺包》，第2740箱，34包，4951號，乾隆十四年九月初二日，閩浙總督喀爾吉善奏摺錄副。

㉗　《宮中檔乾隆朝奏摺》，第一輯（1982年5月），頁21，乾隆十四年三月一二日，福建巡撫潘思渠奏摺。

㉘　《軍機處檔·月摺包》，第2740箱，33包，4749號，乾隆十四年八月十八日，閩浙總督喀爾吉善奏摺錄副。

㉙　《軍機處檔·月摺包》，第2740箱，60包，8476號，乾隆十七年六月初四日，巡視臺灣給事中立柱等奏摺錄副。

㉚　《宮中檔乾隆朝奏摺》，第二輯（1982年6月），頁341，乾隆十七年三月初二日，福州將軍暫署福建巡撫印務新柱奏摺。

㉛　《軍機處檔·月摺包》，第2740箱，48包，6682號，乾隆十六年四月二十四日，福建臺灣總兵李有用奏摺錄副。

㉜　《宮中檔乾隆朝奏摺》，第八輯（1982年12月），頁356，乾隆十九年閏四月二十五日，福建按察使劉慥奏摺。

㉝　陳盛韶著《問俗錄》（北京，書目文獻出版社，1983年12月），頁110。

㉞　《宮中檔康熙朝奏摺》，第一輯（1976年6月），頁611，康熙四十七年三月初四日，閩浙總督梁鼐奏摺。

㉟　《宮中檔康熙朝奏摺》，第一輯，頁841，康熙四十七年六月初二

十一日，閩浙總督梁鼐奏摺。

㊱　《宮中檔雍正朝奏摺》，第六輯，頁517，雍正四年九月初二日，
閩浙總督高其倬奏摺。

㊲　陳成韶《問俗錄》，頁134。

㊳　《宮中檔雍正朝奏摺》，第十輯，（1978年8月），頁396，雍正六
年五月初六日，巡視臺灣吏科掌印給事中赫碩色等奏摺。

㊴　《軍機處檔·月摺包》，第2778箱，161包，38742號，乾隆五十三
年正月初十日，閩浙總督李侍堯奏摺錄副。

㊵　《軍機處檔·月摺包》，第2778箱，161包，38854號，乾隆五十三
年四月十八日，福康安奏摺錄副。

㊶　同註㊵。

㊷　《軍機處檔·月摺包》，第2776箱，140包，33206號，乾隆四十八
年六月二十六日，福建水師提督黃仕簡奏摺錄副。

㊸　《軍機處檔·月摺包》，第2776箱，146包，34843號，乾隆四十八
年九月二十日，福建臺灣道楊廷樺奏摺。

㊹　《宮中檔乾隆朝奏摺》，第五十八輯（1987年2月），頁211，乾隆
四十八年十一月十二日，福建巡撫雅德奏摺。

㊺　《軍機處檔·月摺包》，第2776箱，146包，34843號，乾隆四十八
年九月二十日，福建臺灣楊廷樺奏摺：《宮中檔乾隆朝奏摺》，第
五十八輯（1987年，2月），頁211，乾隆四十八年十一月十二日，
福建巡撫雅德奏摺抄錄吳成供詞。

㊻　《宮中檔乾隆朝奏摺》，第五十五輯，頁858，乾隆四十八年四月
二十九日，福建水師提督黃仕簡奏摺。

㊼　《軍機處檔·月摺包》，第2776箱，140包，33320號，乾隆四十八
年七月初一日，多羅質郡王永瑢奏摺錄副。

㊽　黃秀政撰〈清代臺灣的分類械鬥事件〉，《臺北文獻》，直字第四

十九、五十合期（臺北，臺北文獻會，民國六十八年十二月），頁365。

㊽　《軍機處檔·月摺包》，第2776箱，145包，34439號，乾隆四十八年十一月初九日，福建巡撫雅德奏摺副錄。

㊾　《宮中檔乾隆朝奏摺》，第五十七輯（1987年1月），頁390，乾隆四十八年九月十二日，福建巡撫雅德奏摺。

㊿　《宮中檔乾隆朝奏摺》，第五十五輯（1987年10月），頁278，乾隆四十八年三月初二日，福建水師提督黃仕簡奏摺。

52　《軍機處檔·月摺包》，第2776箱，145包，34439號，乾隆四十八年十一月初九日，福建巡撫雅德奏摺副錄。

53　《宮中檔乾隆朝奏摺》，第五十六輯（1986年12月），頁672，乾隆四十八年七月初四日，福建巡撫雅德奏摺。

54　《宮中檔乾隆朝奏摺》，第五十五輯（1987年11月），頁452，乾隆四十八年三月二十一日，福建水師提督黃仕簡奏摺。

55　《宮中檔乾隆朝奏摺》，第五十三輯（1986年9月），頁337，乾隆四十七年十月初十日，福建巡撫雅德奏摺。

56　《宮中檔乾隆朝奏摺》，第五十五輯，頁380，乾隆四十八年三月十四日，福建水師提督黃仕簡奏摺。

57　陳盛韶著《問俗錄》，頁138。

58　《軍機處檔·月摺包》，第2747箱，25包，57516號，道光六年十一月二十五日，閩浙總督孫爾準奏摺副錄。

59　《軍機處檔·月摺包》，第2747箱，34包，57574號，道光八年二月二十三日，福建臺灣鎮總兵官劉廷斌等奏摺錄副清單。

60　《軍機處檔·月摺包》，第2747箱，31包，58972號，道光六年十一月初十日，閩浙總督孫爾準奏摺副錄。

61　《清高宗純皇帝實錄》，卷一二九二，頁9，乾隆五十二年十一月

丙寅,上諭。

⑫ 《上諭檔》(臺北,國立故宮博物院),乾隆五十二年十一月初二日,更定諸羅縣擬寫縣名清單。

⑬ 柯尼格(Samue Koenig)著,朱岑樓譯《社會──社會之科學導論》(Sociology, An Introduction to the Science of Society)(臺北,協志工業叢書出版公司,民國七十五年三月),頁1。

⑭ 陳其南撰〈清代臺灣社會的結構變遷〉,《中央研究院民族學研究所集刊》,第四十九期(臺北,中央研究院民族學研究所,1981年1月),頁140。

⑮ 許嘉明撰〈彰化平原福老客的地域組織〉,《中央研究院民族學研究所集刊》,第三十六期(1975年2月),頁178。

謝遂《職貢圖》研究

一、前 言

　　世界的文明是全世界各民族共同創造的，人類體質外表的差異，不是造成心理、道德和智力懸殊的原因，各民族或種族都同樣能夠創造優秀的文化。我國歷代以來，就是一個多民族的國家，各民族的社會、經濟及文化等方面，都存在著多樣性及差異性的特徵。明清時期，積極推行各項措施，以增進邊疆與中原的政治、經濟及文化等方面的關係。加強少數民族對中央的向心力，各民族之間，日益融和，各少數民族都成為中華民族的成員，奠定我國版圖遼闊多民族統一國家的基礎，而具備近代世界各國公認的關於領土主權所包含的基本內容。由於我國傳統文化具有兼容並包的精神，歷代以來，朝廷多尊重各少數民族的語言文字及風俗習慣，對邊疆少數民族的文化，從無歧視的現象。雍正年間刊印的《廣東通志》已指出：「古云漲海之北，五嶺以南，多蠻種焉，所見異辭，所聞異辭，所傳聞又異辭矣！雖然將異之以性情乎？則仁義禮智信其理未嘗異也；將異之以體貌乎？則口鼻耳目四肢百體其形未嘗異也；將異之以倫類乎？則君臣父子兄弟夫婦朋友其人未嘗異也。孔子曰：性相近也，習相遠也。」我國幅員廣大，民族眾多，各民族因人數多寡不同，而有所謂居於弱勢的少數民族，並形成許多不同的風俗習慣，真是所謂「千里不同風，百里不同俗」了。性相近，習相遠，各少數民族都擁有保持自己獨特的風俗習慣及發展自己長久使用語言文字的自由權利。各少數民

族在食衣住行育樂等方面的表現，格調互異，各具特色，早已引起中外民族史學家的高度重視。

　　國立故宮博物院典藏的謝遂《職貢圖》畫卷，其繪製及增補，主要是以地相次的。畫卷中所繪三〇一圖，除第一卷十七圖內含有東西洋各國、朝貢屬邦及外藩以外，其餘三卷共二三一圖，就是我國近邊省分各少數民族的縮影，以地區或省分爲卷次先後；第二卷包括東北地區鄂倫綽、奇楞、庫野、費雅喀、恰喀拉、七姓、赫哲等族，福建省羅源等縣畲氏，臺灣鳳山等廳縣各社原住民，湖南省永綏等處紅苗，靖州等處青苗，安化等處傜人，永順等處土族，廣東省新寧等縣傜人，靈山等縣僮人，合浦縣山民，瓊州府黎人，廣西省臨桂等縣傜人，興安等縣僮人，龍勝等縣苗人，岑溪等縣俍人，懷遠縣伶人，馬平縣伢人，思恩府儂人，西林縣皿人、佚人；第三卷包括甘肅省河州西寧等州縣藏回羌蒙各族，四川省松潘等處藏族，建昌等處倮儸、麼些、苗族，會鹽等處佮儸人，會川等處擺夷、僰人，永寧等處苗族；第四卷包括雲南省雲南等府黑儸儸。白儸儸、乾儸儸，廣南等府妙儸儸，曲靖等府僰人、仲人、苗族，開化等府沙人、儂人，順寧等府蒲人，麗江等府麼些人、怒人，鶴慶等府俅人、古倧人，武定等府羅婺人、麥岔人，臨安等府苦葱人、撲喇人，元江等府窩泥人，普洱等府莽人，大理等府峨昌人，姚安等府傈僳人，楚雄等府扯蘇人，永昌等府縹人，永北等府巴苴人，廣西等府儸儸，東川等府苗人；貴州省貴陽等處花苗、紅苗、黑苗、青苗、白苗，貴家等處犵佬、木佬、傜人，大定府黑倮儸、白倮儸，荔波縣水、佯、伶、侗、傜等族。各少數民族的族稱，有的是自稱，有的是他稱，也有民族支系的名稱，甚至有地方籍貫或職業的名稱。謝遂《職貢圖》畫卷是一套中外民族瑰麗畫史，含有豐富的文化藝術內容，尤其

為研究我國少數民族的特殊文化傳統提供了珍貴的民俗史料。

　　國立故宮博物院現藏清代檔案，依其來源，大致可以分為《宮中檔》、《軍機處檔》、《內閣部院檔》、《史館檔》及各種雜檔，總計約四十餘萬件。《宮中檔》主要為臣工進呈君主的滿漢文奏摺，含有非常豐富可信度很高的地方史料。《軍機處檔》又可分為月摺包和檔冊兩大類，奏摺錄副、咨呈及其附件，多歸入月摺包，軍機大臣奏稿及所奉諭旨，多抄入檔冊內。此外，《起居注冊》記載範圍亦廣，俱屬珍貴的第一手資料。謝遂的生卒年月雖然不可考，但發掘檔案可以推斷《職貢圖》畫卷的完成年代。本文撰寫的旨趣，即在就現存檔案，探討謝遂《職貢圖》畫卷的繪製增補經過，並與文淵閣《欽定四庫全書》寫本《皇清職貢圖》及內府刊本《皇清職貢圖》互相比較，以說明其異同。同時從謝遂《職貢圖》畫卷的描繪來討論我國少數民族的文化藝術，俾有助於我國傳統民俗史的研究。

二、謝遂《職貢圖》畫卷繪製增補的經緯

　　我國是一個多民族的國家，歷代以來，各民族之間，彼此同化融和，邊疆少數民族與中央的關係，日益密切，職貢有圖，方物有錄。據文獻記載，《職貢圖》的繪制，由來已久。《南史》記載梁武帝使裴子野撰《方國使圖》，廣述懷來之盛，自荒服至於海表，凡二十國①。唐代猗氏縣人張彥遠著《歷代名畫記》記載梁元帝時有《職貢圖》宋人史繩祖著《學齋佔畢》引李公麟的話說：「梁元帝時蕭繹鎮荊時，作《職貢圖》，狀其形而識其土俗，首虜而後蠻，凡三十餘國。」②唐代也有《職貢圖》，繪畫外邦朝貢圖像。文獻上所載《職貢圖》，其實就是我國少數民族及外邦民俗圖。

　　明清時期，由於邊疆的開拓，少數民族與朝廷的關係，與日俱增。同時由於海道大通，中外接觸，更加頻繁，眞是所謂梯航鱗集，琛賮旅來，絡繹於途。清廷爲欲周知中外民情風俗，於是屢飭地方大吏繪圖呈覽。康熙四十一年（1702）三月二十九日，《起居注冊》記載清聖祖諭旨內已有「觀郎中尤冷格所進圖樣云，猺人爲數不多，棲身之地，亦不寬廣。但山險路狹，日間縱不敢出戰，夜間係彼熟徑，來犯我軍，亦未可知」等語③。由此可知康熙年間，郎中尤冷格已進呈廣東傜族圖樣。貴州巡撫陳詵抵任後，亦將貴州通省土司苗倮地方居址疆界情形，查訪分晰，繪圖貼說，進呈御覽，並於康熙四十六年（1707）二月初一日繕摺具奏④。

　　國立故宮博物院典藏謝遂《職貢圖》畫卷，共四卷：第一卷，縱三三・九公分，橫一四八一・四公分，引首橫七九・四公分，前隔水橫一三公分，後隔水橫一二・七公分，共七十圖；第二卷，縱三三・八公分，橫一四一○・四公分，引首橫七七・八公分，前隔水橫一二・九公分，後隔水橫一二・五公分，共六十一圖；第三卷，縱三三・九公分，橫一八三六・一公分，引首橫七九・八公分，前隔水橫一三分公，後隔水橫一二・九公分，共九十二圖；第四卷，縱三三・八公分，橫一七○七公分，引首橫七九・八公分，前隔水橫一三公分，後隔水橫一三公分，共七十八圖，以上四卷，合計共三○一圖⑤。

　　清高宗御極之初，即詔中外搜訪遺書。乾隆三十八年（1773）二月，詔開四庫全書館，網羅古來圖書於一編，先後抄繕七部，乾隆四十七年（1782），以繕正第一部，貯於文淵閣，成書最早，其餘各部至乾隆五十五年（1790）始告成。文淵閣《欽定四庫全書》史部地理類收錄《皇清職貢圖》，其後清朝內

府又奉勅編《皇清職貢圖》，於嘉慶十年（1805）間正式刊印。
清內府刊本《皇清職貢圖》、文淵閣寫本《皇清職貢圖》與謝遂
《職貢圖》畫卷究竟何有關係？其內容有何異同？爲便於說明，
可列卷次對照表於後。

　　由下列對照表可知謝遂《職貢圖》畫卷共四卷，文淵閣寫本
《皇清職貢圖》，內府刊本《皇清職貢圖》，俱釐爲九卷。畫卷
第一卷〈朝鮮國夷官〉至〈亞利晚國夷人〉共三十七圖，即寫本、
刊本卷一；畫卷第一卷〈西藏所屬衛藏阿里喀木諸番民〉至〈肅
州金塔寺魯古慶等族回民〉共二十三圖，即寫本、刊本卷二。惟
畫卷內〈巴勒布大頭人並從人即廓爾喀〉一圖不見於寫本，刊本
則移置卷九爲續圖；畫卷第一卷，〈愛烏干回人〉至〈景海頭目
先綱洪〉共十圖，即寫本、刊本卷九；畫卷第二卷〈關東鄂倫綽〉
至〈永順保靖等土人〉共二十八圖，即寫本、刊本卷三；畫卷第
二卷〈廣東省新寧縣猺人〉至〈西隆州土人〉共三十三圖，即寫
本、刊本卷四；畫卷第三卷〈甘肅省河州土千戶韓玉麟等所轄撒
喇族土民〉至〈文縣番民〉共三十四圖，即寫本、刊本卷五；畫
卷第三卷〈四川省松潘鎭中營轄西霸包子寺等處番民〉至〈阜和
營轄咱里番民〉共五十八圖，即寫本、刊本卷六；畫卷第四卷〈
雲南省雲南等府黑玀玀〉至〈永昌府西南界標人〉共三十六圖，
即寫本、刊本卷七；畫卷第四卷〈貴州省貴陽大定等處花苗〉至
〈貴定都勻等處蠻人〉共四十二圖，即寫本、刊本卷八；刊本卷
九〈越南國夷官〉至〈越南國夷人〉共三圖，俱不見於畫卷及寫
本《皇清職貢圖》。

謝遂《職貢圖》畫卷、《皇清職貢圖》卷次對照表

圖次	篇目名稱	謝遂職貢圖畫卷	皇清職貢圖（四庫寫本）	皇清職貢圖（內府刊本）	備	註
1	朝鮮國夷官	卷一	卷一	卷一		
2	朝鮮國民人	卷一	卷一	卷一		
3	琉球國夷官	卷一	卷一	卷一		
4	琉球國夷人	卷一	卷一	卷一		
5	安南國夷官	卷一	卷一	卷一		
6	安南國夷人	卷一	卷一	卷一		
7	安南國剌雞	卷一	卷一	卷一		
8	暹邏國夷官	卷一	卷一	卷一		
9	暹邏國夷人	卷一	卷一	卷一		
10	蘇祿國夷人	卷一	卷一	卷一		
11	南掌國夷官	卷一	卷一	卷一		
12	南掌國老撾	卷一	卷一	卷一		
13	緬甸國夷人	卷一	卷一	卷一		
14	大西洋國夷人	卷一	卷一	卷一		
15	大西洋合勒未祭亞省夷人	卷一	卷一	卷一		
16	大西洋翁加里亞國國夷人	卷一	卷一	卷一		
17	大西洋波羅泥亞國國夷人	卷一	卷一	卷一		
18	大西洋國黑鬼奴	卷一	卷一	卷一		
19	大西洋國夷僧女尼	卷一	卷一	卷一		

序號	名稱	備註（又作）	卷	卷	卷
20	小西洋國夷人		卷一	卷一	卷一
21	英吉利國夷人		卷一	卷一	卷一
22	法蘭西國夷人		卷一	卷一	卷一
23	瑞國夷人		卷一	卷一	卷一
24	日本國夷人		卷一	卷一	卷一
25	馬辰國夷人		卷一	卷一	卷一
26	汶萊國夷人		卷一	卷一	卷一
27	柔佛國夷人		卷一	卷一	卷一
28	荷蘭國夷人		卷一	卷一	卷一
29	鄂羅斯夷官	鄂羅斯又作俄羅斯	卷一	卷一	卷一
30	鄂羅斯夷人		卷一	卷一	卷一
31	宋腒勝國夷人		卷一	卷一	卷一
32	柬埔寨國夷人		卷一	卷一	卷一
33	呂宋國夷人		卷一	卷一	卷一
34	咖喇吧國夷人		卷一	卷一	卷一
35	嘛六甲國夷人		卷一	卷一	卷一
36	蘇祿國夷人		卷一	卷一	卷一
37	亞利晚國夷人		卷一	卷一	卷一
38	西藏所屬衛藏阿里喀木諸番民	阿里喀木又作阿爾喀木	卷三	卷三	卷一
39	西藏所屬補嚕克巴番人	補嚕克巴又作布嚕克巴	卷三	卷三	卷一
40	西藏所屬穆安巴番人	穆安巴又作們巴	卷三	卷三	卷一
41	西藏巴咇喀木卡穆等處番人	巴咇喀木又作巴咇喀木	卷三	卷三	卷一
42	西藏密尼雅克番人	密尼雅克又作密納克	卷三	卷三	卷一
43	魯卡補札番人	又作魯康布札	卷三	卷三	卷一

序號	名稱	卷	缺	卷	備註
44	巴勒布大頭人並從人即郭爾喀	卷九		卷一	又作巴勒布大頭人
45	伊犁等處台吉	卷二十一	缺卷二十一	卷一	
46	伊犁等處宰桑	卷二十一	缺卷二十一	卷一	
47	伊犁等處民人	卷二十一	缺卷二十一	卷一	
48	伊犁塔爾奇查汗烏蘇等處回人	卷二十一	缺卷二十一	卷一	
49	哈薩克頭目	卷二十一	缺卷二十一	卷一	
50	哈薩克民人	卷二十一	缺卷二十一	卷一	
51	布魯特頭目	卷二十一	缺卷二十一	卷一	
52	布魯特民人	卷二十一	缺卷二十一	卷一	
53	烏什庫車阿克蘇等城回目	卷二十一	缺卷二十一	卷一	
54	烏什庫車阿克蘇等處回人	卷二十一	缺卷二十一	卷一	
55	拔達山回目	卷二十一	缺卷二十一	卷一	
56	拔達山回民	卷二十一	缺卷二十一	卷一	
57	安集延回目	卷二十一	缺卷二十一	卷一	
58	安集延回民	卷二十一	缺卷二十一	卷一	
59	安西廳哈密回民	卷二十一	缺卷二十一	卷一	
60	肅州金塔寺魯古慶等族回民	卷九	缺卷九	卷一	魯古慶又作魯克察克
61	愛烏罕回人	卷九	缺卷九	卷一	
62	霍罕回人	卷九	缺卷九	卷二	
63	啟齊玉蘇部努喇麗所屬回人	卷九	缺卷九	卷二	
64	啟齊玉蘇部巴圖爾所屬回人	卷九	缺卷九	卷一	

序號	名稱	卷次一	卷次二	卷次三	備註
65	烏爾根齊部哈牙布所屬回人	九卷	九卷	一卷	
66	土爾扈特台吉	九卷	九卷	一卷	
67	土爾扈特宰桑	九卷	九卷	一卷	
68	土爾扈特民人	九卷	九卷	一卷	
69	整次頭目先遺岩弟	九卷	九卷	一卷	
70	景海頭目先綱洪	九卷	九卷	一卷	
71	爾東鄂倫綽	三卷	三卷	二一卷	
72	奇楞	三卷	三卷	二一卷	
73	庫野	三卷	三卷	二一卷	
74	費雅喀	三卷	三卷	二一卷	
75	恰喀拉	三卷	三卷	二一卷	
76	七姓	三卷	三卷	二一卷	
77	赫哲	三卷	三卷	二一卷	
78	福建省羅源縣畬民	三卷	三卷	二一卷	
79	古田縣畬民	三卷	三卷	二一卷	
80	臺灣縣大傑巔等社熟番	三卷	三卷	二一卷	大傑巔又作大傑嶺
81	鳳山縣放縤等社熟番	三卷	三卷	二一卷	
82	諸羅縣諸羅等社熟番	三卷	三卷	二一卷	
83	諸羅縣蕭壠等社熟番	三卷	三卷	二一卷	
84	彰化縣大肚等社熟番	三卷	三卷	二一卷	
85	彰化縣西螺等社熟番	三卷	三卷	二一卷	
86	淡水廳德化等社熟番	三卷	三卷	二一卷	
87	淡水廳竹塹等社歸化生番	三卷	三卷	二一卷	
88	鳳山縣山豬毛等社歸化生番	三卷	三卷	二一卷	
89	諸羅縣內山阿里等社歸化生番	三卷	三卷	二一卷	

號	條目	卷	卷	卷
90	彰化縣水沙連等社歸化生番	三十卷	三十卷	二十卷
91	彰化縣內山生番	三十卷	三十卷	二十卷
92	淡水右武乃等社生番	三十卷	三十卷	二十卷
93	湖南省永綏等處紅苗	三十卷	三十卷	二十卷
94	靖州通道等處青苗	三十卷	三十卷	二十卷
95	安化寧鄉等處猺人	三十卷	三十卷	二十卷
96	寧遠等縣處箭桿猺	三十卷	三十卷	二十卷
97	道州永明等處頂板猺	三十卷	三十卷	二十卷
98	永順保靖等處土人	三十卷	三十卷	二十卷
99	廣東省新寧縣猺人	四十卷	四十卷	二十卷
100	增城縣猺人	四十卷	四十卷	二十卷
101	曲江縣猺人	四十卷	四十卷	二十卷
102	樂昌縣猺人	四十卷	四十卷	二十卷
103	乳源縣猺人	四十卷	四十卷	二十卷
104	東安縣猺人	四十卷	四十卷	二十卷
105	連州猺人	四十卷	四十卷	二十卷
106	靈山縣獞人	四十卷	四十卷	二十卷
107	合浦縣山民	四十卷	四十卷	二十卷
108	瓊州府黎人	四十卷	四十卷	二十卷
109	廣西臨桂縣大良猺	四十卷	四十卷	二十卷
110	永寧州梳猺	四十卷	四十卷	二十卷
111	興安縣平地猺	四十卷	四十卷	二十卷
112	灌陽縣竹箭猺	四十卷	四十卷	二十卷
113	羅城縣盤猺	四十卷	四十卷	二十卷

編號	名稱			
114	修仁縣頂板猺	卷四	卷四	卷二
115	慶遠府過山猺人	卷四	卷四	卷二
116	陸川縣山子猺人	卷四	卷四	卷二
117	興安縣猺人	卷四	卷四	卷二
118	賀縣獞人	卷四	卷四	卷二
119	融縣獞人	卷四	卷四	卷二
120	龍勝苗人	卷四	卷四	卷二
121	羅城縣苗人	卷四	卷四	卷二
122	懷遠縣苗人	卷四	卷四	卷二
123	岑溪縣狼人	卷四	卷四	卷二
124	貴縣狼人	卷四	卷四	卷二
125	懷遠縣狑人	卷四	卷四	卷二
126	馬平縣犵人	卷四	卷四	卷二
127	思恩府屬僮人	卷四	卷四	卷二
128	西林縣皿人	卷四	卷四	卷二
129	西林縣伏人	卷四	卷四	卷二
130	太平府屬土人	卷四	卷四	卷二
131	西隆州土人	卷四	卷四	卷二
132	甘肅省河州土千戶韓玉麟等所轄嗽喇撇喇族土民	卷五	卷五	卷三
133	河州土指揮韓雯所轄珍珠番民	卷五	卷五	卷三
134	河州土百戶王車位所轄乩藏族族番民	卷五	卷五	卷三
135	河州土指揮同知何福慧所轄土番	卷五	卷五	卷三
136	狄道州土指揮趙恆所轄叄呷等族番民	卷五	卷五	卷三
137	洮州土指揮楊聲所轄卓泥多等族番民	卷五	卷五	卷三

編號	描述				備註
138	洮州土指揮楊聲所轄的吉巴等族番民	五卷	五卷	三卷	
139	洮州土指揮魯諭所轄左剌等族番民	五卷	五卷	三卷	
140	洮州土千戶楊紹先所轄著聲等族番民	五卷	五卷	三卷	著聲又作著遜
141	岷州理番同知所轄口外陸哨蟲庫兒番民	五卷	五卷	三卷	
142	岷州土百戶馬繡所轄瓦舍坪等族番民	五卷	五卷	三卷	
143	岷州土百戶后發所轄牟家山堡等土人	五卷	五卷	三卷	后發當作后癹
144	岷州土百戶趙名俊所轄徐兒莊等堡土人	五卷	五卷	三卷	
145	岷州土百戶后汝元所轄馬連訓等族番民	五卷	五卷	三卷	
146	莊浪土指揮魯鳳翥所轄上寫爾素等族番民	五卷	五卷	三卷	
147	莊浪土僉事魯萬策所轄毛他喇的等族土民	五卷	五卷	三卷	毛他喇又作毛喇
148	莊浪土千戶王國相等所轄華藏上杭爾的等族番民	五卷	五卷	三卷	
149	武威土千戶富順所轄西脫巴等族番民	五卷	五卷	三卷	
150	古浪縣土千戶管卜他所轄阿洛等族番民	五卷	五卷	三卷	
151	永昌縣土千戶地木切全所轄元旦等族番民	五卷	五卷	三卷	
152	西寧縣土指揮祁懞邦等所轄清東溝等族番民	五卷	五卷	三卷	
153	西寧縣纏頭民	五卷	五卷	三卷	
154	西寧縣哆吧民	五卷	五卷	三卷	
155	西寧縣土指揮僉事汪于昆所轄土民	五卷	五卷	三卷	
156	碾伯縣土指揮同知李國棟所轄東溝等族土民	五卷	五卷	三卷	
157	碾伯縣土指揮同知祁那在幾所轄達子灣等族番民	五卷	五卷	三卷	
158	碾伯縣南北兩山番民	五卷	五卷	三卷	
159	擺羊戎通判所轄番民	五卷	五卷	三卷	
160	大通衛土千戶納花布藏所轄興馬等族番民	五卷	五卷	三卷	
161	歸德所番民	五卷	五卷	三卷	
162	肅州番目溫布所轄黑番	五卷	五卷	三卷	

編號	番民			
163	高岧縣番目扎勢敦所轄黃番	五卷	五卷	三卷
164	高臺縣番目撒爾巴所轄黑番	五卷	五卷	三卷
165	文縣番民	五卷	五卷	三卷
166	四川省松潘鎮中營轄西壩包子寺等處番民	六卷	六卷	三卷
167	松潘鎮中營轄七步峨眉喜營番民	六卷	六卷	三卷
168	松潘左營轄東壩阿思洞等番民	六卷	六卷	三卷
169	松潘右營轄北壩元壩泥巴等寨番民	六卷	六卷	三卷
170	威茂協轄瓦寺宣慰司番民	六卷	六卷	三卷
171	威茂協轄雜谷各寨番民	六卷	六卷	三卷
172	兒那達番民	六卷	六卷	三卷
173	威茂協轄沃日各寨番民	六卷	六卷	三卷
174	威茂協轄小金川番民	六卷	六卷	三卷
175	威茂協轄大金川番民（大金川又作金川）	六卷	六卷	三卷
176	威茂協轄岳希長寧等處番民	六卷	六卷	三卷
177	松潘鎮屬龍安營轄象鼻高山等處番民	六卷	六卷	三卷
178	龍安營轄白馬路番民	六卷	六卷	三卷
179	石泉縣青片白草番民	六卷	六卷	三卷
180	松潘鎮轄凹嚕所命寨盼所命等處番民	六卷	六卷	三卷
181	漳臘營屬漳臘營轄牟尼溝等番民	六卷	六卷	三卷
182	漳臘口外三郭羅克番民	六卷	六卷	三卷
183	漳臘口外三阿樹番民	六卷	六卷	三卷
184	松潘鎮屬疊溪營轄大小姓黑水松坪番民	六卷	六卷	三卷
185	松潘鎮屬平番營轄上九關番民	六卷	六卷	三卷
186	平番營轄下六關番民	六卷	六卷	三卷

	六卷	六卷	三卷
187	松潘鎮屬南坪營轄羊峒各寨番民		
188	建昌中營轄阿都沙郭沙馬沙猓玀		
189	建昌中左營轄祀田等處猓玀		
190	建昌中右營轄阿史審札田等番處苗猓玀		
191	建昌鎮屬會川永寧營轄披沙等處苗人		
192	建昌右營屬蘇州白露等營轄等處西番		
193	建昌右營屬越巂等營轄九枚門呆結惟土番		
194	越巂等營轄印部暖帶等營西番猓玀		
195	建昌鎮屬會鹽營轄瓜別馬喇等處猓玀		
196	會鹽營轄右所土千戶別處龍番		
197	建昌鎮屬懷遠營轄虛明等處猓玀		
198	會鹽營轄中所土千戶處猓夷		
199	會川營轄通安等處擺夷		
200	會川營轄黎溪等處猓人		
201	會川營轄迷易普隆等處擺夷		
202	寧安營協右營屬黃鄉九姓苗民		
203	普安營協右營轄雷波黃鄉夷人		
204	馬邊營協左營轄蠻夷長官司夷人		
205	泰寧協左營轄沉邊番民		
206	泰寧協右營轄冷邊番民		
207	泰寧協右營轄大田西番民		
208	泰寧協右營轄大田猓玀		
209	泰寧協標右營松坪夷人		
210	泰寧協屬黎雅營木坪番民		
211	泰寧協屬阜和營轄明正番民		

編號	名稱			
212	阜和營轄德爾德格忒番民	六卷	六卷	三卷
213	泰寧協屬裏塘番民	六卷	六卷	三卷
214	泰寧協屬巴塘番民	六卷	六卷	三卷
215	阜和營轄革什咱番民	六卷	六卷	三卷
216	阜和營轄綽斯甲番民	六卷	六卷	三卷
217	阜和營轄霍耳章谷等處番民	六卷	六卷	三卷
218	阜和營轄春科番民	六卷	六卷	三卷
219	阜和營轄納浚番民	六卷	六卷	三卷
220	阜和營轄春科番民	六卷	六卷	三卷
221	阜和營轄上下瞻對番民	六卷	六卷	三卷
222	阜和營轄瓦述餘科等處番民	六卷	六卷	三卷
223	阜和營轄咱里番民	六卷	六卷	三卷
224	雲南省雲南等府黑玀玀	七卷	七卷	四卷
225	雲南等府白玀玀	七卷	七卷	四卷
226	雲南等府乾玀玀	七卷	七卷	四卷
227	廣南等府妙玀玀	七卷	七卷	四卷
228	曲靖等府僰夷	七卷	七卷	四卷
229	景東等府白人	七卷	七卷	四卷
230	曲靖等府沖人	七卷	七卷	四卷
231	廣南等府沙人	七卷	七卷	四卷
232	廣南等府儂人	七卷	七卷	四卷
233	廣南等府蒲人	七卷	七卷	四卷
234	順寧等府怒人	七卷	七卷	四卷
235	麗江等府㑩人	七卷	七卷	四卷

編號	篇名			
236	武定等府羅婺蠻	七卷	七卷	四卷
237	臨安等府土獠	七卷	七卷	四卷
238	元江等府窩泥蠻	七卷	七卷	四卷
239	臨安等府苦蔥蠻	七卷	七卷	四卷
240	臨安等府撲喇蠻	七卷	七卷	四卷
241	雲南等府撒彌蠻	七卷	七卷	四卷
242	雲南省曲靖等府苗人	七卷	七卷	四卷
243	普洱等府茶人	七卷	七卷	四卷
244	姚定等府栗栗蠻	七卷	七卷	四卷
245	武定等府摩察蠻	七卷	七卷	四卷
246	楚雄等府扯蘇蠻	七卷	七卷	四卷
247	臨安等府拇雞蠻	七卷	七卷	四卷
248	麗江等府麼些蠻	七卷	七卷	四卷
249	鶴慶等府古倧番	七卷	七卷	四卷
250	永北等府西番	七卷	七卷	四卷
251	大理等府峨昌蠻	七卷	七卷	四卷
252	曲江等府海猓玀	七卷	七卷	四卷
253	廣西府阿者猓玀	七卷	七卷	四卷
254	曲靖府魯屋猓玀	七卷	七卷	四卷
255	武定府婺姶蠻	七卷	七卷	四卷
256	姚定等府利米蠻	七卷	七卷	四卷
257	順寧府普姶蠻	七卷	七卷	四卷
258	開化府普姶蠻	七卷	七卷	四卷
259	永昌等府西南界標人	七卷	七卷	四卷

編號	名稱			
260	貴州省貴陽大定等處花苗	卷八	卷八	卷四
261	銅仁府屬陽紅苗	卷八	卷八	卷四
262	黎平古州等處黑苗	卷八	卷八	卷四
263	貴定龍里等處黑苗	卷八	卷八	卷四
264	修文鎮寧等處青苗	卷八	卷八	卷四
265	貴筑龍里等處東苗	卷八	卷八	卷四
266	平越清平等處西苗	卷八	卷八	卷四
267	永豐州等處僙苗	卷八	卷八	卷四
268	平越黃平等處天苗	卷八	卷八	卷四
269	貴筑修文等處蔡家苗	卷八	卷八	卷四
270	貴陽府屬宋家苗	卷八	卷八	卷四
271	清平縣九股苗	卷八	卷八	卷四
272	廣順大定等處龍家苗	卷八	卷八	卷四
273	普定永寧等處馬鐙龍家苗	卷八	卷八	卷四
274	貴定縣平伐苗	卷八	卷八	卷四
275	貴陽安順等處補籠苗	卷八	卷八	卷四
276	貴陽安順等處狆家苗	卷八	卷八	卷四
277	定番州谷藺苗	卷八	卷八	卷四
278	黎平府羅漢苗	卷八	卷八	卷四
279	都勻平越等處紫薑苗	卷八	卷八	卷四
280	遵義龍泉等處楊保苗	卷八	卷八	卷四
281	都勻黎平等處佯㺜苗	卷八	卷八	卷四
282	廣順州兌怙羊苗	卷八	卷八	卷四
283	大定府威寧州倮儸	卷八	卷八	卷四
284	大定府威寧州黑倮儸	卷八	卷八	卷四

285	大定安順等處白倮玀	八卷	八卷	四卷
286	貴州等處施秉水犵狫	八卷	八卷	四卷
287	餘慶施秉等處水犵狫	八卷	八卷	四卷
288	貴定縣剪髮犵狫	八卷	八卷	四卷
289	平越黔西等處打牙犵狫	八卷	八卷	四卷
290	平遠州拔袍圈犵狫	八卷	八卷	四卷
291	平遠州鍋圈犵狫	八卷	八卷	四卷
292	鎮遠施秉等處犵狫	八卷	八卷	四卷
293	貴定黔西等處木姥	八卷	八卷	四卷
294	荔波縣水祥袷狪猺	八卷	八卷	四卷
295	定番州八番	八卷	八卷	四卷
296	大定府屬六額子	八卷	八卷	四卷
297	普安州屬獏獌	八卷	八卷	四卷
298	下游各屬峒人	八卷	八卷	四卷
299	貴定縣猺人	八卷	八卷	四卷
300	廣順貴筑等處土人	八卷	八卷	四卷
301	貴定都勻等處蠻人	八卷	八卷	四卷
302	越南國夷官	九卷	缺	缺
303	越南國行人	九卷	缺	缺
304	越南國夷人	九卷	缺	缺

　　謝遂《職貢圖》畫卷共四卷，其繪製及增補，都是以地相次
的，畫卷第一卷諸圖俱為西洋、外藩及朝貢屬邦；第二卷諸圖為
東北、福建、湖南、廣東、廣西等省少數民族；第三卷諸圖為甘
肅、四川等省少數民族；第四卷諸圖為雲南、貴州等省少數民族。
《皇清職貢圖》寫本及刊本卷一至卷八的卷次先後，與畫卷的順
序大致相合，也是以地相次的，但因畫卷第一卷〈愛烏罕回人〉
至〈景海頭目先綱洪〉後十圖是在文淵閣寫本《皇清職貢圖》卷
八纂修告成以後增繪的，所以寫本《皇清職貢圖》將畫卷第一卷
後十圖增補為卷九，內府刊本《皇清職貢圖》亦列於卷九，俱為
續圖。易言之，寫本及刊本卷九是按纂修時間分卷，並非以地相
次。寫本、刊本《皇清職貢圖》卷次與畫卷的出入，是探討謝遂
《職貢圖》畫卷繪製經過的重要線索之一。

　　為了進一步探討《職貢圖》畫卷的繪製經過，首先必須發掘
檔案，對清代各省進呈圖樣的情形，進行初步的分析。乾隆十五
年（1750）八月十一日，四川總督策楞接獲大學士傅恆所奉〈
寄信上諭〉，命其將「所知之西番、猓玀男婦形狀，並衣飾服習，
分別繪圖註釋，不知者，不必差查。」⑥乾隆十六年（1751）閏
五月初四日，清廷頒發〈寄信上諭〉云：

　　　我朝統一寰宇，凡屬內外苗夷，莫不輸誠向化，其衣冠狀
　　　貌，各有不同，今雖有數處圖像，尚未齊全，著將現有圖
　　　式數張，發交近邊各督撫，令其將所屬苗、猺、黎、獐，
　　　以及外夷番眾，俱照此式樣，仿其形貌衣飾，繪圖送軍機
　　　處，彙齊呈覽，朕以幅員既廣，遐荒率服，俱在覆含之內，
　　　其各色圖像，自應存備，以昭王會之盛，各該督撫等或於
　　　接壤之處，俟其順便往來之時，或有人前往公幹，但須就
　　　便圖寫，不得特派專員，稍有聲張，以致或生疑畏，俟伊

等奏事之便，傳諭知之⑦。

由前引諭旨可知在乾隆十六年（1751）閏五月以前，已有多處進呈圖像，但因尚有數處圖像仍未進呈，所以將現有圖式發交近邊各省督撫，令其照式繪圖呈覽。同年六月初一日，清廷又頒給沿邊各省督撫〈寄信上諭〉，其內容，與前引諭旨相近⑧。同年八月十三日，四川總督策楞收到軍機處發下「番圖」二式。近邊各省督撫奉到諭旨及圖式後，即密飭各屬愼密辦理。同年十一月初，湖南省有苗等府州屬將各處苗傜男婦衣冠狀貌，繪畫圖像，交給督撫衙門。署湖廣總督恆文，令布政使周人驥將各屬苗傜男婦圖像分別類種，照式彙繪註說，裝潢冊頁一本，咨送軍機處。四川總督策楞奉到諭旨後，即將所經歷的苗疆及接見的少數民族，繪圖二十四幅，並將各地偶俗服飾好尙情形，逐一註明成帙，進呈御覽，於同年十一月十七日，具摺奏明。其後又遵照八月十三日所接到的「番圖」式樣，將所屬苗傜及外藩，照式圖寫，另行進呈御覽。謝遂《職貢圖》畫卷，就是根據沿邊各省進呈的圖像繪製而成的。

謝遂《職貢圖》畫卷，主要包括畫像和圖說兩大部分，此外，還有清高宗題識。從畫卷中的圖說題識、卷次對照表及沿邊各省進呈圖像經過，可以確知謝遂《職貢圖》畫卷是經過多次增補完的。四庫全書館總纂官紀昀等人於《皇清職貢圖》〈提要〉中云：

臣等謹案《皇清職貢圖》九卷，乾隆十六年奉敕撰，以朝鮮以下諸外藩爲首，其餘諸藩諸蠻各以所隸之省爲次。會聖武遠揚，勘定西域，拓地二萬餘里，河源月崛之外，梯航鱗集，琛贐旅來，乃增繪伊犁、哈薩克、布魯特、烏什、巴達克山、安集延諸部，兵爲三百餘種，分圖系統，共爲七卷，告成於乾隆二十二年。迨乾隆二十八年以後，愛烏

罕、霍罕、啓齊玉蘇烏爾根齊諸部，咸奉表人覲，土爾扈
特全部自俄羅斯來歸，雲南整欠、景海諸土目，又相繼內
附，乃廣爲續圖一卷。每圖各繪其男女之狀，及其諸部長
屬眾衣冠之別，凡性情習俗，服食好尚，罔不具載（下略）
⑨。

前引〈提要〉內有「《皇清職貢圖》九卷，乾隆十六年奉敕撰」
等字樣，乾隆十五年（1750），清廷已頒降〈寄信上諭〉，令
沿邊各省督撫繪呈圖像，乾隆十六年（1751）閏五月以前，已
有多處進呈圖像，清廷又將「現有圖式」發交近邊各督撫，同時
將文淵閣寫本《皇清職貢圖》與謝遂《職貢圖》畫卷互相比對後，
發現各圖像的構圖、先後順序及圖說文字內容大體雷同，由此可
以推斷謝遂《職貢圖》畫卷開始繪製的時間，應早於文淵閣寫本
《皇清職貢圖》，其上限當在乾隆十六年上半年或乾隆十五年的
下半年。

　　謝遂《職貢圖》畫卷第二卷第九十三圖至九十八圖，共六圖，
都是湖南省境內的少數民族，乾隆十六年（1751）十一月，湖
南省將境內苗傜圖像裝潢進呈，由此可以推斷畫卷第二卷湖南苗
傜等六圖的繪製時間，其上限在乾隆十六年（1751）。畫卷第
三卷第一六六圖至二二三圖，共計五十七種，都是四川省境內的
少數民族，其中二十四種是根據乾隆十六年（1751）十一月間
四川總督策楞所呈圖像繪製的，其餘各圖則爲乾隆十七年（
1752）以後根據四川省續進圖樣增繪的。易言之，畫卷第三卷
四川省境內各少數民族圖像的繪製時間，其上限當在乾隆十六年
（1751）。

　　閩粵等省因對外貿易，與我國屬邦及西洋各國接觸頻繁。閩
浙總督喀爾吉善等於乾隆十六年（1751）九月初一日接到〈寄

信上諭〉後，即密行各道府於順便往來或有商人貿易往返國外時，將境內的少數民族及外國人的形貌衣飾，密爲繪畫圖像，各道府陸續將圖像交由署福建巡撫新柱彙繪底本。陳弘謀接任福建巡撫後，參照《明史》等將圖像底本詳加考訂，然後進呈御覽，並於乾隆十七年（1752）七月具奏，略謂：

> 閩省界在東南，襟江帶海，外夷番眾，環拱星羅，其大者謹修職貢，列在藩封，其餘諸夷番眾，納糧辦賦，莫不輸誠歸化，頂戴皇恩。各種番夷，不獨衣飾形貌各有不同，其風土嗜好，道里遠近，亦皆不一，繪圖之外，必爲附載貼說，方得明晰，隨諭布政司再加採訪，增漆貼說去後，今據布政使顧濟美遵照繪圖貼說，申送到臣。通計畬民二種，生熟社番十四種，琉球等國外夷十三種，種各有圖，圖各有說，凡衣飾形貌，風土嗜好，道里遠近，就所見聞，略爲紀載⑩。

由陳弘謀奏摺內容可知在乾隆十七年（1752）七月間，福建省已將彙繪的圖像裝訂成冊，進呈御覽，包括福建省境內的畬民二種，生熟各社原住民十四種，琉球等國十三種，既有畫像，又有圖說。謝遂《職貢圖》畫卷第一卷琉球等國十三種，第二卷福建省境內畬民及臺灣原住民十五種圖像，就是根據福建省所進圖樣繪製的，其上限當在乾隆十七年（1752）。福建省進呈的臺灣原住民圖樣共十四種，畫卷只採用十三種。

在畫卷第一卷幅首有乾隆二十六年（1761）秋七月御題滿漢文〈職貢圖八韻〉。〈提要〉中指出清軍勘定西域以後，增繪伊犁、哈薩克、布魯特、烏什、巴達克山、安集延諸部，「告成於乾隆二十二年」。〈提要〉既謂增繪西域諸部，已於乾隆二十二年（1757）繪製完成，何以畫卷反而遲至乾隆二十六年（

1761）始有清高宗的題識？畫卷第一卷第四十五圖〈伊犁等處臺吉〉至第六十圖〈肅州金塔寺魯古慶等族回民〉，共十六圖，其繪製完成的下限是否在乾隆二十二年（1757）？仍待商榷。康熙年間，準噶爾部噶爾丹汗崛起，屢次侵犯喀爾喀，窺伺青海，潛兵入藏，清聖祖御駕親征，未能直搗巢穴，清世宗籌備多年，悉力進勦，卻因和通泊之敗，全軍覆沒。乾隆十七年（1752）。福建省進呈的臺灣原住民圖樣共十四種，畫卷只採用十三種。

　　乾隆初年，準噶爾內亂，篡奪相尋，人心離散。乾隆二十年（1755）二月，清軍兩路並進，大張撻伐，長驅深入，蕩平準噶爾，改伊里為伊犁，以寓犁庭掃穴功成神速之意。但不久準噶爾降而復叛，清高宗為永靖邊圉，又於同年七月兩路夾攻準噶爾，其汗阿睦爾撒納兵敗後經哈薩克竄入俄羅斯。乾隆二十二年（1757）六月，清軍深入哈薩克，其部阿布賚具表請降，遣使納貢，經兩次用兵，始正式平定準噶爾。天山南路為回部所據，當準噶爾強盛時，回民頗受其陵虐，大小和卓木久受囚禁。清軍平定伊犁時，始釋其囚，令其仍長故土，以安集回民。但大小和卓木竟乘清軍用兵於準噶爾期間據回部獨立，僭稱汗號，殘害清廷使臣副都統阿敏道等百人。當阿睦爾撒納兵敗走死，準噶爾軍事暫告一段落後街，清軍即移師進勦回部，乾隆二十四年（1759）閏六月，清軍直搗葉爾羌城，大小和卓木遁走巴達克山，清軍窮追不捨，深入巴達克山。同年九月，巴達克山部長素爾坦沙呈獻逋逃首級。乾隆二十五年（1760）正月，巴達克山部長遣使臣進京入觀。其餘布魯特、烏什、安集延等部，亦相繼內附，拓地二萬餘里。由此可以推斷乾隆二十二年（1757）是謝遂《職貢圖》畫卷第一卷增繪伊犁等十六圖的上限，乾隆二十六年（1761）則為下限。文淵閣寫本《皇清職貢圖》〈提要〉所稱巴

達克山等部圖像「告成於乾隆二十二年」等語，是不足採信的。

　　乾隆二十八年（一九六三），歲次癸未，因愛烏罕即阿富汗等部遣使入貢，纏頭旃罽之飾，爲前圖所未備，清高宗勅命補繪幀末。謝遂《職貢圖》畫卷第一卷後隔水增繪〈愛烏罕回人〉、〈霍罕回人〉、〈啓齊玉蘇部努喇麗所屬回人〉、〈啓齊玉蘇部巴圖爾所屬回人〉、〈烏爾根齊部哈雅部所屬回人〉，共五圖，其增繪時間的上限是乾隆二十八年（1763）。乾隆三十六年（1771）六月，因四衛拉特之一的土爾扈特部自俄羅斯額濟勒游牧地方來歸，清高宗諭令土爾扈特投誠大臺吉均至熱河避暑山莊朝觀。同年九月初八日，土爾扈特臺吉渥巴錫等入觀，自此四衛拉特俱隸版圖。土爾扈特舊俗繪罽衣冠，與準噶爾他部不同，清高宗勅命畫院補繪幀幅。謝遂《職貢圖》畫卷第一卷後幅所增繪的〈土爾扈特臺吉 〉、〈土爾扈特宰桑〉、〈土爾扈特民人〉三圖，其開始繪製的時間，當在乾隆三十六年（1771）九月。在三圖前有清高宗滿漢文題識，書明「乾隆辛卯季秋月御識」字樣，辛卯年相當於乾隆三十六年（1771），說明畫卷第一卷後幅所增繪的三圖，其繪製時間的下限也是在乾隆三十六年（1771）九月。

　　乾隆三十四年（1769），大學士忠勇公傅恒統率大軍進勦緬甸，雲南九龍江邊外土目召教、景海土目刁別歸順，請修貢職，議准六年一貢。乾隆四十年（1775）冬，整欠、景海頭目進獻象牙、犀角，清高宗勅命畫院繪其服飾，附於原圖後。謝遂《職貢圖》畫卷第一卷後幅所增繪者計〈整欠頭目先邁岩第〉、〈景海頭目先綱洪〉二圖。在二圖前有清高宗滿漢文題識，書明「乾隆乙未嘉平月御識」字樣。歲次乙未嘉平月，相當於乾隆四十年（1775）十二月，由此可以推斷這是畫卷第一卷後幅增繪〈整

欠頭目先邁岩第〉、〈景海頭目先綱洪〉二畫時間的下限。

　　從清廷所頒降的諭旨，外任大吏的奏摺，畫卷題識及圖說，可以推斷謝遂《職貢圖》畫卷的繪製，至乾隆二十六年（1761），已完成第一卷前六十圖中除第四十四圖〈巴勒布大頭人並從人即廓爾喀〉以外的五十九圖。據文淵閣寫本《皇清職貢圖》〈提要〉內「分圖系說，共為七卷，告成於乾隆二十二年」等語，可知傅恒奉勅撰《皇清職貢圖》卷一至卷七告成的時間，與謝遂《職貢圖》畫卷第一卷前五十九圖完成的時間是相近的。《皇清職貢圖》寫本及刊本卷一、卷二，即《職貢圖》畫卷的第一卷；寫本及刊本卷三、卷四，即畫卷的第二卷；寫本及刊本卷五、卷六，即畫卷的第三卷；寫本及刊本卷七，即畫卷第四卷第二二四圖〈雲南省雲南等府黑玀玀〉至第二五九圖〈永昌府西南界縹人〉三十六圖。由此可以推斷謝遂《職貢圖》畫卷第一卷前五十九圖、第二卷共六十一圖、第三卷共九十二圖、第四卷前三十六圖，其繪製時間的下限是在乾隆二十六年（1761），畫卷第一卷第六十一圖〈愛烏罕回人〉至第六十五圖〈烏爾根齊哈雅布所屬回人〉共五圖，是乾隆二十八年（1763）以來所增繪的，畫卷第一卷第六十六圖〈土爾扈特臺吉〉至第六十八圖〈土爾扈特民人〉共三圖，是乾隆三十六年（1771）繪製完成的，畫卷第一卷第六十九圖〈整欠頭目先邁岩第〉及第七十圖〈景海頭目先綱洪〉二圖是在乾隆四十年（1775）十二月繪製完成的。畫卷第四卷第二六〇圖〈貴州省貴陽大定等處花苗〉至三〇一圖〈貴定都勻等處蠻人〉共四十二圖，即《皇清職貢圖》寫本及刊本卷八，畫卷第一卷第六十一圖〈愛烏罕回人〉至第七十圖〈景海頭目先綱洪〉後十圖，文淵閣寫本《皇清職貢圖》及內府刊本《皇清職貢圖》，俱移置於卷九，由此可以推斷畫卷第四卷後四十二圖是在乾隆二

十六年（1761）至乾隆二十八年（1763）之間繪製完成的。

《皇清職貢圖》〈提要〉書明「乾隆四十三年八月恭校」等
字樣，據此可以推斷文淵閣寫本《皇清職貢圖》卷九繪圖繕寫圖
說時間的下限是在乾隆四十三年（1778）八月。檢查國立故宮
博物院現藏謝遂《職貢圖》畫卷第一卷〈魯卡補札番人〉後，〈
伊犁等處臺吉〉前，即第四十四圖，是〈巴勒布大頭人並從人即
廓爾喀〉圖，不見於文淵閣寫本《皇清職貢圖》，內府刊本《皇
清職貢圖》標於卷九爲續圖。文淵閣《欽定四庫全書》成書於乾
隆四十七年（1782），由此可知畫卷第一卷第四十四圖是文淵
閣〈欽定四庫全書〉成書以後增補的。在畫卷第四十四圖的圖說
內有「乾隆五十四年遣大頭人巴拉叭都爾喀哇斯、哈哩薩野二人
入覲」等語，可知此圖的繪製，當在乾隆五十四年（1789）以
後，文淵閣寫本《皇清職貢圖》成書於乾隆四十七年（1782），
已不及增補。將畫卷〈巴勒布大頭人並從人即廓爾喀〉圖與前後
各圖互相比較後，發現其書法筆勢，並非出自同一人之手。畫卷
第一卷第四十四圖，究竟是何時繪製完成的？實有進一步探討的
必要。

謝遂《職貢圖》畫卷中的巴勒布，其實就是清代初年崛起的
廓爾喀，亦即介於藏印之間的尼泊爾。乾隆年間，廓爾喀因貿易
糾紛，曾兩次入侵西藏。乾隆五十三年（1788）六月，廓爾喀
藉口西藏食鹽攙和砂土及銀錢兌換問題，派兵搶佔後藏聶拉木、
濟嚨等地。理藩院侍郎巴忠等遷就和局，聽任西藏許銀贖地，而
以廓爾喀向清廷上表朝貢爲交換條件。乾隆五十四年（1789）
六月十三日，廓爾喀國王喇特納巴都爾派遣大頭人哈哩薩野、巴
拉叭都爾喀哇斯二人及隨從二十三名押送貢物，自加德滿都起程，
十二月間抵達北京，乾隆五十五年（1790）正月，正式冊封喇

特納巴都爾王爵。乾隆五十六年（1791）八月，廓爾喀又藉口西藏未能如期付清贖地銀兩而第二次入侵西藏，搶佔佛教聖地札什倫布。清高宗為求永靖邊圍，於是命協辦大學士福康安統率勁旅，征討廓爾喀，七戰七勝，兵臨加德滿都。乾隆五十七年（1792）七月，廓爾喀兵敗乞降，遣使入貢。乾隆五十八年（1793）正月，議定廓爾喀五年一貢，廓爾喀正式成為清朝屬邦⑪。

謝遂《職貢圖》畫卷與內府刊本《皇清職貢圖》都有巴勒布畫像及圖說，為便於比較，先將畫像影印於下：

謝遂《職貢圖》畫卷〈巴勒布　　　　內府刊本《皇清職貢圖》
大頭人並從人即郭爾喀〉圖　　　　〈巴勒布大頭人〉圖

由前列二圖可知內府刊本圖像的構圖，與畫卷圖像頗有差異，其圖說內容出入更大。為便於比較，將其內容分別照錄於下：

㈠謝遂《職貢圖》畫卷〈巴勒布大頭人並從人即廓爾喀〉圖說：

巴勒布大頭人並從人，即廓爾喀。巴勒布為厄訥特可克痕都斯坦之別，在後藏之西，至京師將二萬里，其地舊有四部落：一名颺布；一名郭卡木；一名伊凌；一名木共，今

　　廓爾喀王始併爲一，乾隆五十四年，遣大頭人巴拉叭都爾
　　喀哇斯、哈哩薩野二人入覲。其俗奉佛教，人以紅帛纏頭，
　　衣以錦爲之，額間塗香，圓徑寸許，以致誠敬。有磚城居
　　屋，與內地相似。多稻田，產珊瑚、松石、金銀、獺皮等
　　物。人極工巧，多有在藏地留易匠役者，其從人以紫布纏
　　頭，衣竭紅白間道，腰束綠帶，常手執水煙袋，以侍其頭
　　人⑫。

㈡內府刊本《皇清職貢圖》〈巴勒布大頭人〉圖說：

　　巴勒布者，在西南徼外極邊，與衛藏連界，原分三部落，
　　嗣爲廓爾喀部落酋長奪據，自爲雄長。乾隆五十三年，因
　　與唐古忒人貿易搆釁，侵擾衛藏邊境，尋經官兵進討，惶
　　懼內附。未幾，復擾至札什倫布。乾隆五十六年，特命福
　　康安督兵征勦，攻克擦木等處，七戰七勝，其酋面縛乞降，
　　遣陪臣奉表進京，詔宥其罪，封以王爵，自後頗知恭順。
　　其頭人服紅褐，以帛圍領，冠履皆尚紅⑬。

謝遂《職貢圖》畫卷漢文圖說，俱譯出滿文，前引畫卷漢文圖說，
與滿文圖說的文義，並無出入。乾隆末年，廓爾喀兩次入侵西藏，
兩度遣使入京進貢，畫卷圖說但述及初次入覲，刊本圖說則述及
廓爾喀兩次入侵西藏，兩度內附。因此，《石渠寶笈三編》指出
刊本圖說與畫卷圖說內容不同的原因稱：「此與畫卷識語多不同
者，畫卷圖於入覲之始，以地相次，附於魯卡補札後；刊本誌其
復擾至札什倫布時，官兵征勦，乞降遣陪臣奉表進京，以歸附之
年相次，附於景海頭目先綱洪後也。」⑭畫卷滿漢文圖說內既有
「乾隆五十四年」字樣，可知此圖是乾隆五十四年（1789）以
後增補的。圖說內容既未述及廓爾喀二次入覲，《石渠寶笈三編》
又說「畫卷圖於入覲之始」，廓爾喀使臣初次進京是在乾隆五十

四年（1789）十二月，是月三十日，清高宗御保和殿，賜朝正
外藩筵宴，廓爾喀使臣哈哩薩野等亦在座。乾隆五十五年（
1790）正月元旦起一連數日，清高宗又迭次賜宴，並正式冊封
其國王。由此可以推斷畫卷第一卷第四十四圖〈巴勒布大頭人並
從人即廓爾喀〉的畫像及圖說繪製完成的時間，其下限是在乾隆
五十五年（1790），同時也是國立故宮博物院現藏謝遂《職貢
圖》畫卷最後完成的可考年代。

　　畫卷的內容，主要爲畫像與圖說兩大部分，畫卷內〈巴勒布
大頭人並從人即廓爾喀〉圖說內指出巴勒布人「常手執水煙袋，
以侍其頭人」，對照畫像後，可知畫卷的畫像與圖說敘述是彼此
相合的，《石渠寶笈三編》只注意到刊本與畫卷圖說的出入。其
實刊本亦非以歸附之年相欠，而是因爲增刻在後，所以附於景海
頭目先綱洪之後。畫院遵旨繪寫畫像，其圖說則由軍機處撰稿，
俟進呈御覽發下後再交繕寫人員謄繕，然後以地相次，分別裱入
畫卷。據國立故宮博物院現藏嘉慶十年（1805）六月分《上諭
檔》所錄軍機大臣奏稿云：

　　前蒙發下派員繕寫之職貢圖畫卷內有巴勒布即廓爾喀頭人
　　畫像，係乾隆五十八年以後增入，是以職貢圖刻本內並未
　　載有圖說，茲謹擬圖說一條，並繙譯滿文，恭呈御覽，伏
　　候訓示，俟發下後再交繕寫之員，於畫卷內一律繕入，謹
　　奏，嘉慶十年六月二十日，奉旨知道了，欽此⑮。

《上諭檔》內附錄軍機處所擬圖說一條，其內容與內府刊本並無
出入，由此可知刊本圖說是根據嘉慶十年（1805）六月間呈覽
的圖說增刻的，並非以歸附之年增補的。《皇清職貢圖》刊本是
漢文本，其圖說無須譯出滿文。由前引奏稿內「謹擬圖說一條，
並繙譯滿文」等語，可知軍機處原本就是爲畫卷撰擬滿漢圖說的。

由《上諭檔》的記錄可知畫卷內的巴勒布大頭人畫像是乾隆五十八年（1793）以後增入的，其圖說則爲嘉慶十年（1805）六月撰擬繕入的。謝遂《職貢圖》畫卷內巴勒布大頭人一圖，已於乾隆五十五年（1790）繪製完成，軍機大臣何以未見該圖說呢？嘉慶十年（1805），何以另擬圖說？由此推斷，除謝遂《職貢圖》畫卷外，似另有《職貢圖》畫卷，軍機大臣所稱乾隆五十八年（1793）以後增入巴勒布大頭人畫像的《職貢圖》，就是指另一套畫卷而言，因無圖說，軍機處於嘉慶十年（1805）始撰擬滿漢文圖說，並由繕寫人員將滿漢文圖說直接繕於畫卷內，此套畫卷或因《石渠寶笈三編》未著錄，以致後人未加細查。

三、《職貢圖》畫卷與《皇清職貢圖》的比較

明神宗萬曆二十七年（1599），清太祖努爾哈齊命巴克什額爾德尼等人以蒙古字母爲基礎，結合女眞語音，創制了滿文。滿洲入關以後，滿文使用範圍更廣，官方文書固然多兼書滿文，許多古籍，亦譯成滿文。謝遂《職貢圖》畫卷因有滿文和漢文合璧的題識圖說，所以更具特色。滿文與漢文是兩種不同的語文，難定其優劣，但因畫卷內的滿文圖說是以白話語體文對譯，文義清晰，淺顯易解，對照滿文後，有助於了解漢文的含義。例如畫卷第一卷〈大西洋合勒未祭亞省夷人〉圖說內「婦人貞節質直，工作精巧」，句中「工作精巧」，滿文圖說讀如"jodoro ara-rangge faksi sain"，意即「女工精巧」。畫卷第一卷〈整欠頭目先邁岩第〉圖前清高宗漢文題識內有「乾隆乙未嘉平月御識」字樣，句中「嘉平月」，滿文圖說讀如"jorgon　biya"，意即「十二月」。《史記》〈秦始皇紀〉載「三十一年十二月，更名臘曰嘉平。」⑯漢文題識，典雅深奧，滿文淺顯易解。畫卷第四卷〈雲

南等府白玀玀〉圖說內「祭用丑月，插山榛三百枝於門，誦經羅拜。」句中「丑月」，滿文圖說讀如"duin biya"，意即「四月」，直截了當。畫卷第三卷〈阜和營轄咱里番民〉圖說內「本朝康熙中，進勦西爐」，句中「西爐」，滿文圖說讀如"wargi dzang da jiyan lu"，意即「西藏、打箭爐」。畫卷第二卷〈西林縣狇人〉圖說內「男花布裹頭，喜著半臂攜」，句中「半臂攜」，滿文圖說讀如 "ulhi akū olbo"，意即「無袖短褂」。畫卷第三卷〈松潘左營東壩阿思洞番民〉圖說內「胸挂素珠，著緣邊長衣花布半臂」，句中「半臂」，滿文圖說讀如"guwalasun"，意即「女砍肩褂」。畫卷第四卷〈貴筑龍里等處東苗〉圖說內「婦人多服花布帔肩，繫細摺短裙」，句中「帔肩」，滿文圖說讀如"guwalasun"，意即「女砍肩褂」。由此可知帔肩，即半臂，又作披肩，就是婦女穿的無袖齊肩褂子，習稱女砍肩褂。

　　畫卷漢文圖說，因繕寫訛誤脫落之處頗多，可藉滿文圖說加以校正。例如畫卷第一卷〈琉球國夷人〉圖說內「以黥手為花草鳥獸形」，滿文圖說讀如"gala de ilha orho gasha gurgu i durun sabsifi behei ijumbi"，意即「以墨黥手為花草鳥獸形」，畫卷漢文圖說脫「墨」字。畫卷第一卷〈西藏所屬衛藏阿里喀木諸番民〉圖說內「唐宋為吐番部落，今皆皈依達賴喇嘛，而朝命大臣駐守。」句中「而朝」，滿文圖說讀如"musei gurun"，意即「我朝」，「而」字當作「我」。畫卷第一卷〈西藏巴咭卡穆等處番人〉圖說內「所屬有禮昂、巴達昂」，句中「禮昂、巴達昂」，滿文圖說讀如"litang batang"，意即「裡塘、巴塘」。畫卷第三卷〈漳臘營轄口外甲凹鵲個等處番民〉圖說內「口外申凹鵲個郎情阿壩十二部落氐羌之裔，苗代為生番。」句中「苗代」，滿文圖說讀如"nenehe gurun i fonde"，意即「前代」。畫卷第

四卷〈臨安等府土獠〉圖說內「土獠一名土老，亦名山子，相傳爲鳩獠種，亦滇中烏蠻之一。」句中「烏蠻」，滿文圖說讀如"u meng man"，意即「烏蒙蠻」，漢文圖說脫「蒙」字。這些脫落訛誤的例子，不勝枚舉。

謝遂《職貢圖》畫卷滿文圖說和漢文圖說，不僅是兩種不同的文字，而且可能各有所本。將畫卷滿漢文圖說互相對照後，發現兩者之間常有很大的出入，不僅是繕寫筆誤而已。例如畫卷第三卷〈西寧縣哆吧番民〉圖說內「足履革鞋」，句中「革鞋」，滿文圖說讀如"orho i sabu"，意即「草鞋」。畫卷第三卷〈阜和營轄春科番民〉圖說內「俱於本朝雍正六年歸化」，滿文圖說讀如"gemu musei gurun elhe taifin i forgon de wen de dahaha"，意即「俱於本朝康熙中歸化」，滿漢文義頗有出入，或因漢文圖說原稿進呈御覽後曾經修改，而滿文譯出在前未及改正，以致彼此互異。

將《欽定四庫全書》文淵閣寫本及內府刊本《皇清職貢圖》圖說與畫卷比較後，可知其出入，爲便於說明，先列表於下：

現藏謝遂《職貢圖》畫卷滿漢圖說因各據原稿或修正稿分別繕寫，以致各有訛誤或脫落。對照前表後可知文淵閣寫本《皇清職貢圖》的圖說文字，與謝遂《職貢圖》畫卷出入頗大，例如寫本卷六內「服食言語」，滿文圖說、內府刊本俱同，畫卷漢文圖說作「服飾言語」。寫本卷七內「以牛毛占晴雨」，滿文圖說、內府刊本俱同，畫卷漢文圖說作「以牛馬占晴雨」。寫本卷八內「安寧安撫司」，內府刊本同，畫卷滿漢文圖說俱作「安寧安撫司明時改爲凱里安撫司」。寫本卷九內「三十七年遣使入貢」，畫卷滿漢文圖說、內府刊本俱作「二十七年遣使入貢」。大致而言，文淵閣寫本《皇清職貢圖》與內府刊本《皇清職貢圖》的圖

欽定四庫全書寫本《皇清職貢圖》與謝遂《職貢圖》畫卷圖說比較表

四庫全書寫本《皇清職貢圖》	卷次	頁碼	謝遂《職貢圖》畫卷	卷次	備　註
人罹重辟	一	四三	家人罹重辟	一	內府刊本亦無「家」字
跣足方領衣	一	五三	跣足著高領衣	一	畫卷滿文圖說作「方領衣」
文郎馬神	一	五五	文郎馬辰	一	畫卷滿文圖說作「文郎馬神」
刀刺菱葦葉	一	五九	刀刺菱葦葉	一	內府刊本亦作「菱葦」
垂髻跣足	一	五九	椎髻跣足	一	內府刊本亦作「垂」字
我朝命大臣	二	五	而朝命大臣	一	內府刊本亦作「我朝」
續樹爲布	三	四〇	續樹皮爲布	二	內府刊本亦脫「皮」字
多麥豆	三	四四	種多麥豆	二	內府刊本亦無「種」字
負物入市	四	一三一	負物入市貿易	二	內府刊本亦脫「貿易」
青衣紫袖	四	四九	青衣紫袖	二	滿文作「窄袖」刊本作「紫袖」
距城五十餘里	五	九	距州城五十餘里	二	內府刊本有「州」字
土百戶后發葵	五	二八	土百戶后發	三	滿文圖說作「后發葵」
征生番有功	五	三一	征撫生番有功	三	內府刊本有「撫」字
納彩吉應魁	五	四七	納獻彩吉應魁	三	內府刊本亦脫「獻」字
誦佛號	五	五一	持誦佛號	三	內府刊本亦脫「持」字
毛草阿按寨	六	一〇	毛革阿按寨	三	內府刊本亦作「草」
闊帶草履	六	一四	闊帶革履	三	內府刊本亦作「草」
有中下筒	六	五二	有中下峒	三	內府刊本亦作「筒」
服食言語	六	五六	服飾言語	三	滿文、刊本俱作「食」
風俗服食	六	六二	風俗服飾	三	滿文、刊本俱作「食」
繫竹筒於腰	六	七〇	繫竹籠於腰	三	內府刊本亦作「筒」
長官司妻河氏	六	八四	長官司妻何氏	三	內府刊本亦作「河」
綠邊色帛	六	一〇二	綠邊色布	三	內府刊本亦作「帛」
多務農桑	六	一〇六	多務農業	三	內府刊本亦作「業」
稅銀九兩零	六	一三四	稅銀九百兩零	三	滿文、刊本俱作「九兩」
頂綴海巴	七	一二	項綴海巴	四	內府刊本亦作「頂」
白布纏脛	七	二三	白布束脛	四	內府刊本亦作「纏」
男子椎結	七	三七	男子惟髻	四	內府刊本亦作「結」
以毛占晴雨	七	五一	以牛毛占晴雨	四	滿文、刊本俱作「毛」
古州八寨	八	一二	裏古州八寨	四	內府刊本亦無「裏」字
別乎東苗	八	二〇	別于東苗	四	內府刊本亦作「乎」
安寧安撫司	八	三〇	安寧安撫司明時改爲凱里安撫司	四	內府刊本亦無「明時改爲凱里安撫司」字樣
性喜鬥	八	三六	性善鬥	四	滿文、刊本俱作「喜」
桑戶不局	八	五〇	門戶不局	四	內府刊本亦作「門」
高者百仞	八	五二	百仞	四	內府刊本有「高者」字樣
並爲一體	八	七六	並爲一類	四	內府刊本作「類」字
卅七年遣使入貢	九	七	廿七年遣使入貢	一	內府刊本作「二十七年」

資料來源：謝遂《職貢圖》畫卷、四庫全書寫本《皇清職貢圖》、內府刊本《皇清職貢圖》。

卷繕寫或刊刻的，而是另有所本。國立故宮博物院現藏《上諭檔》乾隆五十三年（1788）十二月二十八日記載〈咨文〉一紙云：「辦理軍機處為知照事，本日奉旨將盛京職貢圖第二卷送京，欽此。為此知照貴將軍即派員將職貢圖第二卷齎送到京可也，右咨盛京將軍。」同日《上諭檔》又載〈箚文〉一紙云：「辦理軍機處為箚知事，本日奉旨將熱河職貢圖第二卷送京，欽此。為此箚知該總管即行遵辦送京可也。」乾隆五十四年（1789）正月初八日《上諭檔》記載〈箚文〉內容云：「辦理軍機處為箚覆事，所有齎到職貢圖一卷、四庫書一本，本處于初六日業經收訖，俟辦理完竣再行寄交該總管各歸原處安設可也，須至箚者，古箚熱河總管，准此。」由此可知盛京、熱河避暑山莊等處，俱陳設《職貢圖》乾隆年間，因多處安設《職貢圖》，其繕寫文字遂各有出入，彼此互不一致。

　　將文淵閣寫本及內府刊本《皇清職貢圖》的圖像與謝遂《職貢圖》畫卷互相對照後，發現《皇清職貢圖》的圖像因描繪或刊刻疏漏，遂與畫卷頗有出入。例如畫卷第一卷第五十七圖為〈安集延回目〉，第五十八圖為〈安集延回民〉，如下圖：

謝遂《職貢圖》畫卷
〈安集延回目〉圖

謝遂《職貢圖》畫卷
〈安集延回民〉圖

文淵閣寫本《皇清職貢圖》
〈安集延回目〉圖

文淵閣寫本《皇清職貢圖》
〈安集延回民〉圖

內府刊本《皇清職貢圖》
〈安集延回目〉圖

內府刊本《皇清職貢圖》
〈安集延回民〉圖

　將文淵閣寫本《皇清職貢圖》〈安集延回目〉、〈安集延回民〉
二圖，與謝遂《職貢圖》畫卷第五十七、五十八兩圖互相比較，
可以看出彼此相近，但內府刊本《皇清職貢圖》將〈安集延回目〉
與〈安集延回民〉前後倒置，上下錯亂，以致標題文字與圖像不
合。畫卷第二卷第八十二圖為〈諸羅縣諸羅等社熟番〉，圖像繪
男子首插雉尾，婦女盤髮綴小珠，覆以布帕，為便於比較，先將
各圖影印於下：

謝遂《職貢圖》畫卷　　　　　　　文淵閣寫本《皇清職貢圖》
〈諸羅縣諸羅等社熟番〉　　　　　〈諸羅縣諸羅等社熟番〉

內府刊本《皇清職貢圖》〈諸羅縣諸羅等社熟番〉圖

對照前列各圖，可知文淵閣寫本《皇清職貢圖》〈諸羅縣諸羅等
社熟番〉圖中畫像，與謝遂《職貢圖》畫卷相近，內府刊本《皇
清職貢圖》所繪圖像，左右相反，男女錯亂。畫卷第三卷第一四
八圖爲〈莊浪土千戶王國相等所轄華藏上札爾的等族番民〉，圖
像繪婦女盤髻戴紅氈尖頂帽，綴以砷碌，後插金銀鳳釵，左手有
持物，文淵閣寫本《皇清職貢圖》所繪圖像相近，內府刊本《皇
清職貢圖》所繪婦女圖像，左手無持物　，爲便於比較，將畫卷、
寫本、刊本婦女圖像影印於下：

畫卷〈莊浪土千戶王國相等所　　文淵閣寫本　　內府刊本
轄華藏上札爾的等族番婦〉圖

內府刊本《皇清職貢圖》的圖像，固然有疏漏，但文淵閣寫本《皇清職貢圖》的圖像同樣也有出入，對照謝遂《職貢圖》畫卷以後，發現內府刊本圖像與畫卷相近，而寫本疏漏之處，亦屢見不鮮。例如畫卷第二卷第八十三圖爲〈諸羅縣簫壠等社熟番〉，圖像繪男子以鼻吹簫，文淵閣寫本易以口吹簫，如下圖：

謝遂《職貢圖》畫卷　　　　　文淵閣《皇清職貢圖》

畫卷第二卷第一二一圖爲〈羅城縣苗人〉，圖像繪苗族男子吹笙，髻插三雉尾，內府刊本《皇清職貢圖》所繪圖像相近，文淵閣寫本《皇清職貢圖》所繪圖像，髻無雉尾，以致圖文不合，各圖如下：

謝遂《職貢圖》畫卷　　　內府刊本　　文淵閣寫本

內府刊本所刻圖像大都較細緻，紋樣繁複，文淵閣寫本往往較簡略，如附錄各圖，由此可以推斷內府刊本《皇清職貢圖》並非依據文淵閣寫本刊刻，而是另有所本。

文淵閣寫本

內府刊本

文淵閣寫本　　　　　　　　　　內府刊本

四、從《職貢圖》畫卷看少數民族的文化藝術

　　裝飾藝術是各民族原始藝術的一種基本形式，當人類在利用及改造自然的過程中，爲了使工具更適於實用，便創造了美，同時也創作了裝飾⑰。我國邊疆少數民族多喜歡裝飾，生活離不開藝術，他們對自然界的色彩，早就產生了審美感，我國各地區的少數民族，因爲對色彩的審美感，彼此不同，所以他們的服飾顏色，遂有差異。據志書記載，我國西南地區的少數民族有白苗、紅苗、黑苗、青苗、花苗、白倮儸、黑倮儸等，就是以服飾色彩的差異來區分他們的種類。謝遂《職貢圖》畫卷已指出貴州貴陽等府苗族，衣尙青，以錦飾袖，稱爲花苗。貴州修文等處苗族，衣尙青，婦女以青布蒙首，湖南靖州等處苗族，服色俱尙青黑，稱爲青苗。貴州黎平等處苗族，衣短尙黑，稱爲黑苗。貴定等處苗族，衣尙白，稱爲白苗。銅仁等處苗族，男椎髻，約以紅帛，婦女短衣絳裙，湖南永綏等處苗族，男子領帶尙紅，俱稱紅苗。貴州大定等處倮儸，衣尙黑，稱爲黑倮儸。安順等處倮儸，衣尙白，稱爲白倮儸。貴州仡佬男女以幅布圍腰，旁無襞積，叫做桶裙，其穿著花布桶裙者，稱爲花仡佬，穿著紅布桶裙者，稱爲紅仡佬，花仡佬和紅仡佬，各爲一族，不通婚姻。

　　我國邊疆少數民族不僅對自然界的色彩早就產生了審美感，在視覺上提供了美的享受，同時也積累了組合各種色彩的豐富知識，他們常常運用紅白或紅綠等色彩組成了各種條紋，以不同色線挑出色彩鮮艷的圖案，製成華麗而又富有生活氣息的裙子。從謝遂《職貢圖》畫卷的圖像及圖說，可以認識我國邊疆各少數民族的不同裝飾。例如臺灣府彰化縣水沙連等社原住民的婦女能織布爲衣，也善於織罽，染五色狗毛，雜以樹皮，陸離如錦。雲南

曲靖等府擺夷婦女喜穿紅綠衣裙，開化府普岔族男女都穿青白長領短衣。廣南等府儂人婦女的細摺桶裙及繡花鞋，其色彩組合已普遍用明暗的色調，織出色彩強烈對比的織品。

　　我國邊疆少數民族多勤於耕織。例如東北赫哲族的衣服多用魚皮，而緣以色布，邊綴銅鈴。費雅喀人夏日穿著魚皮衣服，其他季節則穿犬皮。庫野人有的穿布衣，有的穿魚皮，奇楞人亦以魚皮及鹿皮製作衣服。四川松潘鎮龍安營轄象鼻高山等處原住民，其婦女勤於紡織，雖在路中行走，也是手撚毛線。雲南武定等府，地產火草，當地窩泥等族，俱以火草織績爲布，理粗質堅。刺繡織錦就是少數民族美化生活不可缺乏的工藝技術，廣西賀縣、融縣等地僮人，能織僮錦，他們穿著錦邊短衣，繫純錦裙，人人華麗自喜，僮錦有它獨特的風格，題材廣泛，色彩豔麗，精緻美觀，深受各民族的喜愛。貴州定番州谷蘭苗婦女尤勤紡織，其布最爲細密，稱爲谷蘭布，人多爭購。雲南曲靖等府的苗錦，更是遠近馳名，色彩瑰麗的苗錦，充分體現了少數民族的審美情趣。苗錦的圖案，色彩強烈，多採用黑絲線構成圖案骨架，以其他紅黃青綠藍等色線穿插其間，又以黑白兩種色線進行調和，變化有致，十分美觀。

　　蠟纈、絞纈、夾纈是我國歷史上著名的三大民間印染工藝，蠟纈又稱蠟染，也是我國西南地區的少數民族世代相傳的一種民間藝術，而以雲貴地區的苗族社會最爲集中。南宋周去非撰《嶺外代答》記載說：「猺人以藍布爲斑，其紋極細，其法以木板二片鏤成細花，用以夾布，而鎔蠟灌於鏤中，而後乃釋板取布投諸藍中，布既受藍，則煮布以去其蠟，故能受成極細斑花，炳然可觀。」[19]明清時期，蠟染仍盛行於雲南、貴州、湘西、川南等地的少數民族社會裡，尤以貴州貴陽、大定、遵義等府所屬苗族的

蠟染技術最高。謝遂《職貢圖》畫卷記載說:「貴陽、大定、遵義等府花苗,衣以蠟繪花於布而染之,既染去蠟,則花紋似錦,衣無襟衽契領,自前以貫於身。」⑳花苗既勤於耕織,更善蠟染。他們從小就開始學習製作蠟染,到少女時期,就已準備妥成箱的蠟染嫁衣。開始戀愛時,送給意中人的第一件禮物,往往是蠟染花飄帶。繪製蠟染的方法,須先把蜜蠟略為加溫,熔成蠟液,然後用銅製蠟刀蘸蠟液在白布上繪畫紋樣,蠟液順著裂紋滲透下去,俟蠟液凝固,蠟面產生微妙的裂紋後,再放入藍靛染缸中漬染成藍色或淺藍色,最後在沸水中煮去蠟質,繪蠟部分因不著色而呈現白色,就成蠟染布了。蠟染藝術雖然採用藍靛為原料,色澤單純,但並不單調。其藍底色與白色的點線,以及由點線組成的面,極富變化,具有豐富的藝術表現力。而且由於蠟染的特點,還產生自然的裂紋呈現出畫面上藍白灰的不同層次,更加強了藝術效果,這種獨特的藝術效果,就是蠟染藝術的一大特徵。蠟染布多用在婦女的衣袖、衣領和裙子上。蠟染的花紋鮮明,文靜素雅,美觀大方,很受人們喜愛。苗族婦女腰圍蠟染花裙,身穿蠟染衣袖和衣領,藍白分明,花紋如繪,充分反映苗族婦女勤勞巧慧的特質。

我國邊疆少數民族的人體裝飾,很早就注意到頭髮的裝飾,包頭巾和頭箍就是最常用的原始頭飾。他們以布蒙首,綴以珠石、瑪瑙、硨磲、海巴、珊瑚、錫鈴,以增加美觀。從謝遂《職貢圖》畫卷可以說明清代各少數民族的頭飾,例如雲南白儸儸婦女椎髻,蒙以青藍布,綴海巴錫鈴為飾,曲靖等府仲人婦女以青布為額箍,飾以海巴,很像僧帽。甘肅西寧縣東溝等八族婦女,以紅布為額箍,上嵌硨磲,後插銀銅鳳釵數枝,雜垂珠石。西寧縣土民婦女盤髮,以紅布為箍,垂繻覆額,中貫銅簪,繫以珊瑚小珠。貴州

貴陽等府花苗婦女以馬尾雜髮編髻，大如斗，攏以木梳。平遠州仡佬婦女以青布束髮如鍋圈狀，稱爲鍋圈仡佬。他們都認爲包著大頭巾，就是最美觀的，傜族因頭飾的差異，而有平頭傜、尖頭傜的不同稱呼。平頭傜是用白紗線纏頭，成平頭形狀，尖頭傜則以尖頭打扮。湖南道州永明等處的傜族婦女，盤髻向後，橫頂木板一片，兩端綴珠，繫以紅繩，在頷下打結，稱爲頂板傜。廣西修仁縣傜族，也叫做頂板傜，其男女短衣花領，以黃蠟膠紅板於首，婦女綴以琉璃珠纍纍，很像瓔珞，而不同於湖南頂板傜。湖南寧遠等處傜族，以三枝至七枝一尺多長的竹箭插在髮髻上，因其以竹箭插髻，所以叫做箭桿傜。廣西灌陽縣傜族男女俱挽髻，插竹簪三枝，很像竹箭，稱爲竹箭傜。

我國西南地區少數民族婦女所穿花裙，固然引人注目，他們的耳飾、頸飾及腰帶，同樣也是頗具藝術價值的人體裝飾品。例如貴州大定府倮儸婦女，以銀花貼額，耳垂大環，拽著三十餘幅的長裙，令人有飄逸的感覺。雲南曲靖等府擺夷及苗族婦女，俱耳綴銀環，以多爲富。鶴慶等府俅人婦女，耳綴大銅環。黎平府羅漢苗婦女，以金銀作連環飾耳。大金川男人椎髻，耳綴銅環，婦女結辮於首，耳綴大環。廣西與安縣平地傜，男子帶銀手釧，婦女項飾銀圈。賀縣僮族男子則項飾銀圈。清代邊疆少數民族使用銀飾，盛極一時，不僅很普遍，而且數量也多，充分反映當時銀飾的受到重視。他們喜歡在耳朵上綴著沈重的大環，他們似乎並不感到肉體上的苦痛。他們佩戴金銀飾品，不僅認爲是最美的裝飾品，而且也是一種儲藏財富的方式。

歌舞是最適宜於再現人類日常活動的一種藝術手段。其中抒情歌舞一直是我國邊疆少數民族歌舞中的一個主要體裁。在抒情歌舞中，表達愛情的內容，佔了很大的比重。謝遂《職貢圖》畫

卷多處描述清代邊疆少數民能歌善舞的才藝；例如臺灣鳳山縣放
縤等社原住民，婚娶叫做牽手，女子及笄，構屋獨居，男子以口
琴挑逗，喜則相就。凡遇吉慶，男女俱豔服簪野花，連臂踏歌。
湖南連州猺族婚姻，以唱歌相諧。雲南姚安等府嫚且族，喜歌嗜
飲，男吹竹笙，女彈篾琴，諧婉可聽。貴州安順等處補籠苗，每
當歲首，男女相聚，擊銅鼓，吹蘆笙，婆娑起舞，唱歌爲樂，以
抒發情感。邊疆少數民族的舞蹈，多半是同歌唱結合在一起的，
通過歌唱，爲舞蹈伴奏。我國西南地區少數民族最具代表性的樂
器是蘆笙和銅鼓，蘆笙的式樣是橫管，其構造、原材料，是用一
根大約二尺長的衫木，把裏面挖空，在下端鑽出大小不同的小孔，
在孔內裝置六根長短不一的竹管，在竹管插入木孔的部位，裝上
簧片，在簧片的前端鑽上一個小孔，作爲調器用，如此一呼一吸，
用手按竹管上的小孔，就能發出音調和諧有節奏的聲音[21]。銅鼓
是我國古代以來嶺南及西南地區少數民族的一種珍貴文化遺物，
尤其廣西、雲南、貴州等地盛產銅礦，爲鑄造銅鼓提供了良好條
件。據史書記載，東漢馬援南征時曾於交阯獲得「駱越銅鼓」[22]。南
北朝以來，其銅鼓的鑄造更加精美，數量更多。《嶺外代答》記
載宋代「廣西土中銅鼓，耕者屢得之。其製正圓而平，其面曲，
其腰狀若烘籃，又類宣座，面有五蟾分據其上，蟾皆累蹲，一大
一小相負也。周圍款識，其圓紋爲古錢，其方紋如織簟，或爲人
形，或如琰璧，或尖如浮屠，如玉林，或斜如豕牙，如鹿耳，各
以其環成章，合其眾紋大類細畫圓陣之形，工巧微密，可以玩好。
銅鼓大者闊七尺，小者三尺，所在神祠佛寺皆有之，州縣用以爲
更點。」[23]據估計，目前在廣西僮族地區出土及收藏的銅鼓至少
己有五百多面[24]。在貴州都水族自治縣所保存的銅鼓也達三百多
面，成爲我國銅鼓文化的中心，水族家鄉遂號稱「銅鼓王國」[25]。明

清時期，西南地區少數民族的銅鼓，其鑄造技術和造型藝術已經
達到相當高度的水準。在少數民族的心目中，銅鼓是最神聖最美
麗的象徵，從文獻記載及銅鼓敲擊痕跡加以觀察，可知銅鼓的用
途很廣，有的是用作顯示政治權威的象徵，《隋書》記載說：「
諸獠皆然，並鑄銅爲大鼓，初成，懸於庭中，置酒以招同類。來
者有豪富子女，則以金銀爲大釵，執以叩鼓，竟乃留遺主人，名
爲銅鼓釵。俗好相殺，多搆讎怨，欲相攻則鳴此鼓，到者如雲，
有鼓者號爲都老，群情推服。本之舊事，尉陀於漢，自稱蠻夷大
酋長、老夫臣，故俚人猶呼其所尊爲倒老也，言訛，故又稱都老
云。」㉖所謂「倒老」或「都老」，就是僮族對頭人的稱呼。相
傳諸葛亮曾經以銅鼓鎮蠻，鼓失則蠻運終。《明史》〈劉顯傳〉
指出「鼓聲宏者爲上，可易千牛，次者七八百，得鼓二三，便可
僭號稱王，鼓山顚，群蠻畢集。」㉗銅鼓具有圖騰崇拜的意義，
其節奏音色形式紋式也具有特殊的審美象徵，對少數民族而言，
確實具有魅力。蘆笙舞、銅鼓舞就是以樂器命名，而以蘆笙舞最
爲流行。蘆笙舞是組舞，由吹蘆笙的人領跳，步伐輕快，節奏感
很強，氣氛熱烈，愈跳愈有興致㉘。愛情舞是表現男女間感情的
舞蹈，男女青年透過純潔審美形式的交際舞來表達彼此的愛情，
呈現了大自然生生不息的生機。據謝遂《職貢圖》畫卷的描繪，
貴州荔波縣侗傜僮等族男女，連袂而舞，相悅者負之而去，即成
夫妻。貴陽等處花苗，以六月爲歲首，每歲孟春，擇平地爲月場，
男吹蘆笙，女搖銅鈴，盤旋歌舞，俗稱跳月，相悅則共處，生子
後，乃歸夫家。跳月或跳場，就是人們對苗族跳蘆笙舞的不同稱
呼，貴州苗族過春節時，都要舉行盛大的蘆笙舞。廣順等處龍家
苗，「春日立竿於野，男女繞竿擇配，謂之跳鬼竿，女得所悅則
奔之，其親當以牛馬贖回，始通媒妁。」㉙安順等處仲家苗，每

歲孟春，將五色布編爲小毬，男女共舞，視其所歡而擲毬，奔者
不禁。四川威茂協轄雜谷各寨原住民，男女相悅，即攜手歌舞，
稱爲鍋椿舞，就是一種愛情舞。愛情舞最早的形式是表演男女間
情感的舞蹈，隨著各民族文化的發展，表現性感的愛情舞，也逐
步過渡到純潔審美形式的愛情舞蹈，最後普遍發展成爲男女青年
社交、婚媾時所跳的交際舞⑳。我國許多少數民族的舞蹈語彙，
很多是再現動物的動作。苗族家鄉，山青水秀，苗族兒女，能歌
善舞。謝遂《職貢圖》畫卷描繪的廣西羅城縣苗族，「善音操楚
歌，挂釵留客，能爲鸚鵒舞。」㉛鸚鵒舞就是模仿動物的動作及
習慣的一種舞蹈。有些舞蹈是反映各族的宗教祭祀，並通過形象
的動作，再現刀耕火種的生活階段。例如雲南臨安等府苦聰人，
以六月二十四日爲年，十二月二十四日爲歲首，烹羊豕祭祀祖先，
醉飽歌舞。平越等處西苗，俗以十月收穫後，每寨出牡牛三五隻，
延善歌祝者，穿著氈衣大帽，履靴前導，男女都是青衣綵帶吹笙
蹈舞跟隨在後，經過三天三夜，然後殺牛祭祀，稱爲祭白號。貴
州廣順等處土人，每於種植時，田歌互答，悠揚婉轉，清越可聽。
湖南安化等處傜人，每當稼穡登場後，即治酒延賓，繫長鼓，吹
蘆笙，男女邊唱邊跳，稱爲跳歌。操練式的舞蹈，多半是在農忙
後的餘暇，在豐收節日裡舉行，按照一定節奏，又歌又舞，通過
舞蹈來表達獲得豐收的喜悅，以及對現實生活的熱愛。

　　我國少數民族分佈的地區，多在沿邊各省高寒山區，交通閉
塞，社會經濟的發展，較爲遲緩，保存了頗多較原始的奇風異俗。
據謝遂《職貢圖》畫卷的描述，湖南苗族多依山巔居住，刀耕火
種。廣西慶遠府傜族，僻處山巔，以焚山種植度日，地力漸薄後，
即覓山他徙，吃了一山過一山，叫做過山傜。融縣僮族所居水冷
洞地方，蒼藤古樹，遍山猿猱，僮人視若朋友，結廬其中，稱爲

蕨欄。懷遠縣伶人，多棲息於幽崖奧谷中，不室而處，採橡薯爲糧，並掘鼠捕蟲充食。雲南廣南等府沙人，寢無衾枕，坐牛皮中，擁火達旦。鶴慶等府怵人，散居於瀾滄江大雪山外，結草爲廬，覆以樹皮，以木葉爲衣，茹毛飲血，宛然太古之民。貴州廣順州苗族，懸崖鑿竅而居，構竹梯上下，其竹梯高達百仞。都勻等處苗族，其屋墻稱爲荊笆墻，荊壁不塗，門戶不局，出入以泥封閉。臺灣諸羅縣哆囉嘓社原住民男女成婚後即折斷上齒各兩顆，彼此分藏，表示終身不改的決心。貴州平越黔西等處亿佬婦女出嫁前，「必先折其二齒，恐妨夫家」，就是所謂「鑿齒之民」。廣西修仁縣頂板傜，「其俗女嫁時，攜汲桶至夫家，夫擊女背者三，婦乃以桶出汲。」羅城縣苗族娶婦生女，即送回娘家，就是所謂「一女來，一女往。」雲南臨安等府土僚，生子置水中，浮則養之，沉則棄之，廣西府阿者儸儸的婚禮，是以牛爲聘，婿親負女而歸。貴州黎平古州等處黑苗，喜食糯稻，炊熟後以手持食，藏肉甕中，以腐臭爲佳。女嫁三日，仍回娘家，女方父母向女婿索取頭錢，不給即另嫁。廣順州苗族，住在深山中，以跳蘆笙舞而婚配，生子至斷奶後，始約聘財。

巫術與原始宗教觀念，是以現實的生活爲基礎的，在長期利用巫術的過程中，產生了所謂具有超自然能力的巫術，各地巫師從事宗教信仰活動或民俗醫療時，主要是依據占卜。我國各少數民族占卜的形式和用具，雖然不同，但判斷吉凶，多根據占卜時所出現的徵象作爲判斷的標準。占卜就是少數民族各種活動的指南，舉凡狩獵、農事、婚媾、戰爭、治病等等都要先進行占卜，希望通過占卜預知行動的後果㉜。謝遂《職貢圖》畫卷描述四川會川營所轄通安等處白族，疾病惟恃卜禳。雲南麼些人自稱是「占卜的民族」，他們相信人之所以生病遭災，都是由於厲鬼的作

崇，唯有靠占卜算出是那一種鬼在搗亂，才能禳祭祛除不祥㉝。
峨昌人散居於大理、永昌等府，以喇爲姓，他們占卜時，用竹三
十枝，頗似蓍莖，稱爲竹卜。扯蘇人散居於楚雄、普洱各府邊境，
其占卜方法，且以牛毛占晴雨。白儸儸居住於雲南、開化等府邊
境，其占卜方法，是投麥於水，驗其浮沉。拇雞族散居於臨安、
開化各府沿邊，他們用雞骨占卜，稱爲雞骨卜，或簡稱雞卜。廣
西岑溪倈人，散處於各山谷間，尤善雞卜，視骨理明暗，以定吉
凶。《廣西通志》記載境內少數民族雞骨卜的方法謂：「南人以
雞卜，其法以小雄雞未孳尾者，執其兩足，焚香禱所占而撲殺之，
取腿骨洗淨，以麻線束兩骨之中，以竹梃插所束之處，俾兩腿骨
相背於竹梃之端，執梃再禱，左骨爲儂，儂者，我也，右骨爲人，
人者所占之事也，及視兩骨之側所有細竅，以細竹梃長寸餘者遍
插之，或斜或直，或正或偏，各隨其斜直正偏而定吉凶。其法有
一十八變，大抵直而正，或附骨者多吉；曲而斜，或遠骨者多凶。
亦有用雞卵卜者，焚香禱祝，書墨於卵，記其四維而煮之，熟乃
橫截視當墨之處，辨其白之厚薄而定儂人吉凶焉。」㉞謝遂《職
貢圖》畫卷描述廣西融縣僮族的雞骨卜謂「善雞卜，執雄雞禱畢
殺之，拔兩股骨，視骨側細竅遍側竹筳斜正偏直，任其自然，以
定吉凶。」㉟詳略雖然不同，但所述雞骨卜的方法，卻頗爲相近。

　　我國各地區的少數民族，各有其宗教信仰。儺神是苗族古老
洪水故事中的兄妹二人，有神像，稱爲儺母，是苗族社會裡消災、
祈福、求子許願的神祇㊱。謝遂《職貢圖》畫卷描述貴州廣順等
處苗族，每年歲首有迎山魈的儀式，以一人戎服假面，衆人吹笙
擊鼓爲前導，是再現古代祭祀儺神的活動㊲。四川、甘肅、雲南
等地區的少數民族，多崇信藏傳佛教，例如雲南永昌府西南界縹
族，虔誠奉佛，勤於耕織，每織一梭，必誦佛號。四川瓦寺宣慰

慰司少數民族敬奉喇嘛，病則誦經。大小金川土司崇尙佛教，按
照大小金川世代相傳的規矩，土司所生諸子中，必須有一子出家
當喇嘛，以管理僧衆。其頭人時常入藏熬茶，學醫求經。他們雖
然崇尙佛教，但含有濃厚的原始神道信仰色彩，其原始神道信仰，
叫做本巴教，又作奔布爾教，簡稱本教。金川喇嘛寺內所供奉的
吉祥天母及所塑造佛像，多青面藍身，形狀詭異，甚至不穿寸縷，
各喇嘛除了念經看病外，也善用一種叫做「札答」的法術，作法
念咒，下雪降雹，詛咒害人，使人心裡迷惑。大小金川因地勢險
峻，各地壘石爲屋，碉樓林立，堅固高聳，形成另一種景觀。其
社會經濟發展，雖較遲緩，但自然環境卻極優美，每當麥類成熟
時，鸚鵡千百群飛，蔽空而下，綠羽璀璨，鳥語如歌，伊啞宜人。
每年五、六月間，山崖峭壁，牡丹盛開，紅白相間，下臨碧水，
掩映增妍，彷彿世外桃源。

五、結　論

　　國立故宮博物院典藏謝遂《職貢圖》畫卷，共四卷，第一卷
共七十圖，第二卷共六十一圖，第三卷共九十二圖，第四卷共七
十八圖，合計共三〇一圖，有滿漢文圖說及題識，是根據近邊各
省督撫進呈的圖樣以地相次繪製及增補而成的。從清廷歷次所頒
諭旨及各省督撫奏摺咨文，並比對寫本《皇清職貢圖》後得知謝
遂《職貢圖》畫卷的繪製時間，其上限當在乾隆十六年（1751）。
畫卷第二卷湖南苗傜等六種、第三卷四川倮儸等二十四種，也是
乾隆十六年（1751）開始繪製的。畫卷第一卷琉球等國十三種，
福建畬民二種，臺灣原住民十三種是乾隆十七年（1752）開始
繪製的。畫卷第一卷增繪伊犁等十六種的上限是在乾隆二十二年
（1757），其下限則在乾隆二十六年（1761）。畫卷第二卷共

六十一種，第三卷共九十二種、第四卷前三十六種的繪製增補時
間，其下限也是在乾隆二十六年（1761）。畫卷第一卷後隔水
愛烏罕回人等五種是乾隆二十八年（1763）增繪的，第四卷後
幅四十二種是乾隆二十六年（1761）至乾隆二十八年（1763）
之間繪製增補的。畫卷第一卷後幅土爾扈特臺吉等三種是乾隆三
十六年（1771）增繪的，第一卷後幅整欠頭目先邁岩第等二種
是乾隆四十年（1775）增繪的，第一卷巴勒布大頭人並從人即
廓爾喀一種的增繪時間，其下限當在乾隆五十五年（1790），
也是國立故宮博物院現藏謝遂《職貢圖》畫卷最後增繪完成的可
考年代。至於軍機大臣所稱「職貢圖畫卷內有巴勒布即郭爾喀頭
人畫像係乾隆五十八年以後增入」等語，是指另一套《職貢圖》
畫卷而言，有畫像而無圖說，軍機處於嘉慶十年（1805）始撰
擬滿漢文圖說，並由繕寫人員直接繕入畫卷內。盛京、熱河避暑
山莊等處，俱安設《職貢圖》。文淵閣《欽定四庫全書》於乾隆
四十七年（1782）繕竣，成書最早，其史部地理類收錄寫本《
皇清職貢圖》。嘉慶十年（1805），內府刊印《皇清職貢圖》，
將寫本、刊本《皇清職貢圖》與《職貢圖》畫卷互相對照後，發
現其畫像及圖說並非依據國立故宮博物院現藏謝遂《職貢圖》畫
卷繪寫或刊刻的，而是另有所本，以致彼此頗有出入。謝遂《職
貢圖》畫卷從乾隆十六年（1751）開始繪製，中經多次增補，
到乾隆五十五年（1790）增入最後一圖，歷時長達四十年，其
間繕寫滿漢圖說的人員，因不限於一年，所以前後書法，並不相
同。畫卷中各圖像的風格，也有變化，畫卷中增入的最後一種畫
像及圖說是否出自謝遂之手？最後一圖裱入畫卷時，謝遂本人是
否親眼目睹？均待進一步求證。

　　謝遂《職貢圖》畫卷是一套瑰麗的民俗畫史，除第一卷七十

圖爲東西洋通商各國、朝貢屬邦外藩圖像外，其餘三卷共二三一圖，都是我國近邊省分各少數民族的縮影，以地區或省分爲卷次先後。第二卷包括東北地區及福建、廣東、廣西等省少數民族；第三卷包括甘肅、四川等省少數民族；第四卷包括雲南、貴州等省少數民族，《職貢圖》畫卷爲我國少數民族的文化藝術傳統提供了珍貴的民俗史料，到邊疆去，可以發掘藝術寶藏，乾隆皇帝賞玩《職貢圖》畫卷，就可以認識邊疆少數民族，正是所謂禮失而求諸野。我國邊疆少數民族多喜歡裝飾，他們的裝飾藝術，充分體現了少數民族的審美情趣，刺繡織錦，色彩艷麗。雲貴地區苗族的蠟染藝術，極富變化，具有豐富的藝術表現力。少數民族的人體裝飾，佩戴重多的金銀飾品，頗具藝術價值。西南各省少數民族的銅鼓，其鑄造技術及造型藝術已達高度的發展，我國少數民族多能歌善舞，銅鼓舞和蘆笙舞極爲流行，他們常常吹笙打鼓，步伐輕快，節奏感很強，男女青年透過純潔審美形式的郊際舞來表達彼此的愛情，舞蹈結合歌唱，呈現了大自然生生不息的生機。我國少數民族的舞蹈語彙，有些是再現動物的動作，模仿動物的動作及習慣；有些是反映各族的宗教祭祀；有些則通過形象的動作，再現刀耕火種的生活階段。操練式的舞蹈，多半是在農忙後的餘暇，在豐收節日裡舉行，每當稼穡登場後，擊鼓吹笙，又歌又舞，通過歌舞來表達獲得豐收的喜悅，以及對現實生活的熱愛，少數民族的歌舞藝術，確實有它的意義，生活離不開藝術。我國少數民族分佈的地區，多在近邊各省高寒山區，交通閉塞，社會經濟的發展，雖較遲緩，但自然環境卻極優美，青山綠水，鳥語如歌，伊啞宜人，彷彿世外桃源。謝遂《職貢圖》畫卷的繪製增補，充分反映清廷對東西洋通商各國、朝貢屬邦外藩及國內各少數民族的關懷，由於朝廷積極促進邊疆與內地的政治、經濟

及文化關係，各民族日益融和，奠定我國多民族統一國家的基礎，《職貢圖》畫卷的繪製確實具有時代意義。

【附　註】

① 　《南史》（鼎文書局，臺北，民國七十四年三月），卷三三，頁866。

② 　史繩祖著《學齋佔畢》（臺灣商務印書館，臺北，民國五十五年三月），卷二，頁28。

③ 　《起居注冊》（國立故宮博物院，臺北），康熙四十一年三月二十九日，〈諭旨〉。

④ 　《宮中檔康熙朝奏摺》，第一輯（國立故宮博物院，臺北，民國六十五年六月），頁404，康熙四十六年二月初一日，貴州巡撫陳詵奏摺。

⑤ 　《故宮書畫錄》，第四冊（國立故宮博物院，臺北，民國五十四年十二月），頁29。

⑥ 　《宮中檔乾隆朝奏摺》，第一輯（國立故宮博物院，臺北，民國七十一年五月），頁910，乾隆十六年十一月十七日，四川總督策楞奏摺。

⑦ 　《軍機處檔·月摺包》，第2740箱，53，7505號，乾隆十六年十一月十四日，咨呈。

⑧ 　《欽定四庫全書》，〈史部〉，《皇清職貢圖》（國立故宮博物院，臺北），卷一，〈諭旨〉，頁1。

⑨ 　《欽定四庫全書》，〈史部〉，《皇清職貢圖》，〈提要〉，頁1。

⑩ 　《軍機處檔·月摺包》，第2740箱，62，9023號，乾隆十七年七月十六日，福建巡撫陳弘謀奏摺錄副。

⑪ 　莊吉發《清高宗十全武功研究》（國立故宮博物院，臺北，民國七

十一年六月），頁471—475。

⑫　莊吉發校注《謝遂職貢圖滿文圖說校注》（國立故宮博物院，臺北，民國七十八年六月），頁127。

⑬　《皇清職貢圖》（國立故宮博物院，臺北，嘉慶十年內府刊本），卷九，頁23。

⑭　《石渠寶笈三編》（國立故宮博物院，臺北，民國五十八年十二月），第九冊，頁4505。

⑮　《上諭檔》，方本（國立故宮博物院，臺北），嘉慶十年六月二十日，頁261。軍機大臣奏稿。

⑯　《史記》（臺灣商務印書館，臺北，民國五十六年七月），帝紀第六卷，頁20。

⑰　宋恩常著《雲南少數民族社會調查研究》，下集（雲南人民出版社，昆明，1980年4月），頁165。

⑱　《謝遂職貢圖滿文圖說校注》，頁605。

⑲　周去非撰《嶺外代答》，《欽定四庫全書》，〈史部〉，地理類，第五八九冊（臺灣商務印書館，臺北，民國七十五年三月），卷六，頁12。

⑳　《謝遂職貢圖滿文圖說校注》，頁553。

㉑　《四川省苗族傈僳傣族白族滿族社會歷史調查》（四川省社會科學院出版社，四川，1986年1月），頁136。

㉒　《後漢書》（鼎文書局，臺北，民國七十四年三月），卷二四，〈馬援傳〉，頁440。

㉓　《嶺外代答》，《欽定四庫全書》，第五八九冊，卷七，〈樂器門〉，頁5。

㉔　《壯族簡史》（廣西人民出版社，南寧，1980年3月），頁111。

㉕　曾垂提等撰〈銅鼓王國的魅力——水族風情美〉，《民族風情與審

美》，（紅旗出版社，北京，1988年4月），頁131。

㉖　《隋書》（鼎文書局，臺北，民國七十四年三月），卷三一，〈地理志下〉，頁887。

㉗　《明史》（鼎文書局，臺北，民國七十四年三月），卷二一二，〈劉顯傳〉，頁5620。

㉘　李近春等著《納西族》（民族出版社，北京，1984年9月），頁85。

㉙　《謝遂職貢圖滿文圖說校注》，頁577。

㉚　《雲南少數民族社會調查研究》，下集，頁156。

㉛　《謝遂職貢圖滿文圖說校注》，頁585。

㉜　《雲南少數民族社會調查研究》，下集，頁119。

㉝　李霖燦著《麼些研究言文集》，（國立故宮博物院，臺北，民國七十三年七月，頁407。

㉞　謝啓昆修《廣西通志》（桂垣書局刊本，光緒十七年，國立故宮博物院），卷一七八，頁9。

㉟　《謝遂職貢圖滿文圖說校注》，頁271。

㊱　宋恩常《中國少數民族宗教初編》（雲南人民出版社，昆明，1985年3月），頁三七四。

㊲　《謝遂職貢圖滿文圖說校注》，頁633。

《職貢圖》畫卷　朝鮮民服

故宮檔案與清代地方行政研究

——以幕友胥役爲例——

一、前　言

　　臺北國立故宮博物院現藏清代檔案，依其來源，大致可以分爲《宮中檔》、《軍機處檔》、《內閣部院檔》、《史館檔》及其他雜檔等類。《宮中檔》的內容主要是清代歷朝君主親手御批和軍機大臣奉旨代批的奏摺及其附件。《軍機處檔》主要包括月摺包和檔冊兩大類，前者主要爲《宮中檔》奏摺錄副存查的抄件及原摺的附件，其未奉御批的部院衙門及監察御史的奏摺，則以原摺歸檔，這些檔案因按月分包儲存，所以稱爲月摺包。後者主要爲軍機處分類彙抄軍國大政的各種檔冊，大致可以分爲目錄、諭旨、專案、奏事、文移、電報等類。《內閣部院檔》除外紀檔、上諭檔、絲綸簿、六科史書、詔書外，其他如《滿文原檔》、滿漢文起居注冊等，都有很高的史料價值。《史館檔》包括清代國史館及民國初年清史館的檔案，主要爲紀、志、表、傳的各種稿本及定本，並含有相關資料。《宮中檔》奏摺及《軍機處檔》奏摺錄副，除部分廷臣的奏摺外，主要是來自各省外任官員，對地方事件，奏報詳盡，舉凡刑名、錢糧、雨水、收成、糧價、吏治及施政得失等，都在摺奏範圍內。本文撰寫的旨趣，即在就國立故宮博物院現存檔案，探討清代幕友及胥役在各省地方行政上所扮演的角色，及其對地方吏治所產生的影響，尤其就州縣刑名、錢糧等問題來分析清代主會治亂的因素。

二、直省胥役的名目與員額

直省督撫州縣衙門都有書吏，名目繁多，督撫衙門除了吏戶禮兵刑工六個科房外，主要爲本房、稿房，一切官弁陞降，刑名、錢穀等事，都由各房書吏呈稿繕寫。大體而言，凡有本章，俱由本房呈稿，六房大案，則由稿房呈稿，幕友不過依樣葫蘆，很少秉筆做稿。除本房、稿房書吏外，又有一種老奸巨猾的掌案書辦，積年盤踞衙門，爲六房及本稿二房書吏聘僱在內辦事做稿。掌案書辦因久在衙門，熟諳章程，對各案成例了如指掌，與府州縣衙門交接亦多①。此外，甫經學習幫寫文移的書吏叫做貼寫，以上各種書吏，都在官服役，至於幫役、白役則爲各正役的副役，跟隨正役効力奔走，其名不登於官冊。還有一種掛名書役，其足跡不至衙門，經年不見本官，僅津貼紙筆費用。陶希聖撰〈清代州縣衙門刑事審判制度及程序〉一文中指出州縣衙門書役，正役之外，每多白役，往往假託公務，肆虐小民，尤其刑房書役因緣舞弊，遇事生風，或株連無辜，或賄縱要犯，大抵白役爲害，比正役爲多②。

雍正年間，據田文鏡指出河東總督衙門經制書吏，分爲上下兩班，每班十名，共二十名，但事實上河東總督衙門辦事書吏頭班、二班俱各有百餘名，已較經制名額十倍有餘③。張元懷指出廣西布政使衙門吏戶禮兵刑工庫經糧承等房典吏書辦貼寫共有一百五十五名，都是常川伺候，向來無上下兩班或內班外班之分④。掌浙江道事山西道監察御史汪繼燝指出布政使衙門除理問庫官收貯彈兌外，向有通供一缺，父以傳子，兄以傳弟，錢糧出入，盡歸掌握⑤。

雍正五年（1727），鄂善奉旨署理淮安關監督後查明淮安

衙門內馬快、健快、承差、舍人、裁縫、廚役、茶房、馬夫、火夫等項人役，共計一千一百餘名之多⑥。同年十二月，年希堯將淮安關各項冗濫衙役汰除一百二十三名，其在冊當差衙役尚存六百五十餘名⑦。由此可知直省各衙門胥役眾多，過於冗濫，對地方吏治產生負面的影響。

州縣行政，集中於知州知縣，其下有州同、州判、縣丞、主簿、典史、儒學、大使、巡檢、驛丞、幕友、書役、長隨、仵作、捕役、獄卒等人。州縣衙門也有吏戶禮兵刑工六科房，主要成員為書吏與差役。知州、知縣掛牌後，即須聘任幕友，物色長隨，僱用雜役，帶領一夥人員到任履新。州縣最重要的行政工作是刑名與錢穀，科舉出身的知州、知縣，對地方行政，原非素習。刑名的根據是律例案，大清律例固然載在典籍，但是案的卷宗卻掌握在刑房書吏之手。至於錢糧的串票，可謂汗牛充棟，非倚戶房書吏清理不可。各衙門自行聘任入幕工作的佐理人員，叫做幕友，習稱師爺。州縣衙門幕友有書啓賬房，最重要的還是刑名錢穀。刑名錢穀必須是從師學幕的士人方可充任，而學幕首先必須學習大清律例，尤其要講求「案」，如何從「案」中尋求先例，以為實際審判的依據。新任州縣官固須禮聘刑錢幕友，為其倚靠，即使久任州縣富於經驗，亦須以幕友為輔任。但因各省督撫藩臬等衙門的幕友與該省各州縣的幕友私通線索，聚集省城，引類呼朋，以謀上下衙門辦事的便利，由此通同舞弊，其為害地方行政，實不難想見⑧。

從清代地方大員指陳幕友胥役劣跡，可以了解其為害地方行政的嚴重情形，雍正年間，蘇州布政使高斌到任後指出江南吏治不堪的主要原因是由於上司政務繁多，不能事事親身辦理，衙役乘機舞弊，恣意玩延，案多遲滯⑨。雲南候補通判管旃條陳禁止

書辦擬批，雲貴總督鄂爾泰覆奏時指出書辦擬批，原係錮習，因
為上下文移，非吏不諳，是否定例，非吏不熟，所以官不親理，
而全憑書吏，官即使親理，亦半恃書吏，江浙固然最嚴重，雲貴
亦未能盡除，書吏惟利是圖，無事非弊，蠹胥奸巧，縱有精明之
官能自作主，而鮮有不為所愚者⑩。安徽所屬州縣衙門書吏為害
地方行政的情形，亦極嚴重。雍正六年（1728）五月十一日，
安慶巡撫魏廷珍接到內閣發下條奏文書，略謂：

> 安徽巡撫衙門三十餘缺，多屬徽州之人，至今未能盡除，
> 子弟衣鉢相傳，出入鄉黨，鮮衣肥馬，甚於富豪，其舞文
> 作弊，無所不有，而錢糧房尤甚，蓋盤踞日久，上下書吏
> 俱串通一氣，州縣官平時情面往來者，即有虧空，一切俱
> 為支吾登答，掩飾侵那，本官不能一一清查，受其矇蔽，
> 是以安徽所屬州縣虧空甚多，皆由於此，今後似宜遵例查
> 禁，凡巡撫衙門書吏名缺務令七府七州秉公考取殷實農民，
> 取具里鄰甘結，加具該府州縣印結，保送充當，毋許仍存
> 舊習，則弊端可息⑪。

巡撫魏廷珍認為各衙門書吏缺主舞文作弊，甚為吏治之害，但是
想一時盡去徽州人，又勢所不能。魏廷珍初到任時，凡一省錢穀
事件，惟憑案卷，而查核案件最熟練的就是書吏，何況安徽有二
十餘年錢糧未經清楚之案，頭緒紛亂，若驟換一班新進，其以前
案卷一無所知，而目前行政又無所據，其錢糧事件，必難以清楚，
所以仍用原班書吏辦理。

　　湖北藩庫胥役積弊尤甚，湖廣總督邁柱具摺時指出湖北藩司
衙門的胥役，膽大手辣，罔知顧忌，各州縣解到的錢糧，多有不
歸司庫先抬送庫書衙役之家，文批壓匿不投，公行拆開分散挪用，
或將銀錢放債殖利，臨限緊促時，即以後解之項挪彼解此。庫書

與州縣衙役一氣同聲，布政使毫無知覺，知州、知縣亦毫無疑竇，遂成積習⑫。廣東布政使王士俊由知縣陞至藩司，遍歷多省，對上下衙門書役積弊頗爲熟悉。王士俊指出各衙門設有書辦衙役，以供抄寫，並備差遣，原爲必不可少之人，但因書辦衙役守法者少，壞法者多。廣東布政使衙門各項書役都是父兄子姪更易姓名替換承充，盤鋸衙門。其中內班書辦經管案件，外班傳遞消息，朋比爲奸，狐假虎威，舞文弄法，無惡不作，種種索詐，以飽其貪壑⑬。廣東韶州總兵官馬紀勳具摺時亦指出州縣胥役「上以民欠欺本官，下以假票愚納戶，竟成不完之積欠而終不得露者，由勾通內幕之故也。」⑭州縣等衙門的胥役敢於侵吞錢糧，多恃各衙門的幕友爲照應，幕友與胥役狼狽爲奸，爲害地方行政甚大。雍正七年（1729）八月，河東總督田文鏡具摺時指出山東省錢糧積欠至三百萬兩，其中役蝕者多於官侵⑮，由此可知胥役爲害地方行政之深。

律載多收附餘糧數坐贓論，如入己以監守自盜論。例載監守盜一十兩，杖七十，徒一年半。又例載各倉書役人等指稱掣批等項名色勒索者，一兩以上杖一百，徒三年，十兩以上發近邊充軍。但書吏罔知顧忌，往往勒索錢文。例如廣東翁源縣倉書李可豐等自乾隆四十八年（1783）七月起至九月內共收過零星小戶折納色米二十一石七斗，每石多索錢七百文，共多索錢十五千一百九十文，李可豐名下分得錢十二千一百五十二文，折算紋銀共十二兩一錢五分二厘。李可豐身充倉書，竟舞弊玩法，多索錢兩，經兩廣總督舒常等審擬，將李可豐比依各倉書役人等指名勒索十兩以上發近邊充軍例，發遣近邊充軍，至配所折責四十板，其餘吳廷棟等亦分別杖徒⑯，江西廣豐縣差役鮑太見縣民祝連屋內有宰狗血跡，即向祝連訛詐錢文，被祝連斥罵，鮑太懷恨，即將祝連

以殺人罪拷問，祝連畏刑誣服。後經知縣訊出挾嫌訛詐情由，將鮑太照誣良爲盜而有拷詐情節發極邊煙瘴充軍例從重改發伊犁給種地兵丁爲奴⑰。州縣書吏誆騙錢糧的伎倆，無所不能，《上諭檔》收有書辦林之佩等人的供詞，僅就林之佩供詞照錄於：

> 我係高郵州人，充當本州戶房書辦。乾隆五十年三月初一日，有同衙門書辦趙瑄、李松年、馮國經到家閒談。大家說起乏錢用度，我那時想起相識的邢德培會刻圖章，起意私雕州印，假造印票，誆騙糧戶銀錢使用，趙瑄們都各應允。三月初二日，我邀邢德培到家，告知假造串票情由，央他雕刻假印，許給錢二千文。邢德培初猶未允，我說將來設或敗露，斷不連累，邢德培始行應允。我想豆腐乾易於雕刻，又易於銷毀，隨買老豆腐乾交給邢德培，又尋出州印舊封套一個給他。他照樣在腐乾上刻好交給我，彼時送邢德培錢二千文。僞造串票五十一張，同趙瑄們於三四月內各自向親友包攬完納錢糧共計五十一戶，得銀二十二兩零，我與趙瑄們照各人包攬數目分用，所有假印當即銷毀。八月間，我與趙瑄、李松年、馮國經又各自包攬銀米，我仍邀邢德培到家，用腐乾刻成州印，謝給邢德培錢八百文，我依舊僞造串票三十七張，仍向親友包攬錢糧，共計二十七戶，得銀十八兩零，米八斗零，我們大家分用，假印也隨即銷毀，各花戶亦未看破。我兩次分得十四兩多銀子，八斗多米，後來本州官比追民欠緊急，我與趙瑄們恐怕敗露，就各自設措銀米，陸續交納。當官給發眞串，那時想要向各花戶換回假串，又恐怕花戶知道，反致敗露，隨把眞串銷毀。我實止起意私雕假印，誆騙兩次，此外並沒再有誆騙是實⑱。

書吏林之佩等冒徵作弊，知州袒庇，希圖消弭不辦，更助長了劣役為害地方行政的風氣，後經高郵州巡檢陳倚道訪拏林之佩等人，此假印串票冒徵重案始行敗露，但劣役弊端，仍未盡革。

三、學政幕友的籍貫與出身

　　幕友是清代地方行政機構中的重要成員，普遍存在於各地。黃六鴻等著《福惠全書》指出地方衙門延請幕友的原因，主要是「州邑事繁，錢糧刑名書啓，自須助理之人，若地當衝劇，錢糧比較，詞訟審理，與夫往來迎送，非才長肆應，勢難兼顧，幕友又須酌量事之煩簡，而增減其人。然其人最不易得，優于才，則擘畫裕如，無冗閡之患，敏于識，則倉卒能應，無疑緩之誤，端于品，則腹心與共，無叵測之嫌。」⑲各衙門因官有大小，事有繁簡，其員額與名目，不盡劃一⑳，但才氣、識見、品德都是上司延請幕友的三個重要條件。

　　學政職任衡文，不能一人獨理，必須延請幕友分司校閱，每逢按棚考試，卷多時迫，辦理易致周章。如閱卷得人，則發案迅速，既無匆忙草率之弊，又免生童守候之艱。因此，學政亦須幕友助理。乾隆三十九年（1774），廣西巡撫熊學鵬將學政范棫衙門中幕友開具姓名、籍貫具奏，清高宗認為所奏甚是。清高宗頒諭時指出「嗣後各省學政務須通曉大體，多擇工於閱文之幕友，即極小省分，亦不得不及五六人，並著各督撫留心稽查，隨時據實奏聞。」㉑嗣後奏報學政幕友人數、出身及其籍貫，就成為直省督撫的例行公事。乾隆後期，直省學政幕友人數，各省多在六人以上，其中安徽、福建、廣東等省，多達十人。根據督撫奏報幕友清單，可將直省幕友出身列表說明。

清代乾隆後期直省學政幕友籍貫分佈表

籍貫＼省別	直隸	順天	福建	江蘇	浙江	安徽	四川	江西	湖北	湖南	山東	山西	陝西	河南	廣東	雲南	合計
直隸			2	13	2	1											18
山東			2	2		2											6
山西						1		5									6
陝西				7	6	2		5			1	3					24
安徽		1	1	6	9			2	1	2							22
江蘇					1			7									8
四川		1		3	4	1		3	2								14
湖北				5	1	5		6						3			20
湖南					4			6	1				1				12
浙江				15		5			4				1			1	26

省別＼出身	進士	舉人	廩貢生	拔貢員	生員	增生	增監生	監生	附監生	附生	優貢生	副貢生	廩生	貢生	其他	合計
福建		1	14	11	7	1									1	35
江西				8												8
廣東	2		12	9	4	6										33
廣西			7	1		1	1					6				16
貴州	3		1	2			2	2						1		11
合計	5	7	85	58	28	42	9	2	1	4	1	6	2	6	1	259
百分比	2%	2%	33%	22%	11%	16%	3%	1%	1%	1%	1%	2%	1%	2%	1%	100%

資料來源：臺北故宮博物院藏軍機處月摺包奏摺錄副。

清代乾隆後期直省學政幕友出身簡表

出身＼省別	進士	舉人	廩貢生	拔貢員	生員	增生	增監生	監生	附監生	附生	優貢生	副貢生	廩生	貢生	其他	合計
直隸	2	2	2	1	2			2		1	1	1	3	1		18
山東		3		1				2								6
山西				1	1	1			1	2						6

																合計
安徽	3	5			8						1	1		4		22
江蘇	2				2									4		8
四川	2	3	1	1	4			2	2						1	14
湖北	1	6	1	1	8		1						1	1		20
湖南	2	3	2	1	3								2	1		12
浙江	4	4	3		11						1		1	1	1	26
福建	4	2			7			7	1	5		1	3			35
江西	1				1			1	1			1		2		8
廣東	1	8	1	1	15		1			4			3	1		33
廣西	1	6					1	1		1		1	4			16
貴州	1	1			5							1		2		11
合計	22	43	9	7	67	6	3	15	5	13	3	5	18	17	2	235
百分比	9%	18%	4%	3%	29%	3%	1%	6%	2%	6%	1%	2%	8%	7%	1%	100%

資料來源：臺北故宮博物院軍機處月摺包奏摺錄副。

　　爲求考試公平，學政所延幕友，俱非本省之人。如前表所列二五九人中，籍隸江蘇省者共八十五人，佔百分之三十三，浙江共五十八人，佔百分之二十二，江西共四十二人，佔百分之十六，安徽共二十八人，佔百分之十一，可以說明在乾隆後期直學政幕友的來源，主要來自江蘇、浙江、江西、安徽等省，這種現象似乎也和江蘇、浙江、江西、安徽等省科舉應試人數衆多有密切關係。在二五九人中，注明其出身者共二三五人，如表中所列，學政幕友的出身，生員共六十七人，佔百分之二十九，舉人共四十三人，佔百分之十八，進士共二十二人，佔百分之九，簡單地說，直省學政幕友是以生員、舉人出身者爲數最多。

　　州縣衙門幕友，常設的主要有刑名、錢穀、書啓、硃墨、徵比、帳房、教讀等類㉒。直省督撫等員除定期奏報學政幕友外，亦須於年終將州縣衙門幕友彙奏一次。各府將所屬州縣延請幕友到署年月開冊呈送布政使司衙門後，布政使即進呈督撫，督撫於年終彙奏。例如乾隆三十七年（1772）正月，山東布政使國泰將登州府所屬延請幕友到署年月造冊呈送巡撫衙門，計開：

　　署登州府知府五德現在幕友：王秩東，江蘇吳江縣人，住城內柱國坊，於乾隆三十七年十一月延請到署。

　　蓬萊縣知縣杜文輝現在幕友：張廷鑑，浙江山陰縣人，住常禧坊，於乾隆三十六年十月延請到署。

　　黃縣知縣高士敦現在幕友：陳抒采，浙決錢塘縣人，住武林門外，於乾隆三十七年十一月延請到署。

　　棲霞縣知縣王楠現在幕友：李中立，浙江仁和縣人，住府城荷花池頭，於乾隆三十五年十二月延請到署。

　　招遠縣知縣朱承烈現在幕友：王浩，江蘇金壇縣人，住居城內，於乾隆三十七年十一月延請到署。

萊陽縣知縣楊春現在幕友：胡嘉謨，浙江山陰縣人，住張濃村，於乾隆三十七年十一月延請到署。袁鳳來，浙江秀水縣人，住大平坊，於乾隆三十七年十一月延請到署。

署寧海州知州福興現在幕友：潘履中，浙江山陰縣人，住後梅村，於乾隆三十七年五月延請到署。俞硯田，浙江會稽縣人，住草芝田村，於乾隆三十七年五月延請到署。

文登縣知縣簡貴朝現在幕友：蕭文朝，浙江山陰縣人，住戴於山，於乾隆三十六年十月延請到署。

榮成縣知縣三寶現在幕友：趙樹品，浙江山陰縣人，住華舍村，於乾隆三十四年十二月延請到署。

海陽縣知縣洪玳現在幕友：李強仕，浙江山陰縣人，住豐門村，於乾隆三十七年七月延請到署。周履川，浙江山陰縣人，住馬菴石牌防前，於乾隆三十七年十月延請到署。

前列名冊十三人中，籍隸江蘇省者二人，佔百分之十五，浙江共十一人，佔百分之八十五。

各衙門幕友由於歷練豐富，頗有見識，在地方行政上扮演了重要的角色。例如江南鎮江府丹陽縣人湯健菴，自幼學習河工幕友，長達五十餘年，頗知南北兩河情形，他指出四十餘年來，黃河漫溢口岸八九次，上費國帑，下害民命，主要是不遵古法的緣故，其條陳南河十病，北河三病，均極具體㉓。但因幕友共事日久，把持包攬，舞弊營私，出現了不少劣幕，對地方吏治造成負面影響。乾隆三十七年（1772）九月，監察御史胡翹元於〈條陳外省幕友積弊〉一摺，列舉各省幕友惡習三條，其要點如下：

一樹黨，各省幕客皆有大幕以爲奧援，大幕率居上司幕席，屬官之幕附其黨者則必聯絡一氣，遇有難辦案件，多方照料彌縫，苟非其黨，雖有認眞辦事之幕友，一切申辯文牘，

多尋罅漏，苛肆駁斥，使之不能久安。

二盤踞，老幕久居其地，引類招朋，權侔當路，雖身往州縣作幕，而其家屬仍留住省會，與本官坐省長隨及書役人等款洽往來，因緣為奸，關說詞訟。

三結納，上司幕友，收受屬員程儀賻儀，發賣貨物，毫無顧惜，凡遇公事，書役逕自入幕面稟，而幕友亦自市其權㉔。

清高宗據奏後，即頒發諭旨一道，略謂：

各省幕賓，佔據省會，聯絡聲氣，招攬事權，惡習相沿，不可枚舉，朕素所深悉，屢經降旨飭禁，並於召見督撫大吏時，面加訓諭，而錮弊終未盡除。至近日如雲南藩署之葉木果，更屬積蠹之尤，深為可惡。夫以劣幕久佔一署，情偽愈熟，舞弊愈工，常有官更，而吏不易，足為政治之害，書吏且然，何況更加一幕客乎？若以督撫大吏一經遷調，而前任之幕，復留於後任，其事權之重，當不較本官更甚邪？且國家之所藉以辦事者，原在督撫大吏，幕賓不過取資驅策，為大吏者自應顧名思義，駕馭防閑，以期力挽陋習，乃無識者或云主賓投契，辦事熟諳，難以驟易生手。曾不思前幕即稱得力，既已用之數年，何妨留心物色一明慎之人，預同學習，以為將來更換之地。倘謂此官此任非此幕不足以襄事，設使其人自遇衰病物故，又安得不另為延致耶？此皆劣幕恃此詭說以動大吏自為樹黨盤踞之計，而大吏不加深察，遂致為其所愚耳！不可不明立例禁，以示懲創㉕。

由前引諭旨可知劣幕盤踞各衙門，久已成為地方吏治之害，後來雖然明立例禁，通飭外省各衙門幕友在所轄地方及五百里以內者

不得延請,並規定在募已足五年者,均令更換,但因積弊已深,
種種惡習,並未革除。

四、州縣胥役與地方吏治

州縣是直省地方行政的基礎,有清一代,因地制宜,州縣省
析合併後,統計全國直隸州七十有六,屬州四十有八,各州除知
州掌一州治理外,還有州同、州判,分掌糧務、水利、防海、管
河諸職,其屬員吏目,掌司姦盜,察獄囚,典簿錄。全國設縣凡
一千三百五十有八,知縣掌一縣治理,決訟斷辟,勸農賑貧,討
猾除姦,興養立教,知縣以下縣丞、主簿,分掌糧馬、徵稅、戶
籍、緝捕諸職,典史掌稽檢獄囚㉖。清初以來,朝廷整飭地方吏
治,不遺餘力,州縣失職人員,因被參革職解任者,屢見不鮮,
臺北故宮博物院現藏方本《上諭檔》含有頗多關於參奏案件的資
料,茲將嘉慶六年至十一年(1801至1806)地方文武職被參案
件列出簡表於後。

嘉慶六年至十一年文武職被參案件簡表

年月日	省府州縣	官　　職	姓　名	被　　參　　緣　　由	奉　旨
6.1.6	山西澤州府	知府	鶴　昌	審辦案件並不虛心研究	解任
6.1.6	山西陽城縣	知縣	王筮泰	審辦案件並不虛心研究	解任
6.1.28	安徽繁昌縣	知縣	李夢熊	偏聽率詳延累無辜	革職
6.2.10	直隸景州	知州	夏　蘭	縱役疊斃二命	革職
6.2.17	河南原武縣	知縣	汪宗承	查驗命案詳報不實	革職
6.2.19	湖北襄陽縣	知縣	李心衡	玩視搶案致累事主自盡	革職
6.3.8	江蘇鎮洋縣	知縣	田　鈞	短交糧米	解任
6.3.15	湖北安襄鄖道	道員	王奉曾	見賊驚悸痰迷致成廢疾	革職
6.3.15	河南光州	知州	玉　山	縣役毆斃民人刪改情節漫無覺察	革職

6. 3. 15	甘肅寧州	署知州	于　煇	漏驗傷痕錯擬正兇	革職
6. 3. 15	浙江江山縣	知縣	熊言孔	謀溺二命捏報落水身死	革職
6. 3. 15	甘肅宜禾縣	知縣	白　晉	兵丁詐贓毆斃事主任聽 仵作捏供自戕	革職
6. 3. 15	陝西安定縣	知縣	周　沖	採買倉穀擾累鄉民	革職
6. 3. 15	廣東陽江縣	知縣	李倬雲	武弁巡哨兵船被盜捏報 遭風	革職
6. 3. 15	直隸廣宗縣	訓導	林德純	浮銬	革任
6. 3. 15	四川雷波廳	巡檢	董治燕	才具平庸辦事委靡	休致
6. 3. 15	直隸東城	吏目	尹明允	任意誣指	革職
6. 3. 15	安徽廣德州	知州	明　安	諱病戀棧	革職
6. 3. 18	河南新蔡縣	知縣	蕭光惠	差役嚇詐逼斃人命	革職
6. 4. 18	安徽望江縣	知縣	傅廷英	玩愒欺飾不職	革職
6. 5. 2	湖南江華縣	知縣	楊文燡	玩視民命出入人罪	革職
6. 5. 25	雲南廣西直隸州	署知州	王大儒	浮收倉糧勒索使費	革職
6. 6. 18	江蘇無錫縣	署知縣	潘　煩	怠玩不職拖案釀命	革職
6. 6. 28	廣西融縣	署知縣	郭沛霖	開廠採煤致釀多命	革職
6. 6. 29	廣東電白縣	署知縣	蘇戀德	貪酷任性非刑斃命	革職
6. 7. 11	山東海豐場	大使	黎文爛	委解兵餉因病輒行回場	革職
6. 7. 19	雲南保山縣	知縣	趙煜宗	虧空經徵各款	革職
6. 7. 19	福建崇安縣	署知縣	董邦安	刑斃無辜捏病裁贓	革職
6. 7. 20	江蘇海州	州判	戴　炳	列款稟控不候質訊	革職
6. 7. 28	河南寶豐縣	知縣	馬　崑	疏脫狡犯	革職
6. 7. 28	直隸楊村	通判	李宏照	怠玩誤公	革職
6. 8. 2	湖北荊州營	署守備	郭如璋	查獲私鹽違例充賞致釀 命案	革職
6. 8. 7	新疆阜康縣	典史	漆振邦	疏脫監禁狡犯	革職
6. 8. 8	江西東鄉縣	知縣	陳純士	虧空現年錢糧	革職
6. 8. 10	安徽歙縣	知縣	劉立詮	延案玩誤	革職
6. 8. 13	直隸密雲縣	典史	丁鳳鳴	疏防軍犯越獄脫逃	革職

6.8.26	四川彭水縣	知縣	江鎮西	玩視緝捕任性妄爲	革職
6.9.7	浙江宣平縣	知縣	朱運	虧挪倉穀	革職
6.9.14	湖南新寧縣	知縣	陸來	匿報獲犯有心欺飾	革職
6.10.3	甘肅涇州	署知州	譚乃熊	辦理災賑浮開戶口	革職
6.10.15	直隸河北道	道員	羅正墀	信任劣幕貽誤河工	解任
6.10.16	山東清平縣	典史	石景	疏脫監犯	革職
6.11.11	貴州古州鎮	署總兵	張永旗	縱容子弟勒索供應擅用餉銀	革職
6.11.11	直隸易州	遊擊	張永寧	縱容子弟勒索供應擅用餉銀	革職
6.11.29	雲南順寧縣	知縣	范廷相	庸懦不職	革職
7.1.22	湖北	知縣	許恂	疏脫狡犯，僉差不愼	革職
7.1.22	湖北	知縣	張京翰	疏脫狡犯，僉差不愼	革職
7.1.22	湖北	把總	王國典	疏脫狡犯，僉差不愼	革職
7.2.19	四川秀山縣	署知縣	常天佑	失察差役誣良斃命匿不具報	革職
7.3.2	湖北江夏縣	知縣	王澍	玩視人命	革職
7.3.2	湖北江夏縣	署縣丞	毛敬事	玩視人命	革職
7.3.28	浙江紹興衛	守備	張維瀚	玩誤幫船	革職
7.3.28	浙江紹興衛	千總	佟攀桂	玩誤幫船	革職
7.3.28	浙江紹興衛	千總	李瑩	玩誤幫船	革職
7.4.1	安徽鳳陽縣	代理知縣	沈敏麟	僉差不愼脫逃要犯	革職
7.4.1	安徽定遠縣	知縣	張旋	僉差不愼脫逃要犯	革職
7.4.2	福建平和縣	署知縣	張毓齡	受賄匿案不報復縱丁書潛逃	革職
7.4.2	福建平和縣	署遊擊	黎侍舜	受賄匿案不報復縱丁書潛逃	革職
7.4.14	江蘇丹徒縣	典史	胡樸	疏脫監犯	革職
7.5.11	湖北光化縣	知縣	孫彥碩	年老衰病	休致
7.5.11	直隸北城	吏目	楊幹	疊次諱竊	革職

7. 5. 28	湖南石門縣	知縣	嚴維	玩視控案庇丁不解	解任
7. 6. 21	江蘇蕭山縣	知縣	李廷蘭	諱飾命案	解任
7. 6. 29	江西新淦縣	知縣	趙增	挪移錢糧	革職
7. 7. 21		知縣	張統緒	任聽書役剋扣堤費	革職
7. 7. 25	廣東陸豐縣	署知縣	丁芳洲	支放兵米遲延	交部議處
7. 7. 25	廣東陸豐縣	署知縣	李應均	支放兵米遲延	交部議處
7. 7. 25	廣東陸豐縣	知縣	曾光綬	支放兵米遲延	交部議處
7. 8. 10	廣東封川縣	署知縣	羅合章	捏改日期欺飾朦詳	革職
7. 8. 10	廣東	千總	王有高	濫扣兵餉	革職
7. 8. 22	廣東肇慶協	副將	嵩舒	派借營弁銀兩	革職
7. 9. 4	直隸懷安縣	知縣	黃廣昇	派令行戶買物不行給價	革職
7. 9. 5	廣東定安縣	知縣	靈玉	延案不結差押斃命	革職
7. 9. 7	浙江瑞安縣	署知縣	蔣光弼	侵虧庫項倉穀	革職
7. 9. 25	湖北鶴峯州	知州	楊樹本	年力就衰廢弛不職	休致
7. 9. 29	江蘇兩淮	候補鹽運司	薛坤	疏失餉鞘	革職
7. 9. 29	安徽桐城縣	署知縣	呂榮	疏失餉鞘	革職
7. 9. 30	直隸雄縣	典史	吳堯臣	玩視監獄絞犯脫逃	革職
7. 9. 30	直隸雄縣	知縣	谷先許	絞犯脫逃平日不能加意防範	革職
7. 10. 5	貴州	糧儲道	胡鈺	糊塗任性	革職
7. 10. 7	雲南嶍峨縣	署知縣	袁術誠	玩視搶案	革職
7. 10. 18	陝西夏縣	知縣	陸錦泉	徇役曠職	革職
7. 10. 18	湖南湘鄉縣	知縣	張博	疏脫重犯延不申報	解任
7. 10. 26	貴州普定縣	知縣	武廷選	玩視要案改易傷痕兇器	革職
7. 11. 10	安徽太平縣	知縣	杜開元	交代逾限虧缺不完	革職
7. 12. 16	安徽南陵縣	知縣	石國儞	散放賑票通同舞弊	革職
7. 12. 16	安徽南陵縣	縣丞	劉蘭樹	散放賑票通同舞弊	革職
8. 1. 6	四川東川府	知府	嗚鐸	廢弛廠務浮銷工本	革職
8. 1. 13	湖南辰谿縣	知縣	丁延錫	官解餉鞘不慎	革職
8. 1. 13	江西臨江府	通判	左方海	官解餉鞘不慎	革職

8.1.20	廣東始興縣	署知縣	雷之玫	蔑倫重犯不能立時擒拏	革職
8.1.27	直隸安平縣	署知縣	凱里	縱役派累折收不職	革職
8.2.6	四川彭縣	署知縣	汪師周	違例徵收應免錢糧	革職
8.2.14	山東冠縣	知縣	張印宗	承審命案草率	革職
8.閏2.16	山西永濟縣	知縣	姚泰	審理詞訟任意玩誤	革職
8.閏2.19	雲南保山縣	知縣	楊躍麟	藉運軍糧派累滋訟	革職
8.3.2	福建平和縣	知縣	黃士堂	諱匿械鬥重案不實力查拏	革職
8.3.11	湖北隨州	知州	胡壽芝	濫行准罰	革職
8.3.11	合河店	巡檢	馮紹忠	恂情關說	革職
8.3.12	廣西西林縣	典史	潘積遠	疏脫絞犯越獄	革職
8.3.19	直隸寧津縣	署知縣	陳華祝	失察家人盜用印信私賣契紙	革職
8.4.2	湖南九谿營	遊擊	李如喬	廢弛營務	革職
8.4.7	廣西容縣	知縣	姚祖恩	玩視人命偏聽率詳	革職
8.4.11	江蘇江寧縣	知縣	孟甲年	挪改獲犯年月怠玩延案	革職
8.4.17	河南原武縣	知縣	郭楷	任性濫刑	革職
8.4.17	河南原武縣	典史	王嘉瑞	藉瑞撞騙	革職
8.5.2	山東即墨縣	知縣	金燾	互相稟訐	解任
8.5.2	山東即墨縣	教諭	王淦	互相稟訐	解任
8.5.8	福建武平縣	署知縣	高質慎	丁役藉案婪贓審斷草率	革職
8.5.8	福建汀州府	知府	羅經	遷延不辦要犯遠颺	解任
8.6.26	山東嶧縣	知縣	姜旭	延案累民捏詳取巧	革職
8.7.2	江蘇宿遷縣	已革知縣	蕭瑾	交款逾限不清	拏問
8.7.9	直隸永清縣	典史	王廷楷	疏脫絞犯越獄	革職
8.7.10	貴州桐梓縣	署知縣	衛天民	承審命案任聽串供率行招解	革職
8.7.10	浙江金華縣	知縣	彭志傑	驗訊命案不實率行詳報	革職
8.7.18		參將	鄭文照	侵漁餉錢貪鄙不職	革職

8. 7. 22	湖北鶴峰州	知州	楊樹本	玩視倫紀重案	革職
8. 7. 22	湖北山羊隘	巡檢	陳大松	玩視倫紀重案	革職
8. 7. 22	湖北黃梅縣	知縣	徐　鍵	任性逼供，草率通詳，拖斃無辜	革職
8. 8. 14	山西遼州	知州	楊映權	互相稟揭	解任
8. 8. 14	山西遼州	學正	王楷歐	互相稟揭	解任
8. 8. 14	山西遼州	訓導	張　欒	互相稟揭	解任
8. 8. 14	廣西平南縣	知縣	黃世發	冒銷捏報違例折收	革職
8. 8. 14	廣西平南縣	署知縣	梁雲桂	冒銷捏報違例折收	革職
8. 8. 15	貴州鎮寧州	知州	明安泰	玩誤銅運	革職
8. 8. 27		守備	丁長泰	散帖歛銀潛出無蹤	革職
8. 9. 14	江蘇高郵州	署知州	賴相棟	承審要案任意遲延人犯自縊倒填日期	革職
8. 9. 23	福建甌寧縣	知縣	霍大光	虧缺庫項	革職
8. 10. 2	湖南桂東縣	知縣	熊維培	濫禁成招	解任
8. 10. 2	雲南浪穹縣	知縣	胡兪靈	濫禁成招	革職
8. 10. 13	雲南寧州	署知州	張　瑗	任意妄斷濫罰	革職
8. 10. 29	四川天全州	署知州	汪金笏	緝拏逆倫重犯不力	革職
8. 11. 7	安徽桐城縣	典史	陶際紹	疏脫獄囚	革職
8. 11. 7	安徽桐城縣	署知縣	趙　芝	獄囚脫逃防範不周	革職
8. 11. 20	湖北崇陽縣	知縣	曾翕受	擅行多羅倉穀被控勒折漕糧	解任
8. 11. 23		雲騎尉	吳酉山	逞兇滋事	革職
8. 11. 23		雲騎尉	姚金壽	逞兇滋事	革職
8. 11. 23		雲騎尉	黃士俊	逞兇滋事	革職
8. 11. 23	湖南永定營	都司	劉守經	濫刑斃命	革職
8. 11. 28	直隸承德府	理事通判	廷　琳	濫型斃命	革職
8. 12. 4	安徽石埭縣	知縣	韓海鳳	辦賑不實徵收浮折	解任
8. 12. 4	安徽鳳陽縣	知縣	朱世純	辦賑不實徵收浮折	革職
8. 12. 8	福建羅源縣	署知縣	王福增	承審因姦命案不能究出亂倫實情	革職

8.12.16		候補千總	汪錦舒	行賄受賄賣放私鹽	革職
8.12.18	廣西潯州府	知府	文都遜	被知縣訐控	解任
8.12.18	廣西桂林府	知府	湍東額	被知縣訐控	解任
8.12.18	廣西太平府	同知	陸受豐	被知縣訐控	解任
8.12.20	福建霞浦縣	知縣	漆步雲	朦詳欺飾	革職
9. 1.23	陝西延川縣	知縣	張　熾	擅用非刑拷訊	革職
9. 2. 7	湖北荊門州	知州	張　琴	庇縱書役	革職
9. 2.16	山西夏縣	知縣	葛廷燦	任聽捕役拷逼誣竊草率定案	解任
9. 3.12	廣西蒼梧縣	署知縣	劉景曾	疏失餉銀被劫	革職
9. 4. 5	廣西左州	知州	周　豐	率驗捏詳玩視人命	革職
9. 4.21	湖南湘潭縣	署知縣	周寧遠	徇縱家人差役索借串訴	革職
9. 4.28	安徽當塗縣	知縣	顧之炎	官價買物差役侵扣	革職
9. 5. 2	湖北京山縣	知縣	陳春波	任聽縣書勒索串誣致斃人命	革職
9. 5. 2	山東清平縣	知縣	伍靈阿	捕蝗不力	革職
9. 5. 2	山東清平縣	典史	徐汝楫	捕蝗不力	革職
9. 5. 7	安徽旌德縣	署知縣	蔡儒亮	擅發印簿違例派捐修倉	革職
9. 5.10	安徽上江協	副將	趙得功	廢弛營伍虧挪公項	革職
9. 5.14	江西臨川縣	知縣	來　珩	辦理漕務不善	革職
9. 5.19	湖南靖州	知州	王福清	浮買倉穀失察差役扣銀勒折	革職
9. 5.19	湖南靖州協	都司	唐　方	領銀未買鉛丸囑兵認竊忘扳	革職
9. 5.19	湖南靖州	代理知州	沈　堂	非刑拷訊平明	革職
9. 6. 1	江西廬陵縣	知縣	時本榮	短價票取民物	革職
9. 6. 1	安徽鳳陽縣	署知縣	戴元章	相驗不實	革職
9. 6. 3	安徽宿松縣	知縣	顧鳴鸞	承審命案供情互異	解任
9. 6. 8	河南汲縣	知縣	巫少白	失察衙役詐贓逼斃二命	解任
9. 6.16	安徽撫標營	守備	史必達	重扣公助銀兩	革職
9. 6.17	河南息縣	典史	孫頤年	管解秋審重犯中途脫逃	革職
9. 7.12	湖南桂陽縣	知縣	吳乘時	縱犯釀命捏結朦詳	革職
9. 7.16	江蘇吳江縣	知縣	王廷瑄	精力就衰辦事疏懈	休致
9. 7.18	廣東羅定州	知州	王宿善	虧空倉庫	革職

9. 7. 19	廣西蒼梧縣	署知縣	張　浙	疏脫秋審要犯	革職
9. 8. 4	安徽東流縣	知縣	韓　藻	任聽書役詐贓昏庸不職	革職
9. 8. 19	貴州大定府	署知府	楊自強	闒茸不職年力衰庸	革職
9. 8. 29	安徽合肥縣	知縣	左　輔	規避處分改供朦詳	革職
9. 9. 4	山東鄒縣	署知縣	王　臣	訊報重案不確押犯賄逃	革職
9. 9. 4	山東鄒縣	典史	羅　斌	訊報重案不確押犯賄逃	革職
9. 9. 18	貴州錦屏縣	知縣	董漢貴	年力就衰不能振作	休致
9. 9. 29	江西樂安縣	署知縣	袁　潔	疏脫解審重犯僉差不愼	革職
9. 9. 29	山東臨淄縣	知縣	康　湜	疏脫解審重犯僉差不愼	革職
9. 10. 14	山東潞安府	同知	祝德全	檢驗不實	解任
9. 10. 25	福建漳州府	同知	蔡應聘	失察書役家丁串詐得贓不拘解	革職
9. 10. 26	山西盂縣	知縣	崔象山	監犯劃傷監犯身死捏飾具稟	革職
9. 10. 26	山西盂縣	典史	張耀祖	監犯劃傷監犯身死捏飾具稟	革職
9. 10. 28	山東東平州	知州	王　鴻	借銀不償延案未結	解任
9. 10. 28	山東郯城縣	知縣	李大鯤	草率濫刑	革職
9. 11. 7	江蘇吳江縣	休致知縣	王廷瑄	虧缺倉穀	革職
9. 11. 11	山東滕縣	丁憂知縣	蔡　臨	任聽書吏舞弊私徵	革職
9. 11. 17	廣西遷江縣	署知縣	唐登雲	捏稟遏糴濫派商民	革職
9. 11. 18	廣東仁化縣	典史	周炳星	玩視監獄疏縱斬絞重犯	革職
9. 11. 25	直隸獻縣	知縣	宋　遠	非刑拷訊致斃人命匿不詳報	革職
9. 12. 5	湖南衡陽縣	署知縣	蔣紹宗	將民捐籌備穀石附儲官倉匿不詳報	解任
9. 12. 7	山東臨朐縣	知縣	張爲霖	疏脫重犯諱飾捏詳	革職
9. 12. 10	安徽旌德縣	知縣	延　庚	相驗勒結被控捏傷逼供	革職
9. 12. 12	歸化營	遊擊	劉　瑄	姦占賄串卑鄙不職	革職
9. 12. 16	湖南武陵縣	知縣	董如綱	侵帑殃民	革職
9. 12. 16	湖南武陸縣	署知縣	王述周	侵帑殃民扶同徇隱	革職
9. 12. 18	廣東廣州府	司獄	龔啓曾	串匪設局撞騙攫贓	革職
9. 12. 18	廣東番禺縣	典史	程行敏	串匪設局撞騙攫贓	革職

9.12.18	江蘇吳江縣	知縣	朱振聲	玩視監獄疏縱盜犯	革職
9.12.18	江蘇吳江縣	典史	胡大基	玩視監獄疏縱盜犯	革職
9.12.26	直隸寧津縣	知縣	曾承謙	諱盜為竊	革職
10.1.9	湖南湘潭縣	署知縣	陸　豫	侵虧倉庫錢糧	革職
10.1.12	陝西綏德州	候補知州	王　佐	吏目賄囑捏供減傷徇庇	革職
10.1.19	張灣營	都司	那丹珠	虛冒兵餉苦累卒伍	革職
10.1.22	山東膠州營	都司	畢文燦	藉差扣餉	革職
10.1.22	山東武城縣	知縣	吳士超	庇護劣書遷延不解	解任
10.1.23	廣東惠來縣	知縣	梁孔燦	庸劣不職	革職
10.1.24	冊亨營	都司	靈　毓	侵挪公項互相狡賴	革職
10.1.24	長寨營	守備	何偉鳳	侵挪公項互相狡賴	革職
10.2.14	江西豐城縣	知縣	王纘祖	虧短錢糧限滿不交	革職
10.2.22	山西榆次縣	知縣	蔣元復	杖斃人命規避捏報	革職
10.3.3	湖南桃源縣	知縣	王述周	虧缺正雜錢糧	革職
10.3.3	湖北黃安縣	知縣	孫文驊	承審不實迴護諱匿	革職
10.3.10	福建崇安縣	典史	盧　權	疏脫狡犯越獄	革職
10.3.13	廣東揭陽縣	署知縣	馬　鈺	玩劣不職	革職
10.3.16	貴州威寧州	署知州	李秉焜	廢弛不職	革職
10.3.25	直隸臨榆縣	教諭	司時樂	挪移廩缺年月朦混	革職
10.3.25	直隸臨榆縣	訓導	劉士魁	挪移廩缺朦混年月	革職
10.4.6	江西石城縣	知縣	竇存義	玩縱重犯匿不詳報	革職
10.4.6	江西石城縣	典史	裘嘉模	玩縱重犯匿不詳報	革職
10.4.15	浙江臨海縣	署知縣	孫　清	濫刑斃命	革職
10.4.15	山東即墨營	守備	宋槐三	任性乘張酷虐兵丁	革職
10.4.19	陝西延安營	守備	孫廷芳	虧缺錢糧	革職
10.4.23	湖南酃縣	知縣	何　錞	霉變倉穀短價派買	革職
10.4.26	直隸易州	知州	徐仲書	覆驗不實	解任
10.4.26	直隸涿州	知州	王盛清	失察衙役毆病	解任
10.4.28	廣東封川縣	典史	鄧翹齡	玩視監獄斬犯在監自縊	革職
10.4.28	廣東封川縣	知縣	謝最淳	玩視監獄斬犯在監自縊	議處

10. 5. 13	貴州甕安縣	知縣	王永祐	因疑妄拏拘押無辜致斃人命	革職
10. 5. 17	湖南新田縣	知縣	陳汝瑞	擬驗不實任聽仵作受賄捏報傷痕	革職
10. 5. 18	雲南建水縣	署知縣	劉　嶙	擬斬人犯並未審出頂兇情節	解任
10. 5. 27	廣東合浦縣	典史	倪振詵	濫用非刑	革職
10. 5. 27	廣東合浦縣	知縣	黎元皡	濫用非刑	革職
10. 6. 4	江蘇淮安府	通判	宋蘭生	賠修石工辦理遲延	革職
10. 6. 14	雲南賓川州	知州	彭祖樑	玩誤廠務短缺銅觔	革職
10. 6. 18	湖北孝感縣	知縣	沈思詵	任性昏庸	革職
10. 閏6. 18	廣東英德縣	署知縣	王享祺	勒借銀匠銀兩派幫差費	革職
10. 7. 5	綏遠托克托	理事通判	善　實	玩視人命庇役縱兇	革職
10. 7. 17	廣西天河縣	典史	王定成	疏脫重犯越獄	革職
10. 7. 17	廣西天河縣	署知縣	李紹簫	疏脫重犯越獄	革職
10. 7. 21	山東鉅野縣	知縣	趙　增	規避捏詳不職	革職
10. 8. 11	山東郯城縣	署知縣	楊　蘭	任性偏斷玩視人命	革職
10. 9. 4	福建臺灣鎮	遊擊	陳廷高	任性偏斷玩視人命	革職
10. 9. 4	廣東新安縣	知縣	朱麟徵	擅動倉穀	革職
10. 9. 9	山東泰安府	知府	鳴　清	斷案拘泥錯謬	解任
10. 9. 9	湖北應城縣	知縣	王文麟	玩視命案錯究正兇	革職
10. 9. 18	陝西延川縣	知縣	朱适然	平糶倉穀賣給囤戶額外多糶	革職
10. 9. 20	浙江遂昌縣	知縣	劉紹晉	失察家人書役詐贓	革職
10. 9. 24	廣西平南縣	知縣	段士傑	衰庸闒茸	革職
10. 9. 26	湖南宜章營	署參將	瑚圖禮	索借銀錢撞騙貪鄙	革職
10. 9. 29	四川雅安縣	典史	王　熙	濫刑斃命	革職
10. 9. 29	山東曹州府	知府	崔映辰	延案抗提詭詐捏詳	解任
10. 9. 29	山東菏澤縣	知縣	賀德瀚	延案抗提詭詐捏詳	解任
10. 9. 30	河南	都司	孫國寶	杖斃人命	革職
10. 11. 4	江蘇崑山縣	知縣	陳夢蘭	訊命不確書吏圖詐賄串	革職
10. 11. 5	江蘇鹽城營	守備	劉大勳	失察捆溺人命	革職

10.11.9	江西東鄉縣	知縣	周鍾泰	相驗不實拖斃人命	革職
10.11.9	江西撫州府	知府	邱先德	相驗不實拖斃人命	解任
10.11.12	山西洪洞縣	知縣	張廷璧	用強借貸逼死人命	革職
10.11.28	廣東河源縣	知縣	仲　瑚	衰病不能勝事	休致
10.12.10	劉莊場	大使	唐廣惠	捏病規避	革職
10.12.18	廣東歸善縣	典史	施兆樑	疏縱重犯在獄自戕	革職
11.1.20	廣東南雄府	知府	葉慧業	才力不及	降調
11.1.21	直隸肥鄉縣	知縣	汪之鯉	妄指正兇拖斃人命	革職
11.1.29	直隸趙州	護理知州	陳上理	疏縱逆倫重犯	革職
11.2.23	山東蒲台縣	知縣	孫悅祖	相驗不實草率定案	革職
11.3.26	甘肅秦山縣	署知縣	周鼎新	玩縱逆倫重犯	革職
11.4.8	江蘇吳江縣	署知縣	崔兆麟	缺交倉庫銀穀	革職
11.4.27	江西永建幫	千總	周　昇	押運漕糧玩誤不職	革職
11.5.7	江蘇如皋縣	署知縣	姚鳳楷	虧缺錢糧	革職
11.5.17	直隸武清縣	知縣	蕭蔚源	匪案不報縱容胥役剋扣船戶價值	革職
11.5.18	江西瑞金縣	典史	陳恩榮	擅受濫差逼斃三命	革職
11.5.18	江西瑞金縣	知縣	惲　敬	失察擅受濫差逼斃三命案件	解任
11.6.4	安徽亳州	署知州	周成績	徇情出結侵虧庫帑	革職
11.6.4	直隸涿州營	參將	喬　環	失察盜犯一夜連劫二起	革職
11.6.4	直隸涿州	知州	王盛清	失察盜犯一夜連劫二起	革職
11.6.6	直隸北運河	署通判	廖雯菁	幫船赴領剝船任令胥役家人勒索使費	革職
11.6.9	達濠營	守備	鍾明亮	捏虜邀功	革職
11.6.9	湖南常德府	知府	李陽棫	任性乖張	革職
11.6.15	江西湖口縣	知縣	李先貴	虧缺倉庫	革職
11.6.17	雲南易門縣	知縣	揭芝蘭	貪鄙玩誤不職	革職
11.7.3	福建海壇縣	遊擊	陳振元	廢弛營務縱容家屬執法漁利	革職
11.7.7	直隸獻縣	知縣	金殿魁	延案結任役詐贓斃命	革職
11.7.15	福建羅源縣	知縣	陳夔讓	賠累虧空	革職

11.8.13	江西彭澤縣	知縣	俞昌言	廢弛營務	革職
11.8.16	雲南安寧州	署知州	惲　燮	虧短倉庫錢糧	革職
11.9.1	江西鉛山縣	知縣	李聯宮	虧缺倉庫	革職
11.9.1	湖北潛江縣	知縣	丁　昌	擅用非刑	革職
11.9.11	山東招遠縣	知縣	吳存楷	濫刑斃命	革職
11.9.18	福建霞浦縣	知縣	杜國英	失察奸民接濟洋匪	革職
11.10.7	廣西荔浦縣	署知縣	文　海	偏聽濫刑屈抑事主	革職
11.10.14	甘肅涇州	知州	張萬年	僉差不慎疏失餉鞘	革職
11.10.14	甘肅平涼縣	署知縣	唐元善	僉差不慎疏失餉鞘	革職
11.10.14	甘肅華亭縣	知縣	周　煒	挪移倉庫	革職
11.10.15	安徽懷寧縣	署知縣	王　言	失察衙役串同兵丁船戶盜賣商鹽	解任
11.10.16	雲南鄧川州	署知州	呂怡曾	虧缺錢糧	革職
11.10.27	安徽鳳台縣	知縣	吳層雲	玩視命案延不拘犯解審	革職
11.11.11	湖南會同縣	知縣	陳甲淦	命案詳報遲延違例負債	革職
11.11.12	雲南呈貢縣	知縣	王元勳	虧缺錢糧	解任
11.11.19	山東濟南府	知府	張鵬昇	玩視命案拖斃案犯	解任
11.11.19	浙江建德縣	知縣	張象鼎	縱容家丁書役浮收漕米	解任
11.11.24	福建彰化縣	署知縣	翟　僑	私糶倉穀	革職
11.12.14	廣西來賓縣	知縣	楊尚瓚	玩視盜案勘報不實規避連劫處分	革職
11.12.16	廣東長寧縣	知縣	耿　濬	偏聽率詳	革職
11.12.16	廣東長寧縣	典史	王慶伯	濫差逼命	革職

資料來源：臺北故宮博物院藏嘉慶朝《上諭檔》。

前表所列奏參案件，共二五一件，分佈省分很廣，其中山西七件，佔百分之三，安徽二十一件，佔百分之八，直隸二十一件，佔百分之八，山東二十三件，佔百分之九，河南九件，佔百分之四，湖北十七件，佔百分之七，湖南二十一件，佔百分之八，浙江八件，佔百分之三，江蘇十六件，佔百分之六，陝西六件、甘肅五

件,各佔百分之二,福建十四件,佔百分之六,江西十一件,佔百分之四,廣東二十二件,佔百分之九,廣西十三件,佔百分之五,四川七件,佔百分之三,雲南十二件,佔百分之五,貴州九件,佔百分之四,其他九件,佔百分之四,各省參奏案件,雖然以山東、廣東、直隸、安徽、湖南等省所佔比例較高,但直省參奏案件的分佈,相當普遍,各省州縣被參案件,層見疊出,地方行政,積弊叢生。

前表所列二五一件,被參人員共計二九二人,其中文職共二六一人,佔百分之八九,武職共三一人,佔百分之一一。在文職人員內,知縣、署理知縣共一六七人,佔百分之五七,比例最高,其餘知府、道員、知州、大使、鹽運司、縣丞、典史、訓導、巡檢、州判、通判、教諭、學正、司獄等人數都很少,所佔比例很低。

決訟斷辟,討猾除奸,是州縣官員的主要職掌,從前表中所列被參緣由,可以看出有關刑名案件多達一三〇件,佔被參案件總數百分之五二,舉凡審辦案件並不虛心研究,偏聽率詳,延累無辜,查驗命案詳報不實,錯擬正兇、任意誣指,刑斃無辜,非刑斃命,諱飾命案,玩視民命的例子,不勝枚舉。從表中所列被參緣由,也可以看出州縣胥役的種種惡行,對地方吏治造成重大的影響。例如嘉慶六年(1801)二月初十日,直隸景州知州夏蘭因縱役疊斃二命而被參。同年三月十五日,河南光州知州玉山因縣役毆斃民人刪改情節漫無覺察而被參。三月十八日,河南新蔡縣知縣蕭光惠因差役嚇詐逼斃人民而被參。七月十九日,福建星村縣署縣丞沈渠濱因輕信衙役誣稟妄拏而被參。嘉慶九年(1804)二月十六日,山西夏縣知縣葛廷燦因任聽捕役拷逼誣竊草率定案而被參。同年五月初二日,湖北京山縣知縣陳春波因任

聽縣書勒索串誣致斃人命而被參。除刑名案件外，其涉及錢糧侵蝕案件，亦屢見不鮮，州縣或任聽書役剋扣提費，或失察書役串詐得贓，或任聽書役舞弊私徵，或失察衙役盜賣商鹽，或縱容書役浮收漕米而被參等案件，不勝枚舉。如表中所列奏參案件被參文武職共二九二人，其中奉旨革職者共二四二人，佔總人數的百分之八三，其餘奉旨解任及休致者共五○人，佔百分之一七。

　　清仁宗御極以來，雖然勤求治道，以整飭官方，剔除吏弊為亟，但是直省習玩因循，仍未盡革。例如直隸藩庫歷年地糧耗羨雜稅等項，竟有將小數貼考大數者，有將領款抵解者，有朦混給發者，有串通銀匠給與假印批收者，統計自嘉慶元年（1796）至嘉慶十一年（1806），其虛收虛抵重領冒支各州縣計有二十餘處，實侵盜銀三十萬兩，歷任藩司一任蠹胥墨吏狼狽為奸，舞文舛法，積弊至十年之久。清仁宗為嚴懲貪贓，特派大員前往審辦，將造意為首通同作弊的書吏六名，知情蔑法贓數最多的州縣四名，立抵於法，其餘贓數較少的州縣、銀匠、劣衿吏胥、幕友長隨等多達二十餘名，俱受重懲，定讞當天，清仁宗御製〈懲蠹詩〉一首，其詩云：

> 御極徵官方，用人圖郅治。深慚化未淳，屢有意外事。保定案愈奇，司庫聚蠹吏。虛解即虛收，作奸仍作偽。堪嗟臨民官，忘義祇謀利。狼狽互貪求，豈顧身家累。甘犯不赦條，刑章所未備。督藩若罔聞，無能等昏寐。定罪守前猷，甘省實同類。執法哀惻然，興廉去貪恣。自省政教疏，玩愒難格被。已甚不敢為，成詩繼言志㉗。

直隸藩庫蠹吏虛解虛收案件，清仁宗雖然對失職人員嚴加懲辦，但各省州縣胥役貪婪積蠹案件，嗣後仍然層出不窮。例如江蘇昭文縣知縣黃嵋縱役蠹民一案，物議沸騰，昭文縣漕折總書張姓，

本已犯事革役,因與知縣之孫黃仁溥結交飲博,得以鑽營改名,復充書總,勾通一氣,勒折浮收,婪索多端,肆行罔忌,民間臚陳劣款,紛紛上控,積有數十案之多㉘。山東東阿縣漕糧重徵的情形也很嚴重,有縣民陳文煥等赴都察院呈詞具控,略謂漕糧正供每畝該九合一勺,嘉慶二十一年(1816)九月間開廠有漕書范士宏、李成宗等勾通東阿縣家丁范三、王二擅自改制,每畝要二升四合,又逢零捐畝合勺成升,按市價一倍加三倍,上糧名已全完,又重出米票逼錢,又有下糧名,雖已全完,又重出米票逼錢,上司任聽書吏朦蔽,漕總串通蠹書,朋謀舞弊㉙。由此可知胥役爲害地方行政,積弊依然存在。

五、州縣捕役與卡房私刑

《清史稿》記載清太祖、太宗統治遼東,刑制尚簡,重則斬,輕則鞭扑而已。迨世祖入關,沿襲明制,以笞、杖、徒、流、死爲五刑。死刑中,除斬、絞等正刑外,最重的是凌遲、梟首、戮屍等刑㉚。黃六鴻著《福惠全書》〈用刑〉條謂「今之刑具,較之前古甚輕,責惟竹板,鞫訊不服,則夾棍桚指,辱之示眾,則枷,而拘繫防閑,則鎖靠杻鐐而已。然刑雖設,而用之則有別,刑具雖一,而有新舊燥濕之不同,輕重死生之或異,爲政者不可不知也。」㉛其實,清代有各種私造刑具,名目繁多,也因此出現了許多酷刑。

雍正元年(1723)十月,鑲白旗漢軍都統張聖佐具摺時指出「庸碌酷虐之官,懶於細心審問,輒用夾棍。但三木之下,何求不得?其中不無冤誣,且人犯一經夾訊,脛骨損傷,終身跛足,或致登時殞命者,亦往往有之。至於凡枷號發落之犯,已屬輕罪,理宜遵照部頒斤兩製造聽用,而外省竟有百餘斤者,人犯承受不

堪，往往斃于枷號。」㉜所謂三木，就是指私造刑具中的板、枷、杻，其大枷，竟重達百餘斤，又有夾棍，殘害脛骨，終身跛足，甚至於當場斃命。

雍正三年（1725）七月，因刑部獄中有禁卒徐有德等二人用觀音鐲銬死監犯張三一案，是月二十七日，刑部左侍郎黃炳具摺奏稱「內外衙門所用刑具，均有一定之例，而觀音鐲一項，實非刑具中所有之物，洵爲非刑。又聞京城提督衙門審取口供，亦間有用觀音鐲者，謂之鐲訊。夫刑部獄中與提督衙門，既有此鐲，則各省獄中與問刑衙門，未必不皆有此鐲矣。」㉝觀音鐲就是一種正刑以外的酷刑，刑部左侍郎黃炳奏請嗣後問刑衙門有用此觀音鐲審訊人犯者，即將承問官照擅用非刑例革職；禁卒捕役有用觀音鐲凌虐犯人者，照番役違用私刑例枷責革役，因而致斃人命者，依律絞抵。

清代律例雖然載明內外問刑衙門於夾棍杻指外另用非刑者文武官員皆革職等語，但州縣捕役多妄用非刑。雍正十一年（1733）三月，掌山西道事河南道監察御史馮倓指出捕役拏獲命盜人犯，多用非刑私拷，包括戳子、弔打、火烤等項，往往有良民被私拷者㉞。

捕役誣竊拷打致死，應照故殺律擬斬監候例，擬斬監候秋後處決，但州縣捕役誣良私拷斃命案件，卻屢見不鮮。例如乾隆五十四年（1789）三月十二日，甘肅安化縣生員鄭大智同弟鄭大鯤自陝西監軍鎮糴米回家，鄭大智欲順道赴寧州焦村探望姪女，令鄭大鯤將糴米銀兩同車輛先行趕回，鄭大智於一更時分路經寧州李家莊地方，被寧州捕役馬登蛟誣竊妄拏，拴鎖空廟院樹，並不詳細訊問，輒行弔拷、毆打腿肚，以致傷重斃命㉟，這種弔打酷刑，就是州縣捕役常用的非刑，重輒致人於死。

嘉慶二十二年（1817）六月，河南道監察御史周鳴鑾於〈請禁非刑拷押〉一摺中首先指出「地方官邀功之念切，則用刑之心忍，雖屢經諭旨飭禁，率多陽奉陰違，遇有拏獲形跡可疑之人及命盜大案人犯，始則誘供，繼即逼認，每於摔耳跪鍊外，復用美人椿、鸚哥架、分金爐等各色非刑，加倍酷審，死而復甦者，一日數次，犯人力不能支，即勉強劃供，草率具案。」㊱摔耳跪鍊、美人椿、鸚哥架、分金爐，都是私造刑具，直省州縣非刑拷審，肆意荼毒，凡有人命盜案及錢債鬥毆詞訟，動輒拘執多人，濫行押禁，各刑俱備，寸步莫移，非與重賂，不得取保，甚有積壓日久，竟至拖斃人命。

在州縣衙門充當緝拏盜賊的捕役，習稱捕快，州縣監禁人犯的處所叫做卡房，又稱為班房。有清一代，捕役騷擾百姓，對地方吏治造成嚴重的影響，卡房凌虐人犯，慘無人道，成為人間地獄。各種私造刑具的動用，大致而言，在板枷杻三木以後，或用木棒棰，擅動匣牀，或用腦箍，夾棍栳指，摔耳跪鍊，繼以壓膝，敲擊腳踝，動輒百餘次，以致骨節脫折。此外還有各種酷刑，凌虐人犯，刑罰慘毒，各州縣的獄政，積弊叢生。

四川酆都縣監生陳樂山，向充鹽商，道光九年（1829），因鹽引事件，控告商人王興震問擬軍罪，由川東道提訊。陳樂山在重慶府巴縣班房禁候七月有餘，聽聞巴縣捕卡，每年要牢死二百餘人。道光十年（1830）八月，陳樂山被提赴四川省城候質，發收成都府華陽縣捕卡，在卡兩月，已見牢死三十餘人，尚有罪不應死，而必死者七十餘人。道光十一年（1831），陳樂山由酆都縣發配安徽，路經湖北所屬州縣，問及捕卡情形，與四川無異，又與各省往來軍流人犯，談及各省捕卡情形，均大同小異。道光十二年（1832）五月，陳樂山到達安徽太湖縣配所，見太

湖縣捕役惡毒的情形，較四川尤甚。其總領捕役蔣元現竊本城周姓贓物，被事主查獲稟官，尚收捕卡未釋。有捕役潘玉將宋姓拘至其家，私刑拷打，以致宋姓用鐵鍊縊死其家。有捕役曹華誣汪姓為賊，拘至新倉旅店，詐索錢財，以致汪姓畏懼私刑，身帶全刑，投河自溺。捕役胡勝教唆鼠賊楊三捏供本城東門外種菜的聶二是夥賊，胡勝乘夜至聶二家起贓，適值聶二之妻生產，正在臨盆。胡勝入室，將其牀帳衣衾，並粗細器物，盡行搜空，以致聶二之母聶楊氏情急投水溺水，陳樂山在太湖未滿二載，已見捕卡牢死知名軍流徒犯四人，聞見牢死不知名賊犯，共一百六十餘人，都是罪不應死者。依照陳樂山的估算，四川一百三十餘州縣，恐每年要牢死六七千人，安微六十餘州縣，恐每年要牢死三四千人，由四川、安徽推及各省州縣，恐每年牢死罪不應死者，猶不下數萬人。

　　陳樂山在四川酆都縣獄中作就《璿璣鳴盛詩》一冊，充發太湖後，見安徽農田收穫甚少，並見捕役卡房私刑害命，又作就〈課農〉、〈恤刑〉兩疏。道光十四年（1834）四月初二日，陳樂山從太湖配所潛逃入京，赴都察院呈請轉奏，希圖採擇。臺北故宮博物院《軍機處檔・月摺包》內存有陳樂山所作詩冊及章疏。在〈恤刑疏〉中首先指出：

> 臣因見四川邊省，五方雜處，每年秋勾，不過四五十人。臣至太邑，見每年秋勾，只十餘人，由此推及各省秋勾人數，不過三四百人而已，幾有上古刑措之風焉。然而實有可憫者也，由各省州縣打廳不慎刑恤命，以致捕役設私卡，用私刑，每年枉殺罪不應死者，以數萬計。何則？蓋人之喪盡天良者，始肯充當捕役，故極惡詐，極殘忍者，亦莫過於捕役，兼有巨盜脫罪，更名而充捕役者，亦有猾賊借

充捕役爲名，以便行竊者。其鄉間慣賊，捕役知而不獲，
留養偷竊良善之家，分贓肥己。城池禁地，捕役或自行偷
竊，以供嫖賭浪費，及事主報案，官長出票，捕風捉影，
名曰黑牌，捕役或緝一面生流民，或獲一初犯鼠賊，先用
私刑苦考，然後收入卡房。何謂卡房？每縣捕役，修一私
監，內設巨練、項圈、木柞等刑，收人入卡，上用項圈鎖
其頸，生根巨練之上，下用木柞枷其足，其人欲上不能上，
欲下不能下，故名曰卡房焉㉗。

捕役私修卡房，動用私刑，殘害人犯，其種種惡跡，陳樂山多親
眼目睹，茲將陳樂山所見州縣捕役私刑名目，列舉數端，說明於
下：

鴨兒撲水：捕役將可疑之人，獲至鄉間茂林之中，將其人
兩手背剪，反弔於大樹枝上，離地尺許，復用巨石，壓其
背心，其人身往下墜，肱朝上搬，兩臂欲折，痛苦難延，
橫身發顫，樹枝動搖，如鴨兒撲水。

搬地弓：捕役將人犯獲入私室，設巨木凳一條，教其人坐
於凳上，左足著地，以右足擱在凳面，用麻繩自膝至脛，
緊緊綑定，足趾朝天，不能左右偏側，又將生木棍一根，
順放凳底下，用牛皮條一根，以一端繫其人之大足趾上，
以一端將棍梢搠起，繫於棍梢上，捕役鬆手，其人之足趾
欲上搬，棍梢欲下搬，如張勁弓之形，故名爲搬地弓。

放烟燈：捕役將鼠賊獲至茂林之中，用牛皮條繫其兩手大
拇指，弔於大樹枝下，又用麻索繫巨石二塊，墜於兩足大
趾上，其人痛苦難當，肉顫身搖，石亦擺動，如放烟火架
之形，故名爲放烟燈。

放牌：俗呼竹木等筏爲牌，捕役將人犯獲入私室，令其仰

臥地下，兩手平伸，用木棍一根，橫放胸前，將兩手綁於
木棍兩端，不能左右轉側，復赤其人兩足，用鐵練鎖於雙
足脛上，又用尺餘木棒一根，穿入鐵練圈內，兩人用力，
將木棒扭轉，如放木筏之形，故名放牌。

鴨兒撲水、搬地弓是川楚一帶捕役常用的私刑。鴨兒撲水，身顫
臂折，搬地張弓，抽筋脫骨，痛入心髓，較大刑夾棍，痛苦猶甚
數倍。放烟燈、放牌是安徽太湖縣捕役常用的私刑。點放烟燈，
肉顫身搖，竹木放牌，痛苦難熬，受刑之人，不上頃刻，皮破肉
裂，筋斷骨折，口鼻流血，便溺齊下。及至死而復甦，捕役始教
其人脫罪，或誣張甲窩留，或扳李乙接贓，其人滿口應承，始得
鬆刑收卡，然後稟知官長，提訊之日，其人欲向官長辯明冤枉，
捕役又聳稟官長，加以挪子、梗竿、狼頭棒、牛皮條等酷刑，其
人只得捏供招認，捕役即率惡徒數十人，佩帶蠻刀鐵尺，鐐杻全
刑。及麻繩囊袋，一入所誣之家，先將全家男婦用繩綑綁，然後
穿房入室，倒籠傾箱，不論衣物錢米、五穀六牲，搜括罄盡，又
將所誣之人，無論父子兄弟，俱加以全刑，聲稱帶去見官，追討
贓物，良民雖然遭受冤屈，也不得不伏地求饒。經地方劣豪串說，
給錢免死，或將田地房屋重利抵借近鄉富戶，以七八十千或百貫
的通寶兌交捕役手中，始免見官，所以中等之家被誣扳陷害時，
無不傾家破產，下等人家遭受池魚之殃時，不得不賣妻鬻女。清
代捕役，魚肉鄉里，百姓恨之入骨，鄉間曾流傳「強盜咬一口，
銀子使一斗，捕役來一遍，地皮也抄轉」之謠。

　　除原疏外，陳樂山又附疏指出州縣上司，徒以卡禁私刑為治
法，視哀矜勸諭是虛文，以致豺狼蠹役，得以任意肆行，而柔弱
良民，反遭其栽誣詐害也。因此，陳樂山認為「捕役不除，則捕
卡難毀，捕卡不毀，則私刑難禁，私刑不禁，則民命難恤，故欲

恤民命者，必先除其蠹弊也。」由前引奏疏可知清代捕役的肆虐，私刑的殘酷，所謂官逼民反，多因胥役肆虐所致。已革監生陳樂山潛逃入京控告，冒生命的危險，揭發州縣捕役殘民以逞的種種弊病，不僅是珍貴的法制史料，也是不可忽視的社會史料。官修會典律例，條款雖詳，然而多屬具文，其實際施行，多有出入，陳樂山奏疏就是探討清代州縣刑罰制度的珍貴資料。茲將後人所繪清代州縣幾種私刑影印於下：

　㈠清代廣州的幾種私刑方式（取自：Rev. Justus Doolittle
　　Social Life of the Chinese）

㈡清代上海縣衙門的各式刑具（取自《點石齋畫報》）

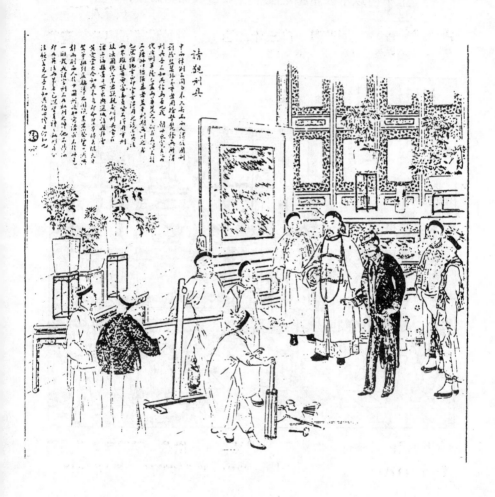

㈢晚清上海官吏私刑逼供的情形，先令人犯跪在尖硬的角鋼上，再以木板重壓足脛。（取自《點石齋畫報》）

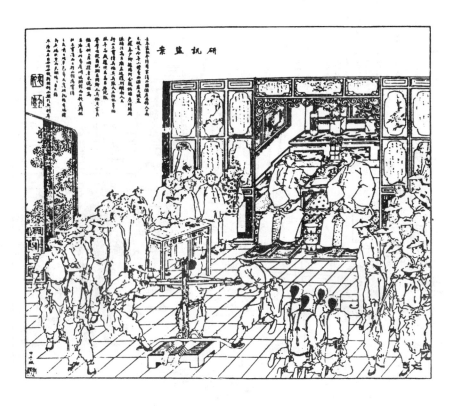

㈣捕役押解枷號人犯情形（取自：Chine, Scenes De La Vie
　Quotidienne Au XVIII eme Siecle, William Alexander
　ET george Henry Mason）

六、結　論

　　清聖祖爲政寬大，與民休息，惟流弊所及，不免失於寬弛放
任，財政上積弊叢生，地方吏治亦未見改善。康熙四十三年（
1704）十月十三日，江寧織造兼管巡鹽御史曹寅奏請禁革浮費，
清聖祖批諭云：「生一事，不如省一事，只管爲目前之計，恐後
尾大難收，遺累後人，亦非久遠可行，再留心細議。」㊳同年十
一月二十二日，曹寅條陳禁革浮費，奏明江蘇督撫司道各衙門規
禮共三萬四千五百兩，請省浮費。但清聖祖認爲「此一款去不得，

必深得罪於督撫，銀數無多，何苦積害。」㊴

　　清世宗即位後，對於清理錢糧虧空及地方吏治的整頓，都可謂不遺餘力，文武大吏亦紛紛條陳杜絕胥役侵挪錢糧的具體辦法。臺北故宮博物院現藏雍正朝奏摺內附有單批編號粘單式樣，及填解過款項批號單，先影印於下：

單批編號粘單式

　　湖廣　府　州爲
　　　事　次行填司道銜姓
　解布裡
　字第　號批
　　計管解　雍正　年分
　　某項錢糧若干
　雍正　年
　　　月
　　　　日州縣職名
　　　右批差
　　　　　准此

填解過款項批號單

計開
字第　殘於　年　月　日解某項若干
字第　殘於　年　月　日解某項若干
字第　殘於　年　月　日解某項若干
字第　殘於　年　月　日解某項若干
字第　殘於　年　月　日解某項若干
字第　殘於　年　月　日解某項若干
字第　殘於　年　月　日解某項若干
以上計拾號

　　據湖北巡撫馬會伯奏稱，湖北填用號批的辦法，是令所屬州縣於連批之內書寫細字，首列起解某年分某項錢糧的原額若干次開已於某年月日解過本項的批號銀數，然後將現在起解的錢糧用大字分別開填今起某字號批解銀若干，以便稽查，亦可稍杜奸差蠹書從中匿批侵盜的弊端㊵。大清律例對侵挪錢糧治罪極重，州

縣衙門儀門背面上也有「爾俸爾祿，民膏民脂，下民易虐，上天難欺」的匾額，但是天高皇帝遠，清官難逃猾吏手，乾隆年間，直省財政制度的內在缺點，及政治風氣因循廢弛的外在通病，依然存在。清高宗晚年倦勤，他信任貪黷不堪的和珅達二十年之久，援引許多貪黷的督撫，和珅恃寵貪恣，清高宗崩殂後，和珅伏誅，所籍沒的家產，約值銀八萬萬兩，超過了國庫歲入十年的總額，因此，當時人就說：「和珅跌倒，嘉慶吃飽。」但從全國各省府州縣衙門胥役多索錢糧，貪污中飽，侵挪虧欠加以觀察，真正吃飽的似乎是直省上下各衙門的胥役，而不是嘉慶皇帝。

　　李劍農著《中國近百年政治史》一書認為和珅驅使一班貪黷的地方大吏在外搜刮，無所不至，於是民力彫敝，到清仁宗一即位，地方的亂事就起來了，這些亂事，大都是在乾隆後期已經醞釀潛伏著，到嘉慶時始陸續爆發的，「所以乾隆帝的十全大功，可以說就是嘉慶以後的民亂種子。」[41]清高宗十全武功，雖然很盛，終究掩蓋不了他內治的弱點，長期以來朝廷整飭吏治的不澈底，不能杜絕督撫藩臬州縣幕友胥役的為害地方行政，以致民變迭起。因此，與其說十全武功是民亂的種子，倒不如說清代地方行政的敗壞，吏治惡化，纔是民變層出不窮的主要因素。同治初年，江南監察御史王道庸於〈為慎用牧令以清仕途而重吏治〉一摺指出：

　　　竊維治世，莫要于安民，必先以察吏，察吏之方，自州縣
　　　始，州縣之賢否，天下治亂之基也。近來時事艱難，盜匪
　　　充斥，固由督撫之措置乖方，將弁之攻剿不力，而追溯釀
　　　亂激變之由，未嘗不起于州縣。今之州縣，流品混雜，一
　　　日捐班，其中非無幹員也，然多有市井之徒，借報効美名，
　　　售貪婪之巧計，報捐只千餘金耳，所捐者少，而所願者奢，

　　　一旦握篆，遂以爲商之法爲官，侵牟漁奪，有難其溪壑者
　　　矣⑫。
由前文可知監察御史王道庸追溯釀亂激變的根源是起於州縣，州
縣吏治的好壞，就是天下治亂的根本。由於州縣幕友胥役積弊日
益嚴重，爲害地方行政，吏治敗壞，涓涓不塞，終成江河，遂激
成變亂。

【附　註】

① 　《宮中檔雍正朝奏摺》，第二十一輯（臺北，國立故宮博物院，民
　　　國六十八年七月），頁258，雍正十一年十一月初一日，福建總督
　　　郝玉麟奏摺。

② 　陶希聖撰〈清代州縣衙門刑事審判制度及程序〉，《食貨月刊》，
　　　復刊第一卷，第一期（臺北，食貨月刊社，民國六十年四月），頁
　　　7。

③ 　《宮中檔雍正朝奏摺》，第十四輯（民國六十七年十二月），頁
　　　509，雍正七年九月二十一日，河東總督田文鏡奏摺。

④ 　《宮中檔雍正朝奏摺》，第十五輯（民國六十八年一月），頁150，
　　　雍正七年十一月，廣西布政使張元懷奏摺。

⑤ 　《宮中檔雍正朝奏摺》，第一輯（民國六十六年十一月），頁479，
　　　雍正元年七月十二日，掌浙江道事山西道監察御史汪繼景奏摺。

⑥ 　《宮中檔雍正朝奏摺》，第九輯（民國六十六年七月），頁116，
　　　雍正五年十月初九日，鄂善奏摺。

⑦ 　《宮中檔雍正朝奏摺》，第九輯，頁444，雍正五年十二月初四日，
　　　管理淮安關宿遷關務年希奏摺。

⑧ 　《食貨月刊》，復刊第一卷，第一期，頁7。

⑨ 　《宮中檔雍正朝奏摺》，第十四輯，頁365，雍正七年九月十一日，

蘇州布政使高斌奏摺。

⑩　《宮中檔雍正朝奏摺》，第七輯（民國六十六年五月），頁360，
　　雍正五年正月二十五日，雲南總督鄂爾泰奏摺。

⑪　《宮中檔雍正朝奏摺》，第十輯（民國六十七年八月），頁647，
　　雍正六年六月二十日，安慶巡撫魏廷珍奏摺。

⑫　《宮中檔雍正朝奏摺》，第十一輯（民國六十七年九月），頁299，
　　雍正六年九月初八日，湖廣總督邁柱奏摺。

⑬　《宮中檔雍正朝奏摺》，第十五輯（民國六十八年正月），頁409，
　　雍正八年正月初二日，廣東布政使王士俊奏摺。

⑭　《宮中檔雍正朝奏摺》，第十二輯（民國六十七年十月），頁734，
　　雍正七年三月二十二日，廣東韶州總兵官馬紀勳奏摺。

⑮　《宮中檔雍正朝奏摺》，第十四輯（民國六十七年十二月），頁87，
　　雍正七年八月初三日，河東總督田文鏡奏摺。

⑯　《軍機處檔・月摺包》，第2776箱，154包，36838號，乾隆四十九
　　年六月初二日，兩廣總督舒常奏摺錄制。

⑰　《上諭檔》（臺北，國立故宮博物院），方本，乾隆五十四年四月
　　十六日，頁89。

⑱　《上諭檔》，方本，乾隆五十五年五月二十日，頁119，林之佩供
　　詞。

⑲　黃六鴻著《福惠全書》（臺北，九思出版公司，民國六十七年十月），卷
　　一，〈延幕友〉，頁12。

⑳　繆全吉著《清代幕府人事制度》（臺北，中國人事行政月刊社，民
　　國六十年五月），頁39。

㉑　《軍機處檔・月摺包》，第2776箱，152包，36356號，乾隆四十九
　　年四月初一日，山西巡撫農起奏摺錄副。

㉒　《清代幕府人事制度》，頁41。

㉓　《軍機處檔·月摺包》，第2744箱，185包，45555號，乾隆五十五
年九月，湯健菴條陳。

㉔　《軍機處檔·月摺包》，第2765箱，93包，18229號，乾隆三十七
年九月二十五日，巡視南城掌江南道監察御史胡翹元奏摺錄副。

㉕　《軍機處檔·月摺包》，第2765箱，95包，19143號，乾隆三十七
年九月十二日，署理浙江巡撫熊學鵬奏摺錄副。

㉖　《清史稿》，〈職官志三〉，卷一二三，頁14。

㉗　《御製詩二集》（臺北，國立故宮博物院，嘉慶十六年，武英殿刊
本），卷二三，頁14。

㉘　《軍機處檔·月摺包》，第2751箱，28包，52141號，嘉慶二十二
年七月初四日，掌廣東道監察御史高翔麟奏摺。

㉙　《軍機處檔·月摺包》，第2751箱，31包，52691號，嘉慶二十二
年八月十七日，左都御史景祿等奏摺附陳文煥呈詞。

㉚　《清史稿》，卷一四三，〈刑法二〉，頁1。

㉛　黃六鴻著《福惠全書》，卷一一，〈用刑〉，頁26。

㉜　《宮中檔雍正朝奏摺》，第一輯（臺北，國立故宮博物院，民國六
十六年十一月），頁812，雍正元年十月初三日，鑲白旗漢軍都統
張聖佐奏摺。

㉝　《宮中檔雍正朝奏摺》，第四輯（民國六十七年二月），頁741，
雍正三年七月二十七日，刑部左侍郎黃炳奏摺。

㉞　《宮中檔雍正朝奏摺》，第二十一輯（民國六十八年七月），頁
255，雍正十一年三月十三日，掌山西道事河南道監察御史馮倓奏
摺。

㉟　《軍機處檔·月摺包》，第2778箱，173包，41679號，乾隆五十四
年八月初三日，陝甘總督勒保奏摺錄副。

㊱　《軍機處檔·月摺包》，第2751箱，28包，52113號，嘉慶二十二

年六月十六日，河南道監察御史周鳴鑾奏摺。

㊲　《軍機處檔‧月摺包》，第2743箱，82包，68050號，道光十四年
　　五月，陳樂山呈恤刑疏。

㊳　《宮中檔康熙朝奏摺》，第一輯（臺北，國立故宮博物院，民國六
　　十五年六月），頁83，康熙四十三年十月十三日，江寧織造曹寅奏
　　摺。

㊴　《宮中檔康熙朝奏摺》，第一輯，頁92，康熙四十三年十月二十二
　　日，曹寅奏摺。

㊵　《宮中檔雍正朝奏摺》，第十一輯（民國六十七年九月），頁844，
　　雍正六年十一月二十六日，湖北巡撫馬會伯奏摺。

㊶　李劍農著《中國近百年政治史》，上冊（臺北，臺灣商務印書館，
　　民國四十八年四月），頁11。

㊷　《外紀檔》（臺北，國立故宮博物院），同治二年二月十三日，監
　　察御史王道庸奏摺。

雍正柒年捌月初叄日河東總督臣田文鏡

雍正皇帝硃批諭旨

中日甲午戰爭期間翰詹科道的反應

一、前　言

　　甲午戰爭前夕，清廷確實擁有一支不容輕視的海陸軍，北洋艦隊尤其贏得更多的讚譽，大多數西方人士相信中國佔了優勢，他們認爲日本不可能取勝，因爲中國軍隊受過精良的訓練，船堅礮利，預言日本最後必將被澈底粉碎。可是一經武力接觸以後，中國方面富於戲劇性地暴露了各種弱點，龐大的陸軍固然不堪一擊，即新建的北洋艦隊也幾乎片甲不回。

　　中日兩軍的正式接觸，是發生於光緒二十年（1894）六月二十三日的豐島海戰，是甲午戰爭爆發後的第一幕，日軍擊沈中國運兵船，牙山援絕。同年六月二十七日，日軍佔領成歡，是第二幕，北洋陸軍受到了重創。七月初一日，中日正式宣戰，此後，日軍的攻勢，進展神速，八月十七日，日軍只用了一天時間就攻下了重兵防守的平壤，葉志超等人於當天夜間統率諸軍棄城北走，經過安州、定州，都棄而不守，這是第三幕，日軍把淮軍精銳一舉趕過了鴨綠江，朝鮮全境都落入了日軍之手。就在第二天，即八月十八日，日本艦隊決定性地在鴨綠江口外的黃海，以半天的時間就摧燬了北洋艦隊，戰鬥一開始，北洋海軍就陷於混亂狀態，黃海海戰就是第四幕，使日軍開始享有制海權。

　　決定中日戰爭全局勝負的就是第三幕和第四幕，以後的戰役，已經是甲午戰爭的尾聲了。日軍渡過鴨綠江後，連陷鳳凰、旅順、大連等地，瓦解了中國軍隊的士氣，日本態度咄咄逼人，自咸同

以來，經過三十年師「夷」長技，以船堅礮利爲中心的自強運動，
卻落得這場恥辱的失敗，中國朝野在精神上受到了一次猛烈的打
擊。在甲午戰爭期間，京外臣工基於愛國熱忱，先後條陳對策，
其中翰林院編修、侍講、侍講學士、詹事府人員、都察院監察御
史、各科掌印給事中等言官，紛紛繕摺具呈瀝陳良策，積極主戰，
匯聚成爲一股清流。清議雖然多屬書生論政，勺水蹄涔，無裨江
海，每每見嗤於人，但他們能先時而發，知無不言，言無不盡，
以爲矇瞽之箴，亦即古人無隱之義，正是所謂用當其急，一壺足
抵千金；言値其時，下位不嫌越俎。本文僅就翰詹科道的止戈靖
邊消弭外患的用兵理念，嘗試進行粗糙的探討。

二、圍魏救趙攻其必救的用兵理念

「圍魏救趙」是戰國時代一個富於戲劇性的用兵故事，是兵
法中的上策，膾炙人口。周顯王十五年（西元前354年），魏國
出兵圍攻趙國的首都邯鄲，趙國情勢危急，向齊國求救。齊威王
派田忌爲將，以兵法家孫武的後人孫臏爲軍師。田忌本來想領兵
直趨趙國，以解邯鄲之圍，可是孫臏不贊成。《史記·孫子吳起
列傳》記載了孫臏的一段話說：「夫解雜亂紛糾者不控捲，救鬥
者不搏撠，批亢擣虛，形格勢禁，則自爲解耳。今梁趙相攻，輕
兵銳卒必竭於外，老弱罷於內。君不若引兵疾走大梁，據其街路，
衝其方虛，彼必釋趙而自救，是我一舉解趙之圍而收弊於魏也。」
大意是說是要解開雜亂打結的繩索，一定要冷靜的找出它的繩頭，
然後用手指慢慢地解開，切不可心急，使勁去扯，或用拳頭猛力
捶打；要排解互毆狠鬥，萬不可捲入打成一團，而要避開雙方拳
來腳往的地方，只要伺隙用拳猛襲其中一方空虛無備的腹部，待
挨揍的雙手捧著肚子跪下，那麼原本對打的情勢，便會有所改觀，

而互毆的局面，也會頓時停止，那麼這場毆鬥，自然也就解開了。現在魏國出兵攻打趙國首都邯鄲，他的輕兵銳卒，傾巢出征在外，只剩老弱在國內留守，您不如帶兵直搗大梁，佔據他們的交通要道，襲擊他們空虛的地方，他們必然會放下趙國，撤軍救魏，如此一來，我們豈不是一舉解除了趙國的被圍困，同時還讓魏國受到窘困的弊害嗎？田忌聽從了孫臏的建議，領兵直攻魏國，魏國的軍隊果然撤去對邯鄲的包圍，急忙趕回大梁，在桂陸地方，與齊國發生遭遇戰，結果齊師大敗魏國的軍隊，正是所謂攻其必救，出奇制勝。甲午中日戰爭爆發後，中國海陸大軍相繼失利，京外臣工無不殫精竭慮，亟思力挽狂瀾，其中翰詹科道等言官多積極主戰，欲以戰止戰，消弭外患，他們熟諳古人的韜略，嘗試模擬戰國時代圍魏救趙，釜底抽薪，攻其所必救的戰略，直搗日本，以解燃眉之急，例如張仲炘、陳存懋、余聯沅、安維峻、陸學源、易俊、瞿鴻機、蔣式芬、洪良品等人，都提出了相近的主張，其目的在於轉敗為勝。

　　光緒二十年（1894）七月二十三日，翰林院檢討陳存懋具呈，請飭總兵劉永福統領舊部，直搗日本，閩浙總督譚鍾麟、臺灣巡撫邵友濂、布政使唐景崧籌備軍火，以為接應。劉永福之軍衝其前，福建臺灣接應之軍踵其後，聲勢聯絡，決盪縱橫，日人自救不暇，必撤兵回援①。刑部侍郎陸學源具摺時亦奏請飭劉永福攻其必救。其原奏稱，「光緒五年，倭人襲我琉球，改為沖繩縣，從此夜郎自大，屢與朝鮮搆釁。今兵已交於朝鮮，我不受其虛聲恫喝，倭夷已有戒心。南澳總兵劉永福前在越南，疊創法夷，倭人望而怯步，可否請飭劉永福酌帶兵船，由臺灣越姑米洋，直抵那霸，進搗琉球，復我之舊藩，攻其所必救，此圍魏救趙之策也。」②直搗琉球，攻其必救，就是圍魏救趙的戰略。

　　安維峻（？—1926），字曉峰，甘肅秦安人，初以報貢朝考，任七品小京官。光緒六年（1880），中進士，改庶吉士，授編修。十九年（1893），轉福建道監察御史。甲午戰爭爆發後，安維峻是京官中著名的主戰論者，曾屢次具摺彈劾李鴻章誤國、賣國，奏請嚴申官兵紀律，慎購快船等，著有《四書講義》、《詩文集》③。安維峻對用兵問題，曾提出其看法，其原奏略謂：

　　　　水陸相需，闕一不可，使因海軍前日之失，而以退守爲能，
　　　　則陸軍之勢已孤，而水師皆呆兵矣。夫必能戰而後能守，
　　　　能守而後能和，不能戰之將士，即守亦不可恃。倘因不能
　　　　戰不能守而改計議和，無論彼多方要脅，和終難成。即和
　　　　矣，而我若撤兵，則彼必復來肆擾，我不撤兵，而長年糜
　　　　餉，財力實有不給。夷情變詐貪婪，毫無信義，得步進步，
　　　　難滿慾壑，非大加懲創，使彼懼而求我，將朝鮮退還，則
　　　　萬萬不可和。和者自損其威，而示人以弱也。既知和之不
　　　　可，而主戰矣，則當相機進剿，以爲決勝之計。今乃以海
　　　　軍兵船屯聚一處，名爲防守，實則藏匿。假若倭人直犯海
　　　　口，則我之魚雷水雷亦將不便發用。何也？發用之，則我
　　　　之兵船，亦必一同受傷；不發用，則我之兵船又適爲受敵
　　　　砲之呆物。臣愚擬請將海軍船隻分撥一半，游奕洋面，相
　　　　機進剿，或直駛彼之海口空虛處，乘勢搗攻，彼必返而自
　　　　救。兵不厭詐，聲東擊西，多方以誤之，策之上者也。如
　　　　此則戰者既有聲援，而守者亦不至爲敵所窘，譬之棋局是
　　　　爲活棋，而非死棋也④。

福建道監察御史安維峻堅決主戰，相機進剿，將海軍船集分撥一半，直搗日本海口，則日軍必撤回自救，安維峻認爲聲東擊西，是用兵的上策。掌湖廣道監察御史蔣式芬於〈爲敵情詭譎防不勝

防請特命偏師進規彼境庶彼內顧而解海嚴〉一摺指出沿海自榮成
迄瓊崖，海疆萬里，處處設防，佈置難周，因此，他奏請採取伐
楚救江的戰略。其原摺略謂：

> 前明沿海備倭二百餘年，迄無勝算，當時有鑒於元代五龍
> 山之役，故未能一矢以相遺。今則海道大通，輪船往來，
> 如履平地，不過兩三日由上海已抵長崎。臣愚竊以爲與其
> 徒守萬里防不勝防之海疆，不如別命一將帥將士卒數千人
> 直趨四島，而師伐楚救江之故智，使彼外不無反顧之虞，
> 內亦有邊警之備，亦以勞其師，而糜其餉，並搖動其人心，
> 度不久而彼且坐困。聞總兵劉永福曾建直搗長崎之議，臣
> 則以爲長崎、神戶各大都會，不必攻也，以其爲通商口岸，
> 百國所輻輳，守禦易集，攻之必曠日持久，而未能獲勝。
> 夫我之濱海者，不過東南兩面耳，彼則群島羅列，無一不
> 與海鄰，惟長崎略有險阻，神戶進口有明石舞子等砲台，
> 其他則形勢既少阨要，海防亦甚疏虞，灣港堪泊者，在在
> 而有。當明治之初，俄英美三國戰艦往來游行自若，遂致
> 全境騷然，彼國人賴襄著書，亦有五龍山之役元人幸自一
> 面來耳之說，然則彼之所大畏者，固在此，而我聿彰天討，
> 大伸撻代之威，又何憚而不爲此以怵之哉！至於審擇將才，
> 或即密遣劉永福前往，或另遣水師人員，不期以剋日奏功，
> 亦不必定以孤軍深入，但游颺於四境之外，飄忽靡定，使
> 之枕席不安，不得期年，彼將自形委頓⑤。

湖廣道監察御史蔣式芬密陳伐楚救江之計，密遣水師騷擾日本沿
海，飄忽不定，使其枕席不安，有反顧之虞，以勞其師，而自形
委頓，亦爲兵法上策。

　　余聯沅（？—1901），字揖珊，湖北孝感人。同治七年（

1868），由內閣中書充軍機章京，光緒二年（1876），校勘方略，升侍讀。三年（1877），以一甲第二名進士，授編修，充國史館協修。十年（1884），充功臣館纂修。十四年（1888），補河南道監察御史，充順天鄉試同考官。十六年（1890），充會試同考官。十八年（1892），充會典館纂修。二十年（1894），遷吏科給事中。甲午戰起，余聯沅積極主戰，密陳直搗日本之策。其原奏指出，兵貴制人，直搗長崎、橫濱之師，最爲上著。破敵之方，不必盡師西法，請飭海疆督撫，何路可以進軍？何船可以渡海？何物可以禦砲？悉心籌畫，密陳出奇制勝之謀⑥。翰林院侍講學士四川學政瞿鴻禨亦積極主戰，密陳撻伐之策。其原奏略謂：

夫以倭之疆域，不過中華兩三省之大，其民窮，其國不富，其兵亦未必強，徒以其君惑巴夏禮之言，慕效英國，變其制度衣冠，西洋從而夸之，遂敢雄視海上，而專與中國爲難。自同治末年一窺臺灣，再滅琉球，皆得志以去，燄乃日張，夜郎自大，狡焉思逞，其欲吞併朝鮮，固非一日矣，豈惟欲併朝鮮，將有覬覦臺澎之志，若不痛加征剿，變故正未可知。語曰：爲虺不摧，爲蛇奈何？今爲蛇之勢已成矣，若復隱忍姑容，一旦侵軼我內地，其亦將晏然而已乎？當明神宗朝，倭酋平秀吉寇朝鮮八道，幾盡沒。時遼東援師失利，用兵部尚書石星議，遣沈惟敬說倭，惟敬與倭交通，反爲嚮導，海疆蹂躪殆遍，連兵七年，平秀吉自斃，而禍始少息。然朝鮮畏倭滋甚，尋與納款，而明自此危矣。殷鑑不遠，可爲寒心，今英俄兩國皆欲覆朝鮮而有之，又非徒日本之可患也。英據朝鮮之巨文島，俄與朝鮮隔江爲鄰，聲息相通，虎視眈眈，垂涎已久，正欲倭與中國搆兵，

坐收漁人之利，彼方協以謀我，又焉能輸誠於我，而爲排
難解紛之人哉？適墮其術中而已，議和之約，要挾百端，
又可想見。倘用法人故智，則將如越南之聽容所爲，即使
存朝貢之虛名，亦有朝鮮如無朝鮮也。朝鮮失，則東三省
之藩籬撤，京師之根本搖，而直隸、山東、江浙、閩粵諸
省皆無安枕之日，國不可爲矣。宋太祖有言，臥榻之側，
豈容他人鼾睡，可不慮哉？以臣愚見，倭人狡險，必不就
我範圍，縱使言和，亦斷不可恃，宜以堅忍之力，與之決
戰，必使朝鮮寸土不失，然後可以許盟，否則勢所必爭，
雖或曠日持久，勞民傷財，亦有所不能已也。行師之道，
固以海軍直逼韓都及由山海關節節進剿爲正兵，臣以爲正
兵之外，可用奇兵以相輔。何以言之，兵船輪舶既不敷用，
載兵運餉，時苦艱難，我之兵力，全注平壤一隅，彼亦得
以全力相抗，非策之善者也，誠及此時密飭兩江閩浙督撫
臣特選勇略兼優之將，速將沿海漁船商船全數收雇，招募
漁人蜑戶，編爲舟師，不動聲色，裹糧潛渡：一自上海入
長崎；一自溫州趨薩摩；一自廈門搗沖繩，收琉球之故地，
三路並收，相爲犄角，彼將顧救不暇，征調俱疲，而我東
陲之師疾捲而復朝鮮決矣⑦。

侍講學士瞿鴻機原奏密陳以海軍爲正兵，直逼朝鮮王城，以沿海
漁船商船爲奇兵，三路潛攻日本，使其顧救不暇。瞿鴻機認爲漁
船商船咄嗟可辦，駕駛亦靈，船多勢分，游奕無定，不虞截擊。
漁人蜑戶熟習風濤之險，膽壯耐勞，部勒成軍，操演刀矛鎗礮，
得力必倍。

　　洪良品（？—1897），字右臣，湖北黃岡人。同治三年（
1864）舉人，七年（1867）成進士，改庶吉士，授編修。十年

（1871），典試山西。光緒十一年（1885），充順天鄉試同考官，遷御史、戶科給事中。洪良品著有《古文尙書辨惑》、《古文孝經薈解》、《新學僞經考商正》、《半畝園筆記》等書。甲午戰爭期間，洪良品是積極主戰的京官之一。洪良品蒿目時艱，爲扶危救急，曾密陳直搗日本之計。洪良品於〈倭患益深計窮勢迫請直攻日本以圖牽制而救眉急〉一摺奏稱：

> 謹考日本疆域，分八道六十六州，不過中國兩省之地，借英債二千餘萬，民債無算。其國本貧，外強中乾，勞師襲遠，其所以敢於深入我地者，蓋早窺內地武備廢弛，人皆習於講和之說而不欲戰也，乃至與之講和而彼仍不應，且益擾我沿海各郡，勢將阻我運道，使京城坐守待斃，此其志豈在小哉！我中國海口延袤萬餘里，此堵彼竄，防不勝防，轉瞬南漕運行，彼以偏師游弋海中，將不戰而自困，此固倭奴處心積慮爲計之毒而料之審者，此本中國之瑕，而不知己之亦有瑕也。謹案日本北爲對馬島，與山東之登州徑直，南爲薩峒馬，與浙江之溫州、台州徑直。長崎一島，與浙江之普陀東西對峙，廈門至長崎，北風由五島入，南風由天堂入，相去不過數十更，蓋海道以更計程，一晝夜爲一更也。凡兵法制人，不制於人，彼能闖我堂奧，我亦能擾彼庭戶。彼能渡鴨綠江而西來，我亦可渡對馬島而東往。彼全師遠出，本國必然空虛，請旨飭下兩江總督張之洞、閩浙總督邊寶泉、臺灣巡無唐景崧密籌會議，各選得力將弁，專募沿海漁丁蜑戶、亡命之徒，計二、三萬人率以直搗日本，擾其長崎、鹿島、橫濱、神戶等處，徑逼王京，彼必回師救援，再有宋慶、依克唐阿等兩面夾攻，擊其惰歸，使彼受一大創，庶知中國之不可侮⑧。

戶科掌印給事中洪良品所陳攻其必救的戰略，與四川學政瞿鴻機所見相近，專募沿海漁丁蜑戶，以騷擾日本沿海各港口。洪良品認為中國軍隊能遠征，紓近憂而弭後患，方為自強之一策。他指出殷憂啟聖，正在此時。

　　張仲炘，字友珊，湖北江夏人。翰林出身，充通政司參議，遷江南道監察御史。甲午戰爭期間，以言官多次上書言事。光緒二十年（1894）七月十八日，張仲炘奏請出奇制勝，召募勇士攻擾日本島隙，其原奏略謂：

> 倭能圖我，我不能圖倭，以無船無兵故耳，神戶、橫濱兩處，守禦極嚴，砲台林立，即攻以鐵艦，亦無勝算之可操，不如乘其不意，潛行侵擾，尚可得志。中國智勇之士極多，擬請密飭海疆諸臣暗為羅致，海濱之民習於風浪，漁圍海盜皆可有用。若得數千人，或千數百人，駕駛商船，零星前往，更密約內地商民乘間而發，據其砲台，守其要隙，斷其電報，雖神戶橫濱之固，不難立破。否則或由臺灣而攻其鹿兒島，或由北洋而奪其對馬壹岐，或由南洋而據其淡路，或由閩海而襲其琉球，或由香港而搗其浦賀，此數處皆無重兵，較易掩取。又沿海灣港，無處不可泊船，海中島嶼，無處不可駐兵。但能得其一、二處，然後繼以大軍，聲東擊西，星馳電埽，擾其海岸，擊其中權，其東西京有不岌岌震動渙然瓦解者哉！此等人當於閩粵求之，但須給以糧餉，臣知其必有應募者，即令不能成事，亦不損我兵威，是亦出奇制勝之一道也⑨。

甲午戰爭期間，主戰派紛紛建議分路進兵日本，攻其必救。但江南道監察御史張仲炘指出當時已無可戰之船，無可任之將，所以奏請羅致閩粵漁民商船潛行騷擾日本沿海港口。張仲炘又多次以

整頓海軍，攻其所必救爲請。光緒二十年（1894）十二月間，張仲炘又奏請飭令劉坤一總統海軍，分爲數隊，以一隊隸南洋而擾日本，以一隊駐北洋而保近畿，以餘船爲遊擊救應之師，水陸並舉，以期規復諸城。光緒二十一年（1895）正月十四日，張仲炘具摺分析說：「倭人之空國而來，而絕不一顧其巢穴者，料無海軍以攻之也；渡師轉餉多用商船而旁若無人者，料無海軍以截之也。」經過左右思維後指出，「計非仍用海軍不可。」但必須先除丁汝昌，並去李鴻章，否則海軍仍不可用。其原奏略謂：

> 請旨速簡海軍提督催令王文韶迅赴天津，飭將現有之船整頓機輪，配齊軍火，專在北洋附近各口，無事則巡防，有警則策應，或尾其後，或攻其前，然猶恐船隻不多，不敷分布，將弁膽怯，難與圖功。臣前聞購得兵船二隻，未知確實，並請電旨遍飭各國出使大臣，迅速採買鐵甲快碰等船數艘，勿惜價值，催覓洋將水手，多買砲械，並已買之二船，限令一月内來華，以資攻剿。此外更宜令張之洞、邊寶泉、唐景崧將南洋、閩粵、臺灣各船酌撥十數艘，並將招商局商船改作兵艦，多募勇士，寬籌軍火，逕攻倭島，爲釜底抽薪之計，南北合作，水陸兼資，果任用得人，軍務斷無不振之理⑩。

翰詹科道爲扶危救急，紛紛密陳圍魏救趙或伐楚救江攻其必救之策，欲以偏師直搗日本，使日本因內顧而解海嚴。他們認爲元代征日本，因蒙古人不知海道沙線，以致颶風起而全軍漂沒。近代以來，中日互市往來頻繁，熟習日本各島門戶，遠征日本，就是釜底抽薪的上策。漕運總督松椿也主張選派宿將，率領兵輪，直搗日本的沿海口岸，其原摺略謂：

> 查日本離廣東之香港、福建之臺灣不過六、七日水程，我

國兵輪到彼，若該國無防，直登彼岸，以攻擊之。若該國
有防，則駐守邊界，以牽制之，一面於朝鮮進剿，使之內
外不能兼顧。聞日本神戶、長崎等口皆以民充守口之役，
足見兵數無多，該國餉絀兵單，相持日久，自不能支，則
必不敢言戰矣⑪。

直搗日本國土，一方面是攻其所必救，一方面可收牽制之效，不
失為兵法上策。河南道監察御史易俊則持不同看法，他具摺時指
出：「議者有為督率兵輪往攻日本之說者，攻其所必救，原是一
策，但管駕不能得力，海上且未能一戰，勞師襲遠，更不可恃，
似不如固守海口，尚足以助聲威之為愈也。」⑫在無可戰之船，
無可任之將，海戰節節失利的情勢下，勞師襲遠，實不足恃。

三、出戰不能運兵不敢的北洋海軍

　　翰林院編修曾廣鈞是曾紀鴻之子，曾紀澤是曾廣鈞的伯父。
光緒二十年（1894）七月間，曾廣鈞對陸戰及海戰進行了扼要
的評論，其原呈指出葉志超一軍孤危，勝出意外，敗在意中，眾
寡懸殊，則士氣先餒，餉道梗斷，則子藥將絕。若不續添援兵，
續運軍火，必致全軍覆沒。左寶貴、馬玉琨兩軍先後馳抵平壤，
南距滿城四百里，雖奉嚴旨進攻漢城，惟漢城依山臨水，高厚堅
實，以喘息未定之軍頓絕徼崇墉之下，徒損精銳。設若日軍自元
山西趨平壤，我軍進不能戰，退不能歸，坐困重圍，受敵人暗算
而防無可防，南不能飛渡漢城拯葉軍於垂死，北不能聯絡大東溝
登岸繼進的盛軍合為一氣，不數日後，亦必坐困待援。曾廣鈞認
為這種情形「總由海軍畏葸，以致百倍艱難」。曾廣鈞指出高陞
號接濟葉志超，裝載援兵，極為重要，至少亦當派鐵甲兩艘護送，
然而僅派廣乙前行，而令濟遠快船緩緩尾循其後，以致廣乙一船

力戰日軍三船，操江降敵，濟遠逃回，竟棄廣乙而不顧。曾廣鈞
認爲北洋海軍久染丁汝昌氣習，預存一事，來則遁，事急則降的
成見，已經牢不可破，糜朝廷數百萬金銀，竟不獲一船之用。曾
廣鈞對海軍與陸軍的勝負對整個戰役的影響，輕重不同，其原呈
略謂：

> 查各國用兵章程，率以上等次等船出洋攻人，下等船守口。
> 守口本砲台專責，下等船輔之而已。若戰於高麗，則海軍
> 尤以出境攻人爲要，陸軍之勝敗關係尚輕，陸軍雖連獲大
> 勝，戰無了期，海軍出境，只須擊沈倭船三、四艘，則戰
> 事可以頓止，款局必能立成。請以理與勢綜論之，大凡君
> 主之國，愛陸軍士卒之性命不若其愛戰船。倭人生齒之繁，
> 游民之多，招募之易，月餉之輕，大致與我無異，而其運
> 道之便，轉輸之捷，則全恃所僱太古英商十餘號藍煙囪輪
> 船源源接濟，倭來如蟻，愈殺愈多，況元山、釜山、仁川、
> 江華倭船在在可以登岸狙擊。我行於陸，日僅百里，彼行
> 於海，瞬息千里，譬之飛虎逐疲人，危乎不危，故曰陸軍
> 雖勝，戰無了期，何況未必遽勝耶？必也以偏師二、三艦
> 先渡牙山，倭只知爲裝載援兵，必不設備，中途倘遇倭商
> 輪，固可挾之以歸，即遇倭航艦，亦可痛擊，偏師獲勝，
> 使丁汝昌漸知倭不足畏，膽氣自壯，便可出洋覓戰，可攻
> 仁川，可攻長崎，並可進攻橫濱，如是而倭人不俯首就款，
> 無是理矣，故曰：海軍獲勝，戰務頓止，款局立成，非虛
> 言也⑬。

翰林院編修曾廣鈞呈文中所稱，「陸軍雖勝，戰無了期」、「海
軍獲勝，戰務頓止」等語，重海輕陸的論點，是值得重視的。甲
午戰爭，清朝海戰的失敗，充分暴露了北洋海軍的弱點。

高燮曾，字理臣，湖北武昌人。翰林出身，擢順天府府丞，遷廣西道監察御史，是當時最敢言的言官之一。高燮曾具摺時指出「北洋定遠、鎮遠船，均稱堅固，未始不可一戰，倭人積年所購鐵甲兵艦多於我無幾。但倭海軍勇，到處梭巡；我海軍怯，壹意畏避，遂致海道爲其所阻。夫我軍之所以怯，非水師盡無用也，提督不得其人，斯軍士不免遷延觀望。」⑭西人評論北洋海軍時亦稱，「中國船堅砲遠，及平日操練打靶，皆遠過於日本，惟將弁未經戰陣，遇敵膽怯。」⑮

光緒二十年（1894）七月二十六日，吏科掌印給事中余聯沅具摺彈劾李鴻章身膺疆寄，徬徨無策，創辦海軍，糜帑千數百萬，而不能一戰，事事荒謬，種種貽誤，人言嘖嘖。原摺將李鴻章貽誤大局者列舉六款如下：

一、身膺疆寄數十年，其昔日攻粵捻諸逆，以洋人得功，遂終身以洋人爲可師，而不知改變。從前法人滋事，該督徬徨無策，幸而不北來，得以無事。當其時該督謂無海軍，以致不能出海，於是創辦海軍，糜帑千數百萬，而至今不能一戰。

二、此次戰事實爲李鴻章因循怠弛所釀成，當日若從汪鳳藻、袁世凱、葉志超益師之請，豫先進兵，何至險要爲倭所據，韓王爲倭所虜，使敵人著著占先而我兵無可進之路，乃該督事事聽洋人慫惥，大墮緩兵之計。

三、牙山之捷趁此聲威添兵迅剿，足懾敵膽，乃任其孤軍無援，置葉軍生死於不顧，高陞輪船載兵前往，日本奸細打去密電，致倭艘截擊海口，殲我士卒，而不能先事覺察，豫爲防備。

四、丁汝昌闒茸無賴，不能察之於平日，至臨事之畏縮不前，又復曲爲回護，而不立正軍法以激勵將士。

五、獲敵奸細不加窮究，且欲縱之，知敵裝煤米，不復過問，

又聽他國洋人之策，意欲主和，平壤頓兵，該督不令攻打，顯違詔旨，無復人心。

六當未奉決戰諭旨之先，欲倩俄人打倭，計不遂又欲倩英人打倭，計又不遂。及聖諭煌煌，該督亦自知墮洋人狡謀，仰屋吁嗟，寢食俱廢。近更忽明忽昧，堅愎自用，凡言戰者，輒加斥責，而又聽信二三僉邪不可輕戰之言，他國洋人又從而恫喝之，隱持之。該督挾有欲和之意，以奉旨嚴切未敢公然出口，而其心實無戰志，故藉口兵輪少，又增買舟鑑，以緩我師，無論臨渴掘井，斷不濟事，即刻日來華，又安能猝得熟習海道之將統領此船？平壤業已萬餘人，何至不可一戰，乃計不出此，該督胸有欲和之見存也，故津人傳說以爲即其所親附者亦無不以秦檜目之。夫能戰而後能和，乃一味優媚，損國威而懈士心⑯。

吏科掌印給事中余聯沅瀝陳李鴻章貽誤大局，北洋海軍，不能一戰，不堪一擊；高陞輪船載送援兵，日艦截擊海口，不能豫爲防備；丁汝昌畏縮不前；李鴻章一籌莫展，增購舟艦，臨渴掘井，極力主和，心無戰志。山東巡撫李秉衡具摺時亦指出北洋海軍的弱點，其原奏略謂：

> 提督丁汝昌爲海軍統帥，牙山之敗，以致遠船衝鋒獨進，不爲救援，督率無方，已難辭咎，朝廷不加譴責，冀其自知愧奮，以贖前愆。乃丁汝昌驕玩性成，不知儆懼，聞皮子窩、大連灣一帶，爲敵鋒所指，將兵艦帶至威海一帶，以爲藏身之固。倭船四出游弋，不聞以一輪相追逐。嗣李鴻章令其仍赴旅順，始勉強一往，至事急又復率兵艦逃回威海，倉皇夜遁，致將鎮遠船觸礁沈壞。以經營十餘年，糜帑數千萬之海軍，處旅順形勝之地，乃竟望風先遁，將台砲船塢，拱手以與敵人，丁汝昌之罪尚可逭乎？直隸候

補道龔照璵爲旅順船塢總辦，兼水路營務處督帶水雷等軍，平時剋扣軍餉，苛算工匠，兵民無不切齒。倭犯大連灣，距旅順百餘里，居民恃有防營，尚安堵如故，龔照璵一聞警信，即攜眷乘輪船潛赴煙台。經臣訪聞正往詰問，又復逃至天津，迫於眾論，旋折回旅順，不數日仍自潛逃，以致兵民驚惶，軍無鬥志。聞龔照璵逃後，其親兵營勇肆行搶掠，因之工匠居民遷徙一空。論者謂旅順之失，以龔照璵爲禍首。提督衛汝成爲衛汝貴之弟，統帶五營，李鴻章令其赴援旅順，沿途縱勇殃民，與賊無異⑰。

中日海戰期間，丁汝昌畏葸不進，不聞以一輪相追逐，北洋海軍據旅順形勝之地，丁汝昌竟望風先遁，軍無鬥志，親兵營勇，肆行搶掠，軍紀敗壞，幾與盜賊無異，有兵如此，既不能戰，亦不能守。

　　李鴻章爲充實海軍作戰力量，曾有添購快船之請。光緒二十年（1894）七月二十九日，李鴻章覆奏時曾對北洋艦隊的優劣提出說明：

　　　　查北洋海軍可用者，只鎮遠、定遠鐵甲艦二艘，爲倭船所不及，然質重行緩，喫水過深，不能入海汊內港；次則濟遠、經遠、來遠三船，有水線甲穹甲而行駛不速；致遠、靖遠二船，前定造時號稱一點鐘十八海里，近因行用日久，僅十五、六海里。此外各船愈舊愈緩，海上交戰，能否趨避，應以船行之遲速爲準，速率快者，勝則易於追逐，敗亦便於引避。若遲速懸殊，則利鈍立判。西洋各大國講求船政，以鐵甲爲主，必以極快船隻爲輔胥是道也。詳考各國判行海軍冊籍內載日本新舊快船推爲可用者共二十一艘中有九艘自光緒十五年後分年購造，最快者每點鐘行二十

三海里，次亦二十海里上下。我船訂購在先，當時西人船
機之學，尚未精造至此，僅每點鐘行十五至十八海里，已
爲極速，今則至二十餘海里矣。近年部議停購船械，自光
緒十四年後我軍未增一船，丁汝昌及各將領屢求添購新式
快船。臣仰體時艱款絀，未敢奏咨瀆請，臣當躬任其咎，
倭人心計譎深，乘我力難添購之際，逐年增益⑱。

北洋艦隊遲速懸殊，利鈍已判，勝負已分。李鴻章於附片中指出
「此次東征，以北洋一隅之力，禦倭寇傾國之師，不得不事事求
備。」李鴻章同時指陳籌費爲難情形，原片交戶部議奏。戶部覆
奏時指出天下防營以北洋爲最多，應需餉項，亦以北洋爲最鉅，
十數年來，李鴻章籌練防軍，購置船械，每遇請款，戶部無不竭
力籌措。光緒十七年（1891）四月間，戶部因部庫空虛，海疆
無事，奏准將南北洋購買鎗砲船隻機器暫停二年，藉資彌補，在
此之前，既未嘗議停，在此之後亦未阻購辦。管理戶部事務大臣
宗室福錕等原奏稱「自限滿迄今，業已一年有餘，新疆、甘肅、
福建、安徽、湖南等省，皆有購辦大批外洋槍械之案，湖北則有
添購外洋鍊鐵機鑪之案，而北洋獨未購辦，是必該省船械足用，
無待外求，非因部章爲之限制亦可知矣。」⑲李鴻章以北洋一隅
之力，抵抗日本傾國之師，固屬實情。但北洋海軍經營不善，人
謀不臧，李鴻章畢竟不能辭其咎。福建道監察御史安維峻於〈快
船訂購宜愼鉅款不可輕擲〉一摺，對李鴻章經營北洋海軍的得失，
作了詳盡的剖析，其原摺略謂：

竊臣聞北洋大臣李鴻章近因中倭戰事，有添購快船之請，
業由戶部及海軍衙門撥銀二百萬兩，交出使英法義比大臣
龔照瑗訂購阿摩士等船。臣不知李鴻章此舉其意何居也？
夫創辦海軍之始，醇賢親王與軍機大臣及總理各國事務大

臣會議，中國海軍擬設四大枝或三大枝，每枝用鐵甲二艘，
快船四、五艘，今北洋有定遠、鎮遠二鐵艦，經遠、徠遠、
濟遠、致遠、靖遠、平遠、超勇、揚威八碰快船，又有鎮
中、鎮邊等六蚊船，魚雷艇十餘號，是統論中國全局，海
軍誠宜逐漸擴充，如僅威海、大沽、旅順、大連灣一枝而
已，船數實不爲少。所患者統將不得人，有船與無船等耳。
提督丁汝昌本係陸將，於海軍之奧妙，全然不知，總兵林
泰曾、劉步蟾皆船政學生，風濤沙線，粗能通曉，兩人分
帶二鐵艦，安富尊榮，擁以自衛，其昏庸畏葸，更甚於丁
汝昌。故北洋雖有鐵快各船，遠不能攻倭奴之三島，近亦
不敢游弋仁川、牙山諸口也。南洋船少，人所共知，然本
年李鴻章巡閱海軍，南洋廣乙等三船，操練精純，砲無虛
發，遠出北洋海軍之上。此次牙山開仗，廣乙血戰，擊壞
日本快船，西人亦極稱歎，彼國至登之日報。惜所帶砲彈
太少，又孤軍無援，遂致全船覆沒。定遠、鎮遠製作甚精，
在西洋亦爲上等鐵艦。濟遠船身笨重，機器太多，容煤甚
少。牙山之役，管駕方伯謙藏匿艙內，不敢交鋒。倭人知
其易與，奮力窮追，倭船與濟遠相距祇數丈，事機危迫，
有水手山東人，突開尾砲，擊中倭船要害，連開三砲，而
倭船傷重不能行駛，濟遠得以逃歸。是役，微山東水手，
則濟遠必爲倭虜，而方伯謙亦將爲操將管駕王榮發之續矣。
夫廣乙造自閩廠，船身雖小，竟敢猛戰；濟遠船砲俱笨，
以一水手之力，竟能擊傷倭船。可見船無論大小利鈍，能
戰與否，仍視乎駕船之弁兵。設使山東水手而管駕濟遠，
必不止擊壞倭船一、二艘。勇猛精練如廣乙管駕，而濟以
定、鎮諸艦，豈不可以奪對馬據釜山哉？故北洋海軍如果

能戰，則現在非無可戰之船，船數亦不見少；儻海軍將弁
皆如丁汝昌輩之惶怯，則即廣購戰船，齎寇兵而資盜糧，
其害有甚於無船者，操江已事，可爲寒心。夫李鴻章之欲
添船，意在與日本交綏耳。然如丁汝昌、林泰曾、劉步蟾
等，李鴻章知其畏縮，尚且以無人更換，一味優容，試問
阿摩士等船，如果來華，更派何人管駕？此次海上角逐，
李鴻章不歸咎於海軍將弁之不得力，而亟亟焉惟添購快船
是請，臣誠不解其何心也[20]。

福建道監察御史安維峻以海軍將弁不得力，戰艦乏人管駕，而反
對訂購快船，雖不免因噎廢食，但李鴻章用人不當，也是新政受
阻，海軍失敗的最大原因[21]。安維峻認爲北洋海軍如果能戰，船
數已不爲少，並非無可戰之船，丁汝昌等人惶怯畏縮，管駕不得
其人，有船等於無船，甚至有資敵之虞，其害更甚於無船。安維
峻進一步指出中國出使大臣向來以購買船砲爲利藪，出使大臣李
鳳苞定造濟遠等艦，與洋員金楷理朋比爲奸，侵蝕至百萬上下，
濟遠原價三十萬，報銷六十萬。因此，他奏請將添購快船經費內
騰出鉅款二百萬充餉，方爲上策。安維峻屢次彈劾丁汝昌等人，
他指出「丁汝昌性情浮華，毫無韜略，雖爲海軍統帥，而平日宿
娼聚賭，並不在營居住，一登兵輪，即患暈之疾，左右翼總兵林
泰曾、劉步蟾輕其爲人，不服調度。」[22]翰林院侍讀張百熙亦具
摺指出「丁汝昌固屬無能，而左右翼總兵林泰曾、劉步蟾兩員尤
爲庸懦無恥。調遣赴援之始，該總兵即戰慄無人色，開輪匿伏內
艙不出，丁汝昌爲所牽制，不得自由，以致惶怯退縮，爲天下詬
詈。」[23]

文廷式（1856—1904），字道希，號雲閣，又號純常子，
江西萍鄉人，生於廣東。光緒十六年（1890）進士，授編修。

甲午大考翰詹，閱卷大臣擬第三，光緒皇帝特拔第一，擢翰林院
侍讀學士，兼日講起居注官。甲午事起，文廷式多次上書主戰，
彈劾李鴻章的避戰求和㉔。光緒二十年（1894）八月二十日，文
廷式以事機已失，密陳補救之策。他在原摺中指出「朝鮮一役，
樞譯兩署，專恃北洋，然始則調兵稽遲，繼則海軍畏怯，近且糧
運濡滯，師赴撓敗。」又說「計倭人起釁以來，已及兩月，攻威
海後，亦一月有餘，我之海軍，出戰不能，運兵不敢。李鴻章以
為不可輕於一擲，不知購此鐵甲何用？」文廷式認為海軍不更易
將領，則邊事無可為。兩國交戰，隔海者以先得海面為勝。日本
最大的軍艦不過四千噸，我船則七千噸，其砲徑大者不足四寸，
我船則七寸有餘，速率雖不及，而厚度卻又過之。因此，文廷式
奏請特旨嚴飭海軍選擇勇將，令其在洋面與日本決戰㉕。福建道
監察御史安維峻認為李鴻章督辦軍務以來，調度乖方，喪師失律，
「雖婦孺之儔，莫不切齒痛恨。」㉖

四、長期抗戰轉敗為勝的陸防思想

　　知己知彼，是朝野一致的要求。甲午事起，日兵的調度及其
戰略，也受到翰詹科道的重視。禮部右侍郎志銳已指出日人用兵，
與英法不同。其原奏稱，「日人攻韓牙山被創後，聞尚有萬六千
人，其不以全力攻葉軍者，蓋知平壤有兵，若一力攻葉，則漢城
空虛，恐我軍一鼓而下，故緩葉軍之擊，而以重兵守漢城，沿途
設伏，以守為攻，老我師耳。威海、旅順略開數砲，一擊即退，
此非攻也，特探路耳，特測量我砲台之堅鬆、砲力之遠近耳。」
原奏又說：「日人情形，近於海盜，詭詐甚多，今一擊即去者，
乃示弱也，俟我防弛志懈，必有猛攻大沽之舉。」㉗
　　侍讀學士文廷式指出日人用兵，師法德人，他認為中國宜廣

籌善法良圖，爲久持之勢。水師教習琅威理致書李鴻章曾云「中
國言戰，丁百年不匱；若倭人戰，不十年必亡滅矣！」㉘朝野提
出持久抗戰主張者，頗不乏其人。候補主事王榮先、鮑心增具呈
時指出「倭賊用兵，可謂善於審機矣！」他們分析勝負的形勢說：
「彼島氣力有限，萬難持久，而我中國地大物博，自來用兵，人
材愈戰愈衆，兵力愈戰愈強。今調募將齊，軍火又到，機事大轉，
迺以和局誤之，俾我騷動天下終於無功，而彼得保衆休息，爲再
舉萬全之地，亟肆以疲我，多方以誤我，中國不戰自憊矣！此狡
虜不勞而屈我之奸謀也，如此是賊常處於必勝，而我常處於必敗。」
㉙中國地大物博，兵源充足，長期抗戰，可以轉敗爲勝。

　　兩江總督劉坤一也主張長期作戰，其原奏稱「現在兵端已開，
務在痛予懲創，即使刻難得手，亦可以堅忍持之。日本國小民貧，
併力一舉，其勢斷難支久，將來待其困斃，自易就我範圍。」㉚
日本國小民貧，不利於持久作戰。翰林院編修丁立鈞具呈條陳和
戰利弊時，亦主張長期抗戰，其呈文略謂：

　　　　自古用兵之主，往往勇於始事，而後漸生厭倦之心，伏願
　　　　皇上審明利害，始終堅定，毋以小挫而震於敵人恫愒之虛
　　　　聲，毋至功半而惑於與國調停之謬說。日前法越之事，我
　　　　兵事甫經得手，輒徇疆臣意，遽准法人和議，海內惜之。
　　　　今敵人兵力財力遠不如法，而專務冞突以求逞，如服狂藥，
　　　　力盡自憊，所謂疾風暴雨，不俟終朝者也。我但通籌戰守
　　　　之策，靜以御之，則彼將有不支之勢，竊料敵人兵力如與
　　　　我悉力相持，必不能至四、五月之久，此次與我搆釁，聞
　　　　彼國商人悉皆不願。今斷其各口通商至四、五月之久，則
　　　　彼上下之心必離，而軍情不固矣，俟彼勢窮力屈求和於我，
　　　　則一切就我範圍，從此改定前約，可以盡收保護朝鮮之權，

所謂一勞永逸者也。若我不能待而輕於許和，則必牽就於
他國調停之說，所虧損者必多。緣歐洲大邦之覘覷中土者，
不止一國，專視一國要求之得失，以爲動靜，故於調停中
外之事，無不抑中國以伸外國，勢使然也。今英俄如爲中
日議和，不曰賠日兵費，即曰中國割朝鮮東南之地與日，
不逾年而英人之索西藏，俄人之據外蒙古，皆此例矣。伏
惟皇上明燭萬里，斷以行之，今創一實不足畏之日本以立
威，則各國咸知震懾，國事幸甚，天下幸甚③①！

編修丁立鈞分析了和戰的利害，他估計日本所能相持的時間，不
出四、五個月，中國當通籌戰守之策，靜以制動，堅持長期作戰，
俟其勢窮力屈求和，就是所謂一勞永逸的辦法，否則輕易許和，
必然下開列強瓜分之例，後患無窮。丁立鈞認爲朝鮮對於中國，
勢比唇齒，親同骨肉，鄰近盛京陵寢重地，屏蔽一撤，在在可危。
他指出「今日之事，以大舉討逆爲一定不易之策，薄海瞻仰在此
一舉。」正是國家發憤自強的一大關鍵。

　　優貢候選知縣言有章是順天府宛平縣人，他認爲「日軍搆難，
關係歐亞全局」，於是「取法古編，參稽近事」，具呈瀝陳六策，
取具同鄉京官印結，赴都察院衙門呈請代奏。言有章積極主戰，
他在原呈內首先指出「古今制敵之大要，皆必能戰而後能和，戰
少卻而降而請和，戰甫勝而急於言和，均非也。」明神宗時，日
軍侵略朝鮮，李如松平壤卻敵，不幸致敗，沈惟敬、顧養謙請款
請封，賴兪大猷、戚繼光戮力同仇，終於解除外患。言有章認爲
日本地小力薄，並非英、俄諸國之比，而中國已非前數十年內患
倥傯無暇及遠之比，因此呈請奮武興師，「勿沮於先難，勿搖於
邪說，用以堅忍持久，戰勝取威，雪積恥而戢他族，實天下臣民
之幸也。」言有章條陳〈積久以乘倭敝〉一款說：

日人近參西法，粗得皮毛，外強中乾，有識共稔，況土地賦稅不足當我二十分之一，其兵制半取之農籍，精銳不出二萬人，生成脆弱。我兵勇力，一可當其三、四。其兵輪向僅十餘艘，外包鐵葉不過數寸，厚至七、八寸者已少，誠財力所限不能辦鐵葉堅厚之船也。我之鐵甲船鐵葉皆厚二尺餘及一尺餘，即蚊子等船鐵葉較薄，亦在數寸以上，以之接仗，我雖多受砲而較堅，彼雖少受砲而易壞，特日船輒敢輕進倖功，我船反以恇怯坐敗，此視管帶之人耳。日人近因購兵借債已百一千萬，合銀七百萬兩之多，曠日持久，則窮蹙受命，自在意中。至其強貸國之殷富商民，乞借西洋交親各國，受借者知其無力還欠，必不若是之愚，且數月中我兵多方觀望，日人豈無聞知，顧不能分兵並犯各口，而近始稍窺我威海一帶，其兵力單弱，概可想見，我軍非奪仁川，不能通諸軍，非據日本一島，不能易朝鮮沿海各省額設及現有之兵足數撥守。頃紛紛設防，添兵增餉，敵縱未至，我力先殫，此徒自困耳，惟專力攻取，一面水陸並發，且戰且守，援多餉足，即可漸復朝鮮；一面以兵輪游弋東洋，使之備多力分，不但駐高之兵內顧驚擾，更無暇圖我各口矣。中日通船之道有二：一自上海經長崎、神戶達橫濱，路出瀨戶內海，中多島嶼，宜防設伏，用兵時不可行，惟自長崎南繞北奪佐賀關，擣攻下關之腹，此為間道下關，乃四方喉隘，我據之，彼即餉援並絕，為全國最要害之區也；一自香港徑達橫濱，一水汪汪，駛行無阻，可直擣賀浦，進逼品川，橫濱告警，東京即震動矣。又自琿春、圖們江可潛渡青森，而據箱館；箱館為北海道門戶，我力扼之，亦可令彼餉援不通，此外沿海各港島，

皆可往來游弋。要在審定形勢而多方以敝之，日人必智力
俱困矣。戰勝之後，堅明議撫，此次日人先擊我船，應照
公法責賠兵費，是則中國馭夷之大權利在乎措置有方耳㉜。

候選知縣言有章呈請水陸並進，堅忍持久，乘其敝困，轉敗爲勝，
以戰卻日，收復朝鮮後，即將朝鮮改建行省，以文武重臣臨治其
地，曲存其封號，優恤其君臣，用以鞏固東疆，永杜侵擾。

　　禮部左侍郎長麟以爲海軍畏縮，海戰不足恃，而奏請採用陸
地持久戰，使日軍陷入長期陸地作戰而不能自拔，其原摺略謂：

　　　現在不僅海戰萬不足恃，即運糧裝兵，亦所不能，嗟乎我
　　　國家設立海軍以來，歲糜帑金幾何？購堅船買利砲所費幾
　　　何？海軍二年一保，本年殊恩特沛，武員竟破格銜錫宮保
　　　尚書，其恩遇海軍將士者又若何？乃不獲食一日一人之報，
　　　而徒資異族狎侮之笑談，則亦何苦糜茲鉅款濫此天恩也？
　　　奴才以爲大張撻伐之威不若專從事於陸，自旅順、鳳凰城
　　　濟鴨綠江，直至平壤一路增設電線，分置糧台，密飭卡兵
　　　扼要防守，節節爲營，步步爲伍，得尺則爲我之尺，得寸
　　　亦我之寸。大軍直走韓京，分軍援牙山，以備犄角，與倭
　　　人抵死相持，百戰不屈，百敗不撓，決之以堅，持之以久
　　　㉝。

侍郎長麟目睹海戰不足恃，於是奏請專恃陸戰，與日軍抵抗相持，
長期抗戰，百戰不屈，百敗不撓，堅決持久，以爭取最後的勝利。

　　海防與塞防必須兼顧，翰詹科道眼見海戰失利，於是轉而希
望採取陸戰。自從淮軍失利後，他們又轉而寄託於湘軍。奉天府
府丞兼學政李培元具摺瀝陳淮軍萬不可用，其原奏略謂：

　　　淮軍萬不可用也，宿將久經凋謝，繼起者，非其親戚，即
　　　其子弟，均未經戰陣之人，補伍皆以賄成，扣餉早懷積怨，

> 況功名已足，習氣已成，驕奢居人先，戰鬥居人後。從前
> 攻打髮捻，賄子女帛貨，我兵故以戰爲利。今與倭寇戰無
> 所得，故不利殺賊，而利於擾民，見賊愈怯者，擾民愈甚，
> 如飛騎馬隊一軍，搶掠淫暴，無所不爲，似宜撤回內地，
> 留其軍械，以供有用之師，節其餉需，以給能戰之士㉞。

淮軍驕奢擾民，習氣已成。江南道監察御史鍾德祥具摺時亦指出
「淮軍積久縱弛，短額失伍，痿蹶鈍眊，路人皆知，雖勒驅全隊
出以當敵，政遺敵禽耳。」㉟吏科掌印給事中余聯沅亦稱「淮軍
素稱勁軍，承平二十餘年，舊部所存無幾，今皆以新募充數，故
不免驕惰，然亦實由李鴻章約束不嚴，遂漸致有尾大不掉之勢，
欲殺其勢，莫如趕募湘軍十營，另設統將，不受北洋節制。」㊱
淮軍失利以後，輿論即轉向湘軍。翰林院升用侍講編修王榮商具
呈時亦稱「查中國湘、淮兩軍，並負重名，自淮軍失利，已爲敵
人所輕。惟湘軍尙未與倭開仗，中外之所屬望者在此，即倭夷之
所畏懼者亦在此。」㊲翰林院編修丁立鈞具呈時指出北洋大軍渡
海後，兵力空虛，所以呈請飭諭巡撫劉錦棠簡調湘軍二、三十營，
帶赴天津，以替代東援淮軍爲名，陰以拱衛京師重地。丁立鈞認
爲「今若根本重地鞏固不搖，則壹意進兵，無內顧之慮，即軍事
偶有挫衄，亦不至震動大局矣。事定之後，請即以渡海淮軍駐紮
朝鮮保護，而此隊湘軍留防北洋，以劑湘淮之平，革偏重之勢。」㊳
河南道監察御史易俊具摺時亦稱京旗各營，有名無實，且從未經
歷戰陣，斷難得力。因此，他奏請招集勁旅，以壯聲威，入衛京
師，以固根本。他指出「各省兵丁，惟湘軍最爲可靠。」㊴在湘
軍將領中如魏光燾從軍西討，曉暢戎機，爲左宗棠、劉錦棠所倚
重。湖南提督婁雲慶驍勇善戰，是霆軍著名宿將。易俊奏請飭魏
光燾、婁雲慶各統一軍北上，駐紮通州、燕郊一帶，則「如金城

湯池，可深恃而無恐。」江南道監察御史鍾德祥對湘軍推崇備至，寄予厚望。他具摺奏稱「劉錦棠舊部弁勇暨湘兵奇傑戰士立志從劉錦棠出而効力者，聞其氣義甚盛，此夷虜所最畏忌，臣熟知之，今未有所屬，然必得一湖南能將兵有名之人歸而率之，即皆勁旅也。」⑩鍾德祥指出湖北布政使王之春是能用兵的將領，倘能飭令王之春徑回湖南，招集劉錦棠舊部，兼募湘勇，練成一軍，馳赴朝鮮，實足自當一面。據湖南巡撫吳大澂奏稱，魏光燾穩練精詳，韜略素裕。此外，余虎恩是劉錦棠部下知名將領，劉樹元爲彭玉麟軍中倚重之人，提督熊鐵生、副將吳元愷是張之洞舊部，都是忠勇可用的將領⑪。漕運總督松椿亦具摺推荐將才，他指出廣西提督蘇元春、雲南提督馮子材、廣東南澳鎮總兵劉永福等員都是當時名震外洋的大員，兵法變化，必能出奇制勝，其部下亦多驍勇之將。此外，福建水師提督楊岐珍、福建陸路提督黃少春、廣東陸路提督唐仁廉等員，聲名卓著，爲洋人所敬畏。記名提督尹興茂，曾在甘肅攻克金積堡，屢著戰功，四川川北鎮總兵何乘鰲，曾在浙江擊熸法人兵輪，厥功甚偉，以上各員都是難得將才，足以任其選⑫。福建道監察御史安維峻認爲「以天下之大，何患無人才，以中國全力，何患不能制一小國，亦在上之振作何如耳！」⑬因此，他奏請量移錄用昔年立功宿將，如陳湜等員，俱堪勝艱重之寄。但當清廷起用湘軍後，其軍紀欠佳，所到騷擾，民怨沸騰，最滋擾的就是吳大澂等人帶領的湘軍。翰林院侍講編修王榮商具呈時亦稱「聞陳湜赴援之軍，頗有沿途騷擾，剋扣軍糧等弊，如果屬實，是湘軍亦不盡可恃，將來稍有挫失，則全軍之銳氣頓衰，倭夷益無顧忌，而和局愈不可成矣！」⑭甲午戰爭，清廷遠調他省之兵禦敵，淮軍、湘軍都扮演了重要的角色，而東三省原設額兵及練兵卻置身事外。侍講編修王榮商具呈分析遠調客兵的

利弊，並請整頓東三省練兵，以固邊防，其原呈略謂：

> 東三省爲國家根本重地，額兵之外，增設練兵，所以翼蔽
> 神京，防禦強敵，計至周也，無知各將領不能認眞操練，
> 無事則減營以冒餉，有事則烏合而成軍。自倭內犯，本省
> 之兵全不足恃，東抽兩營，西撥數隊，兵與將不習，主與
> 客不和，此營進而他營退縮而不前，此軍敗則彼軍熟視而
> 不救，是軍興數月，但有失陷之地，並無收復之城，聖主
> 焦勞於上，百姓惶急於下，而諸將則徘徊觀望，若以爲無
> 與吾事者，興者及此，可勝痛恨。此皆由本省無可恃之兵，
> 故他省之兵，皆不得力，就便客兵得力，而調遠地之兵，
> 以禦逼近之寇，固可暫而不可久也。今朝廷雖遣使議和，
> 倭奴恐無允許之理，即倭患就平而俄夷方狡焉思逞，東三
> 省亦恐無安靜之時㊺。

侍講編修王榮商原呈已指出日軍內犯時，東三省本地的額兵及練
兵全不足恃，不得不遠調客兵，東抽西撥，兵將不習，主客不和，
敗不相救，諸將隔岸觀火，幾乎置身事外，結果是「但有失陷之
地，並無收復之城。」光緒二十年（1894）十一月十一日，軍
機大臣字寄亦云：

> 十一月初八日奉上諭，御史安維峻奏，撫臣未經戰事，將
> 領不受約束，請旨訓飭一摺，據稱山海關內外駐紮各軍歸
> 吳大澂統帶者共四十二營，均受該撫節制，事權不爲不專，
> 該撫未經接戰，專主洋操，湘軍皆不恃此，聞該撫立營下
> 寨，並不挑挖地營地溝以爲避砲之計，魏光燾、陳湜位在
> 藩臬，有素不相下之勢，恐難指揮如意等語。吳大澂任事
> 頗能勇往，所統湘軍數亦不少，第恐諸將意見各殊，臨敵
> 進止，不能合力同心，或竟互相觀望，必致貽誤事機，該

> 御史所奏不爲無見，該撫惟當聯絡諸將，推誠布公，虛衷
> 商榷，務令各抒所見，折衷一是，以期於事有濟，庶無負
> 諄諄諮誠至意⑯。

湘軍諸將意見各殊，互相觀望，不能同心合力，吳大澂虛憍誇大，
將領不受約束，客兵不足恃，烏合成軍，既不能戰，亦不能守。
侍講編修王榮商極力主張東三省整頓練兵，他認爲東三省風氣剛
勁，不患無可練之兵，中國人才眾多，亦不患無能練之將，練兵
具有成法，練兵之法，以明代戚繼光、清代傅鼐爲最善，其大旨
爲簡練和訓練。東三省原練旗兵萬五千人，振作之法，先將原練
之兵裁撤三千，另選營官就近招募，一一簡擇，補足三千之數，
使樸勇者仍可入選，疲弱者不得濫竽，壁壘一新，則精神百倍，
然後朝夕訓練，一月之後，即於三千中分撥一半，隨同前敵各軍
學習打仗，以練其膽。近則五日一換，遠則十日一輪，試行有效，
再用前法裁原練之兵，另募另練，不過半年，東三省無增餉之費，
而萬五千人都可練成勁旅，不必專恃客兵。王榮商精練東三省勁
旅的建議，具有積極的意義，但他指出遠調湘淮客兵的不足以禦
敵，更不容忽視。

五、結　語

　　甲午中日戰爭是中日兩國以海戰爲中心的軍力競賽，自光緒
二十年六月十三日（1894年7月25日）在豐島海戰揭開序幕，至
光緒二十二年正月十八日（1895年2月12日）威海衛北洋海軍投
降最後落幕，歷時二百零六日。在整個戰爭期間，英法等國的西
方觀察家，對日軍精於戰略、戰術，有效能的訓練、紀律，勇敢
善戰，高度的團隊精神，以及他們在軍輸、補給及醫藥設施等方
面的突出表現，都不斷以熱烈的掌聲，一再讚揚。北洋海軍、陸

軍遇敵輒潰，節節敗退，戲劇性的變化，朝野感到意外，翰詹科道勇於建言，朝野多傾向主戰。

翰詹科道多建議採用兵法中圍魏救趙、伐楚救江的戰略，例如翰林院檢討陳存懋呈請飭令總兵劉永福統領舊部，直搗日本，福建、臺灣援軍踵其後，使日軍自救不暇。刑部侍郎陸學源奏請飭令劉永福酌帶兵船，由臺灣進搗琉球，攻其所必救。福建道監察御史安維峻奏請將海軍船隻分撥一半，直搗日本海口，使日軍撤回自救。湖廣道監察御史蔣式芬奏請密遣水師騷擾日本沿海，使日軍枕席不安，有反顧之虞，以勞其師。吏科給事中余聯沅亦以直搗長崎、橫濱為用兵上著。翰林院侍講學士瞿鴻磯密陳以海軍為正兵，直逼漢城，以沿海漁船商船為奇兵，由上海入長崎，由溫州趨薩摩，由廈門搗琉球，三路並攻，相為犄角，使日軍顧救不暇。戶科掌印給事中洪良品奏請專募沿海漁丁、蜑戶、亡命之徒，直搗日本，騷擾長崎、鹿兒島、橫濱、神戶等地，逕逼朝鮮王京，日軍必須回師救援。江南道監察御史張仲炘奏請招募漁團、海盜，駕駛商船，偷襲日本，由臺灣、北洋、南洋、閩海、香港出海，零星前往，聲東擊西，擾其海岸，可以出奇制勝。直搗日本的本土，既可攻其所必救，亦可收牽制之效，不失為兵法上策，但因無可戰之船，管駕不得力的劣勢局面下，勞師襲遠，並不足恃。

翰詹科道對陸戰與海戰孰輕孰重的問題，提出了不同的看法。翰林院編修曾廣鈞認為陸軍雖勝，戰無了期，海軍獲勝，戰事頓止，款局立成，海戰的勝負對整個戰役影響至鉅。甲午戰爭爆發後，北洋海軍的弱點一一暴露。廣西道監察御史高燮曾指出提督不得其人，海軍膽怯，遷延觀望。吏科給事中余聯沅彈劾李鴻章貽誤大局，北洋海軍不能一戰，軍無鬥志。丁汝昌的畏縮，更遭

御史們的交相指摘。江南道監察御史鍾德祥進一步指出東南沿海戰船、砲台，無一可恃。臺灣巡撫邵友濂對沿海防務，毫無措置，南北兩路及後山各防營苦窳殘廢，形同乞丐。鍾德祥對劉銘傳、邵友濂頗多微詞，他在奏片中指出「去一賊，來一賊」，所謂去一賊即指劉銘傳，來一賊即指邵友濂⑰，南北洋海軍的弱點，爲朝野所詬病。

海戰失利，海軍不足恃，翰詹科道轉而主張持久戰，長期抗戰。編修丁立鈞估計日軍所能相持的時間，不出四、五個月，中國必須通籌戰守之策，堅持長期作戰，俟其勢窮力屈求和，否則輕易許和，後患無窮。優貢候選知縣言有章認爲日本地小力薄，中國當以堅忍持久，戰勝取威，乘其困敝，轉敗爲勝。禮部左侍郎長麟認爲海軍畏縮，海戰不足恃，於是奏請專恃陸戰，與日軍抵死相持，長期作戰，百戰不屈，百敗不撓，堅持到底，以爭取最後的勝利。光緒年間對日本採取長期抗戰的主張，是值得重視的。

甲午戰爭，中國的失敗，因素很多。李鴻章倚恃的外交，使中國延誤了軍事方面的準備工作。戰爭爆發後，中國軍隊的指揮並不統一，事權不明確。北洋海軍及陸軍的失敗，是不可避免的，翰詹科道的建言，是書生論政，各執一詞，主張互異，以便朝廷集思廣益，其愛國熱忱是可以肯定的，他們的用兵策略，也具有重大的意義。所謂不負責任的清流黨官員各執一詞，使得清廷難下決心⑱，而將中國的失敗歸咎於清議的不負責任，是不客觀的。

【附　註】

①　《軍機處檔・月摺包》（臺北，國立故宮博物院），第2729箱，52包，134052號，光緒二十年七月二十三日，翰林院檢討陳存懋呈文。

② 《軍機處檔·月摺包》，第2729箱，52包，134238號，光緒二十年
七月二十九日，邢部郎中陸學源奏摺。

③ 孫克復、關捷主編《甲午中日戰爭人物傳》（哈爾濱，黑龍江人民
出版社，1984年5月），頁233。

④ 《軍機處檔·月摺包》，第2729箱，52包，134214號，光緒二十八
年七月二十八日，福建道監察御史安維峻奏片。

⑤ 《月摺檔》（臺北，國立故宮博物院），光緒二十一年正月初六日，
掌湖廣道監察御史蔣式芬奏。

⑥ 《軍機處檔·月摺包》，第2729箱，52包，134211號，吏科掌印給
事中余聯沅奏摺。

⑦ 《月摺檔》，光緒二十一年十一月初三日，翰林院侍講學士四川學
政瞿鴻禨奏。

⑧ 《月摺檔》，光緒二十一年正月初六日，戶科掌印給事中稽察西倉
洪良品奏。

⑨ 《軍機處檔·月摺包》，第2729箱，52包，133945號，光緒二十年
七月十八日，江南道監察御史張仲炘奏摺。

⑩ 《月摺檔》，光緒二十一年正月十四日，掌江南道監察御史張仲炘
奏。

⑪ 《軍機處檔·月摺包》，第2729箱，54包，135002號，光緒二十八
年七月十六日，漕運總督松椿奏摺錄副。

⑫ 《軍機處檔·月摺包》，第2729箱，53包，134440號，光緒二十八
年八月初六日，河南道監察御史易俊奏摺。

⑬ 《軍機處檔·月摺包》，第2729箱，52包，133892號，光緒二十年
七月十六日，翰林院編修曾廣鈞呈文。

⑭ 《軍機處檔·月摺包》，第2729箱，52包，134110號，光緒二十年
七月二十五日，廣西道監察御史高燮曾奏摺。

⑮　《軍機處檔・月摺包》，第2729箱，52包，134876號，光緒二十年
七月十六日，王鵬運奏摺。

⑯　《軍機處檔・月摺包》，第2729箱，52包，134177號，光緒二十年
七月二十六日，吏科掌印給事中余聯沅奏摺。

⑰　《月摺檔》，光緒二十年十二月初一日，山東巡撫李秉衡。

⑱　《軍機處檔・月摺包》，第2729箱，53包，134309號，光緒二十年
七月二十九日，直隸總督李鴻章奏摺錄副。

⑲　《軍機處檔・月摺包》，第2729箱，57包，136024號，光緒二十年
十月初三日，管理戶商事務宗室福錕等夾摺。

⑳　《軍機處檔・月摺包》，第2729箱，53包，134319號，光緒二十年
八月初一日，福建道監察御史安維峻奏摺。

㉑　蕭一山著《清代通史》（臺北，臺灣商務印書館，民國五十一年九
月），頁1217。

㉒　《軍機處檔・月摺包》，第2729箱，52包，134215號，光緒二十年
八月二十八日，福建道監察御史安維峻奏片。

㉓　《軍機處檔・月摺包》，第2729箱，53包，134380號，光緒二十年
七月二十三日，張百熙奏片。

㉔　《甲午中日戰爭人物傳》，頁233。

㉕　《軍機處檔・月摺包》，第2729箱，54包，134733號，光緒二十年
八月二十日，翰林院侍讀學士文廷式奏摺。

㉖　《軍機處檔・月摺包》，第2729箱，56包，135787號，光緒二十年
九月二十九日，福建道監察御史安維峻奏摺。

㉗　《軍機處檔・月摺包》，第2729箱，52包，134051號，光緒二十年
七月二十三日，禮部右侍郎志銳奏摺。

㉘　《月摺檔》，光緒二十年十二月二十六日，翰林院侍講學士文廷式
奏。

㉙　《月摺檔》，光緒二十年十二月十八日，候補主事王榮先等呈文。

㉚　《軍機處檔・月摺包》，第2729箱，52包，134002號，兩江總督劉坤一奏片。

㉛　《軍機處檔・月摺包》，第2729箱，51包，133643號，光緒二十年七月初三日，編修丁立鈞呈文。

㉜　《月摺檔》，光緒二十年八月初七日，候貢候選知縣言有章呈文。

㉝　《軍機處檔・月摺包》，第2729箱，52包，134105號，光緒二十五年七月二十五日，禮部左侍郎長麟奏摺。

㉞　《月摺檔》，光緒二十年十二月十九日，奉天府府丞兼學政李培元奏。

㉟　《軍機處檔・月摺包》，第2729箱，52包，133893號，光緒二十年七月十七日，江南道監察御史鍾德祥奏摺。

㊱　《軍機處檔・月摺包》，第2729箱，52包，134211號，光緒二十年七月二十八日，吏科掌印給事中余聯沅奏摺。

㊲　《月摺檔》，光緒二十年十二月十四日，翰林院升用侍講編修王榮商呈文。

㊳　《軍機處檔・月摺包》，第2729箱，50包，133643號，光緒二十年七月初三日，翰林院掌院學士宗室麟書等奏摺。

㊴　《軍機處檔・月摺包》，第2729箱，52包，134111號，光緒二十年七月二十五日，河南道監察御史易俊奏摺。

㊵　《月摺檔》，光緒二十年七月二十四日，江南道監察御史鍾德祥奏。

㊶　《月摺檔》，光緒二十年十二月初一日，湖南巡撫吳大澂奏。

㊷　《軍機處檔・月摺包》，第2729箱，54包，134746號，漕運總督松椿奏摺。

㊸　《軍機處檔・月摺包》，第2729箱，52包，134214號，光緒二十年七月二十八日，福建道監察御史安維峻奏片。

㊹　《月摺檔》，光緒二十年十二月十四日，翰林院掌院學士宗室麟書等奏。

㊺　《月摺檔》，光緒二十年十二月二十二日，翰林院掌院學士宗室麟書等奏。

㊻　《月摺檔》，光緒二十年十二月初一日，湖南巡撫吳大澂奏。

㊼　《軍機處檔‧月摺包》，第2729箱，52包，134898號，光緒二十年七月十六日，江南道監察御史鍾德祥奏摺。

㊽　《劍橋中國晚清史》（北京，中國社會科學出版社，1985年2月），頁310。

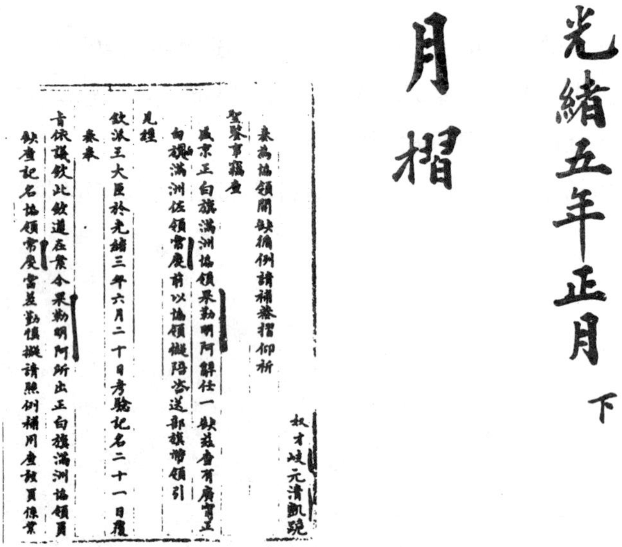
光緒五年正月 下

月摺

奴才岐元清凱跪

奏為協領開缺循例請補恭摺仰祈

聖鑒事竊查

盛京正白旗滿洲協領果勒明阿辭任一缺茲查有廣寧正

白旗滿洲佐領富慶前以協領擬陪咨送部旗帶領引

見經

欽派王大臣於光緒三年六月二十日考驗記名二十一日覆

奏奉

旨依議欽此欽遵在案今果勒明阿所出正白旗滿洲協領員

缺查記名協領富慶當差勤慎擬請照例補用查該員係業

光緒五年正月分《月摺檔》

整修清史芻議——以清史本紀爲例

　　治古史之難，難於在會通，主要原因就是由於文獻不足；治近世史之難，難於在審辨，主要原因就是由於史料氾濫。有清一代，史料浩如煙海，私家收藏，固不待論，即官方檔案，可謂汗牛充棟。近人討論纂修清史時，曾鑑於清史範圍既廣，其材料尤夥，若再用紀、志、表、傳舊體裁，則卷帙必多，重見牴牾之病，勢必難免，而事蹟反不能備載，於是多主張採用通史體裁，以期達到文省事增之目的。但是我國歷代繼統，代有正史，清代是我國歷代以來最後一個朝代，清史不可獨闕，《清史稿》的纂修，就是我國正史體例中的最後一個階段，紀、志、表、傳的傳統體例，仍不可廢。纂輯通鑑長編，有助於清史的纂修，長期以來，學者主張先修通鑑長編，後修清史，可謂不乏其人，但纂輯通鑑長編，限於人力及資料，並非短期內所能完成。學者亦主張以《清史稿》爲底本重修清史，其實此法未易實行，因據《清史稿》增補，基本上只是屬於增訂版的《清史稿》，仍未能澈底擺脫其架構。校注《清史稿》較增訂《清史稿》更易完成，更具意義。重修清史既不易進行，而《清史稿》流傳已廣，確有參閱價值。《清史稿》校注本的出版，對《清史稿》的批評，已暫告一段落，唯今之計，應在《清史稿》校注本的基礎上，以清代國史館紀、志、表、傳稿本爲藍本進一步整修清史，本文僅以本紀的整修爲例，提出淺見，以就正於各位專家。

一、清代通鑑長編與清史重修

民國十八年十二月十六日，故宮博物院院長易培基呈行政院文中，將審查《清史稿》結果，列舉反革命、藐視先烈、不奉民國正朔、例書僞諡、稱揚諸遺老鼓勵復辟、反對漢族、爲滿清諱、體例不合、體例不一致、人名先後不一致、一人兩傳、目錄與書不合、紀志表傳互相不合、有日無月、人名錯誤、事蹟年月不詳載、泥古不化、淺陋、忽略等十九項缺失，建議將《清史稿》一書永遠封存，禁其發行。並說明故宮博物院已聘請專家就所藏各種清代史料，分年別月，編輯清代通鑑長編，一俟編成，再行呈請國民政府就其稿本，再開史館，重修清史，如此即可「一舉而數善備矣」①。同年十二月十七日，行政院會議決議，接納故宮博物院院長易培基的建議，准由該院聘請專家，就所藏史料，編成清代通鑑長編，以備重修清史之用②。十二月二十日，行政院呈蔣主希文中亦稱，故宮博物院編纂清代通鑑長編，應准其完成，以備將來重修清史之用，並據易兼院長報告：所有北平所藏《清史稿》，擬先將其重複者運京，餘暫留平，俾作編輯長編之參考。俟編竣，仍全數運京等語③。

民國十九年，北平研究院與故宮博物院合作，擬修清史長編，在懷仁堂開會。會中，李宗侗建議，初步以清實錄、起居注冊、內閣、軍機處檔案、硃批奏摺，按年月排比，再以私家著作校對其同異，異者作爲考異，成爲長編。若能修清史，即以此爲根據，否則長編亦可獨成一書④。李宗侗認爲這一部清代通鑑長編，若不能修成新清史，它也不妨單獨刊印成書，仿宋代《資治通鑑長編》，以保存有清一代的史料⑤。

長編是一種編年史體裁，在性質上則屬於一種史料。作編年

史者，首先摘鈔各種資料，按次排列，這種史料彙編，在體例上
而言，就是一種長編。宋代司馬光修《資治通鑑》，先採摭各種
記載，按年月日作叢目，叢目既成，乃纂長編，復加刪節，始成
通鑑。因此，事無闕漏，而文不繁，實為古代史家的遺法。其後，
李燾記載北宋九朝史事，亦踵通鑑體例，編年述事，成《續資治
通鑑長編》，李燾謙稱長編，未稱續通鑑，即表示其書僅為史料
彙編，以備纂修通鑑者的採擇，所以長編寧失於繁，而不失於略。

　　長編的纂修，雖至清代，仍未間斷。清代國史館曾設有長編
處，咨取內閣、軍機處等處的上諭、廷寄、議覆、剿捕、月摺、
外紀、絲綸等檔案，分別摘敘事件，然後彙鈔成長編。在現存史
館檔《辦理道光朝長編總檔凡例》內對於長編史料的來源，敘述
頗詳。原文略謂：

　　　一移取內閣書三種鈔錄存館，首上諭檔，凡臣工除授、罷
　　斥、褒功、論罪應入傳者，照原文恭錄，其餘關係地方百
　　姓交各督撫辦理者，恭節數語，雙行註明，內中有人名者，
　　必須敘出；次外紀檔，可以存館，不必全錄各疏，將特旨
　　允行及王大臣覆准交外省督撫查議者，俱節錄案由，仍帶
　　敘人名，交部議者歸入絲綸簿，覆奏日期不必摘敘；次絲
　　綸簿，吏兵二部題補文武官員，內而九卿翰詹科道，外自
　　府道以上，旗員參領佐領以上，各省武員遊擊以上，恭照
　　硃批原文錄入，凡部覆關係地方利弊建置沿革者，俱照簿
　　內事由錄入，註明吏戶等科，每月之末，標是月某科清字
　　本若干件。
　　　一移取軍機處檔案三種鈔錄存館，首上諭檔，除已見內閣
　　檔外，凡特諭王大臣及廷寄外省事件，發謄錄繕寫，仍節
　　數語，帶敘人名；次議覆檔，凡覆准事件，鈔錄記載與外

紀相同；次奏摺，按日檢查，該部議奏者不必抄錄，其應
入傳者總括事由人名入檔，原文全錄另存，每月之末，標
是月鈔軍機若干件。

一各書內關涉宗室王公外藩蒙古事及文武大臣自陳履歷祭
葬，檢查紅本史書，俱按年月各編一冊，以便檢查。

以上內閣書分三項，軍機亦爲三項，標硃印於上方，應鈔
存查本者，標硃印於下方，將內中人名另彙一冊，以總檔
爲經，人名爲緯，按日可稽，不致遺漏，先難後易，於編
纂列傳有益，謹請裁定⑥。

長編總檔摘敘官書檔案，各有先後，按年月日排列，另彙人名總
冊，以總檔爲經，人名爲緯，按日可稽，對於編纂列傳，確實有
益。

清史館開館之初，曾議史例，欲做《明史》，先修長編，惟
因時局動盪，國家多故，修長編之議，並未進行。民國十八年，
行政院雖然同意故宮博物院編輯清代通鑑長編，但當《清史稿》
及全部史料運京後，清代通鑑長編工作，亦因故停頓。

《清史稿》固然紕謬百出，但是一味禁止發行，亦非明智之
舉。民國十九年，政府下令禁止發行《清史稿》後，各方即紛紛
要求重修清史定本。惟修史必得其人，史才、史識、史德、史學
四者不可闕一。官書檔案，浩如煙海，私家修史，固不可能，官
方重修，亦非易舉。民國二十三年，行政院聘請吳宗慈負責檢校
《清史稿》，撰有檢正表、補表及改正意見等稿。民國二十四年
十一月二十九日，教育部呈行政院文轉陳中央研究院對《清史稿》
的書面意見，文中提出三種辦法：第一種辦法爲「重修清史」；
第二種辦法爲「據清史稿爲底本重修之」；第三種辦法爲「將清
史稿之僞南明、僞太平、僞民國及下視革命黨人之處，盡改正之，

此外一切仍舊。」傅斯年指出第一種辦法,「此自是國家應作之事。然此時國家力量恐不能顧及,且十年來史料之大批發現,史學之長足進步,皆使重修一事,更感困難。非以長久之時期,大量之消費,適當之人選,恐不能濟事耳!」⑦重修清史,不失爲完善辦法,但需要長久時間,大批人才,大量資料,在當時國家力量已不能顧及,時至今日,就史料、史才兩方面而言,重修清史一事,較傅斯年當年情形,顯然已是困難更多了⑧。第三種辦法,雖然簡便速成,節省人力和物力,但是過於簡陋,不合乎要求。第二種辦法,是根據《清史稿》而改正其謬誤,補其缺漏,可行度較高,但因世局變化,國步艱難,修訂清史之議遂寢。

　　民國五十九年夏初,國立故宮博物院院長蔣復璁鑑於清史亟待整修,於是計畫編輯清代通鑑長編,敦聘錢穆主持其事,遴派院內專人負責編輯工作,先修清太祖、清太宗兩朝通鑑長編,所據史料,包含現藏明朝、清朝及朝鮮滿漢文檔案、官書及私家著述等資料,先抄卡片,年經月緯,按日排比,列與綱目,附錄史料原文,並注明出處。歷經數年,漢文部分雖已完成初稿,惟因老滿文舊檔譯漢部分,人力不足,清代通鑑長編工作,遂告中輟。時至今日,再開史館,重修清史,實非計日可待。纂輯清代通鑑長編,以備重修清史的願望,亦非近期內所能實現。

二、清史稿校注與清史整修

　　我國近世以來,憂患頻仍,國家多故,清史館開館後,經費拮据,時啓時閉。民國十六年,《清史稿》付梓,因未遑審訂,紕繆之處,到處可見。綜合學術界的評論,可謂得失互見。例如斷限參差不一,敘事方法不明,違反詳近略遠原則,紀志表傳自相矛盾,列傳煩冗浮濫,事件人物漏略,書法乖謬,記載失實,

義例欠當,一人兩傳,體例不一致,事蹟年月不詳載,人名地名同音異譯等等,都是《清史稿》舉舉大端的缺點。《清史稿》也有它的優點,清史館修史人員,雖然多屬前清遺老,但對於金人入貢於明廷諸事,清太祖本紀中直書不諱,尚存直筆。諸撰稿人因多出身舊式科舉,嫻於國故,優於辭章,其合於史法、書法之善者,頗有可觀。史稿中獨傳、合傳等,多合史例,紀傳論贊,亦頗扼要。史稿積十餘年的歲月,經數十學者的用心,又有當時的官書、檔案爲依據,史料採摭頗爲豐富,故以內容充實見勝。「雖以違悖潮流,致遭禁抑;而網羅一代事蹟,要爲一部大著作,未嘗不可以作史料觀。」⑨

重修清史,既非計日可待,《清史稿》也是得失互見,長久以來,流傳極廣,國內、國外先後重印,以致出現多種版本。最早印成先在瀋陽流通的是所謂關外本,在北京修正發行的是所謂關內本,當關外本、關內本禁止發行後,金梁修正關外本,在東北影印發售的稱爲東三省第一次改正本。後來又增翁方綱、朱筠諸人傳,是爲東三省第二次增修本。日本廣島據第二次增修本改爲精印本,是所謂廣島本。抗日戰爭期間,南京又就東三省第二次增修本割裂影印,成二大巨冊,是所謂南京本。民國三十一年,上海聯合書局影印出版洋裝本,稱爲上海本。民國四十九年十月,香港文學研究社據東三省金梁修正關外本影印出版洋裝二冊出版,是爲香港本。民國六十六年四月,香港益漢書樓又據關外本影印出版洋裝三冊,書名改爲《清代史料彙編》。《清史稿》由於版本多種,流傳於海內外,久爲中外學術界廣泛研究利用,已經成爲治清史或研究近代中國史不可或闕的重要參考資料。因此,修正《清史稿》的紕繆,就成爲刻不容緩的工作。

民國六十七年十月,錢穆與國立故宮博物院院長蔣復璁、國

史館館長黃季陸商議校注《清史稿》，討論體例，

不改動原文，但予句逗，以稿校稿，就院藏史館檔紀志表傳稿本校正現刊關外本《清史稿》，以改正刊刻脫漏或舛訛。同時以卷校卷，就史稿紀志表傳各卷，前後互校，其同音異譯，逐條列舉。凡有歧誤者，分別注出，並取實錄、史館檔傳包傳稿、黃綾本本紀、皇朝志書年表、《國朝耆獻類徵》、《清史列傳》、《滿漢名臣傳》、《碑傳集》及各種檔案資料等等，予以考訂。所引資料，標明出處，以備查閱史稿者參考。本文僅就《清史稿》本紀部分，簡單說明校注經過。

國立故宮博物院現存清史本紀，主要為二大類：一類為國史館歷朝本紀，封面飾以黃綾，成書於清代；一類為清史館各朝本紀，成於民國初年，分別由柯劭忞、金兆蕃、鄧邦述、吳廷燮、袁勵準、王慶祺、陳寶琛、奭良、瑞洵、李哲明等纂輯校訂，內含初輯本、初繕本、覆勘本、重繕本及排印本等，現刊《清史稿》關外本本紀，共十二朝，計二十五卷，多據排印本付梓出版。就大體而言，史稿本紀頗能承襲傳統正史的體例，言簡意賅，尤以總論部分，論斷堪稱得當。

本紀是志傳的綱目，年經月緯，繫日載事，其體例與志傳不同，日期必須正確，以便稽考。現刊《清史稿》本紀疏漏之處，主要是日期的錯誤，繫日不正確，有日無月，未繫日序干支，體例前後不一致。其次是滿洲、蒙古等邊疆人名地名的同音異譯，此外就是一些衍文錯字，校刻不精。《清史稿》本紀之失，不當一概而論，清史館各種本紀稿本，並非出自同一人之手，各人取材不同，其可信度遂彼此不同，《清史稿》選刊的排印本，並非都是佳作，清史館現存本紀稿本中仍不乏佳作，竟未被採用，而有遺珠之憾。例如《清史稿》選刊的《太祖本紀》，主要是取材

於《東華錄》，國史館黃綾本《太祖本紀》，似未採用，以致頗多疏漏。《太宗本紀》、《世祖本紀》的初輯本，出自金兆蕃之手，取材於實錄，可信度較高。其覆勘本則出自柯劭忞之手，柯氏取黃綾本的本紀加以校勘，凡初輯本原稿與黃綾本本紀互相出入之處，柯氏俱按黃綾本改正，往往抄襲黃綾本本紀的原文。在《世祖本紀》初輯本內附有清史館校注本一冊，校閱細心，體例嚴謹，現刊《清史稿》太宗、世祖兩朝本紀，堪稱佳作，其中紕繆較少。現存清史館《聖祖本紀》初輯本是由鄧邦述、金兆蕃同編，可信度較高。其覆勘本則出自奭良之手，擅加改動，謬誤極多，現刊《清史稿》的《聖祖本紀》就是採用奭良覆刊本排印的，以致紕繆之處，比比皆是。

　　清史館本紀稿本，既不限於一種，其可信度遂彼此不同，正是所謂良莠不齊。校注現刊《清史稿》本紀時，即先取排印本逐字核對，然後取可信度較高的其他稿本互校，凡遇歧異之處，即據實錄、黃綾本本紀等官書進行考證，並逐條作注，標明出處。例如現刊《清史稿》〈太祖本紀〉天命四年（1619）正月記載：「杜松軍由東路渡運河，出撫順、薩爾滸。」對照排印本原稿，其文字並無出入，仍取清史館金兆蕃等輯《太祖本紀稿》原稿互校，發現引文中「運河」字樣，當作「渾河」，彼此既有出入，隨即查閱史館檔《清太祖武皇帝實錄》卷三及《明史》卷二五九〈楊鎬列傳〉等官書，俱作「渾河」，即於刊本「運河」下加注號次，不改動原文，並於當頁注明引用資料出處。

　　除了以稿校稿外，同時又以卷校卷，就現刊《清史稿》紀志表各卷互相對校，凡是同音異譯，或日期事蹟，其有出入之處，即取證於實錄等官書，於當頁作注，標有資料出處，其原文亦不改動。例如現刊《太祖本紀》記載「景祖有子五：長禮敦，次額

爾袞，次界堪，次塔克世，是為顯祖宣皇帝，次塔察篇古。」句
中「界堪」，現刊《清史稿》列傳二諸王傳作「齋堪」，〈皇子
世表一〉亦作「齋堪」，本紀作「界堪」，係同音異譯。現刊《
太祖本紀》癸巳年九月條記載「太祖令額亦都以百人挑戰，葉赫
貝勒布齊策馬拒戰」云云。檢查現刊《清史稿》列傳十楊吉砮傳
作「布寨」，列傳十二額亦都傳作「布賽」，《清太祖高皇帝實
錄》卷二亦作「布寨」，由此可知史稿本紀中「布齊」之「齊」，
當作「齋」，「齋」與「寨」係同音異譯。又如現刊《太祖本紀》
天命十年（1625）秋八月條記載「遣土穆布城耀州，明師來攻，
擊走之，獲馬七百。」句中「土穆布」，清史館金兆蕃輯《太祖
本紀稿》原稿作「土穆布祿」，《清太祖高皇帝實錄》卷九，亦
作「土穆布祿」，由此可知刊本史稿《太祖本紀》所載「土穆布」
脫落「祿」字。除了本紀外，志表傳亦分別校注。以稿校稿、以
卷校卷，並作考異，雖未敢以為至當，但校注《清史稿》，畫一
譯音，訂正謬誤，實為最基本的工作。信史必須經過考信，《清
史稿》經過校注，訂正其疏漏，始足以徵信於世，《清史稿》的
纂修工作，始能告一段落，對《清史稿》的批評指摘，亦可謂已
告一段落。

三、黃綾本歷朝本紀與清史本紀整修

　　康熙二十九年（1690）四月，設國史館於東華門內，額設
總纂、纂修、協修、提調、滿漢文總校及謄錄、校對官等人員，
成為國家常設修史機構，其纂修人員多為學問超卓，文章優長的
詞臣。國史館因襲傳統制度，所修史書，亦分為紀、志、表、傳
等類，所不同的是除漢文本外，另增滿文本。

　　乾隆元年（1736）十月，國史館總裁大學士鄂爾泰等進呈

《清太祖高皇帝本紀》，其他四朝本紀仍在編纂中⑩。嘉慶初年，《清太祖高皇帝本紀》、《清太宗文皇帝本紀》、《清世祖章皇帝本紀》、《清聖祖仁皇帝本紀》、《清世宗憲皇帝本紀》，以上五朝本紀雖已修成，但尚未裝潢成帙。嘉慶八年（1803），清仁宗命國史館將五朝本紀原本分函裝修儲藏，並另繕一份進呈御覽。同年，敕修《清高宗純皇帝本紀》。道光二年（1822）。敕修《清仁宗睿皇帝本紀》。咸豐二年（1852），敕修《清宣宗成皇帝本紀》。同治三年（1864），敕修《清文宗顯皇帝本紀》。光緒三年（1877），敕修《清穆宗毅皇帝本紀》。以上各朝本紀，其封面均飾以黃綾，俱各繕二套，分函裝貯，即所謂黃綾本本紀。國立故宮博物院現藏清代國史館黃綾本本紀，自清太祖迄清穆宗共十朝，包含滿漢文本，滿文本雖有部分短缺，但漢文本俱各二套，完整無缺，且保存良好。

　　清代國史館因襲傳統史書本紀體例，纂修歷朝本紀，各朝本紀卷首皆載凡例。符合歷代正史體例，從清初以來，陸續修成，體例一致，不同於倉猝成書。當時資料完整，人才濟濟，物力充足，黃綾本本紀的內容，可信度較高。其中《清太祖高皇帝本紀》雖然主要是取材於實錄，但於明季政事，及所用邊疆大吏，實錄所未詳載者，黃綾本本紀多分別補入，其目的就是欲令後世得知「興亡成敗，兩兩相形，則得失之故瞭然矣。」⑪清太祖未即位以前，事屬創興，本紀多未書寫日期，即位以後多書日，其一切制度及大事，俱舉大綱，體裁至簡，卻符合本紀體例。清太宗在位期間，規模已定，其建官賜爵，定制立法，僅書其大綱。凡詔誥敕諭，因實錄記載甚詳，本紀不能備載，只節書其切要者，俱從本紀體例。清世祖即位初期，攝政王多爾袞所頒諭旨，本紀但撮其切要者附書。《清聖祖仁皇帝本紀》，詔令但書其大者，小

者不書。清世宗勵精圖治，凡訓飭臣工，剖析事理，以及一切興建釐剔，賞罰黜陟等項大政，皆頒上諭，洋洋灑灑，多則數千言，少亦數百言，若據實錄盡行登載，則卷帙浩繁，有失本紀體例。因此，黃綾本《清世宗憲皇帝本紀》僅記動而不記言，凡諸大政，皆用序事體，以數語概括敘述。至於世宗訓飭臣工，剖析事理之旨，則擇其與時政相關涉者記載，其餘一概不載。清高宗在位六十年，其一切大政，按年逐次登載，只書大綱，以期事無掛漏，但較歷朝本紀，已是卷帙倍多。清仁宗以降，國史館纂修本紀，仍遵史書舊例。大體而言，清代國史館纂修歷朝本紀，體例謹嚴，頗能把握住「辭不敢繁，事不敢略」的原則。

　　據溥儀的內務府大臣耆齡撰《賜硯齋日記》記載，「丙辰十月初九日，德宗景皇帝本紀告成。」「辛酉十二月初十日，德宗景皇帝實錄告成，恭進首函禮成。」⑫丙辰爲民國五年（1916），辛酉爲民國十年（1921），由此可知《清德宗景皇帝本紀》成書是在實錄之前。所謂成書，當指寫定正本並於封面飾以黃綾而言。易言之，其正本當指黃綾本而言。國立故宮博物院僅存《清德宗景皇帝本紀》漢文本的稿本，自光緒元年（1875）至三十四年（1980），每年春夏秋冬四季各一冊，全年四冊，共計一三六冊，其纂修人員頗多，包括史寶安、錢駿祥、程棫林、袁勵準、王大鈞、吳懷情、熊方燧、金兆豐、張書雲、朱汝珍、歐家廉、何國澧、藍鈺、黎湛枝等人，其纂輯當始自宣統年間。稿本是一種紅格本，半葉八行，多粘簽刪改，從簽條批注，可以瞭解《清德宗景皇帝本紀》的纂修過程，也可以知道本紀的纂修，何者當書？何者當刪？

　　《清代史料彙編》卷首詳列清史館歷朝本紀稿本卷數、撰稿人員及修正人員姓名。現藏國史館前十朝本紀，俱爲黃綾本，未

標明纂修人員姓名。《清德宗景皇帝本紀》稿本，共一三六冊，較黃綾爲小，是一種紅格本，半葉八行。爲了便於比較說明，特將清史館及國史館漢文本紀列出簡表如下。

清代歷朝本紀對照表

名　　　稱	卷數	撰　稿　人	修正人	名　　　稱	卷　數
清太祖本紀稿	一	金兆蕃、鄧邦述	奭　良	清太祖高皇帝本紀	二
清太宗本紀稿	二	金兆蕃、鄧邦述		清太宗文皇帝本紀	四
清世祖本紀稿	二	金兆蕃、鄧邦述		清世祖章皇帝本紀	八
清聖祖本紀稿	三	金兆蕃、鄧邦述	奭　良	清聖祖仁皇帝本紀	二四
清世宗本紀稿	一	金兆蕃、鄧邦述	奭　良	清世宗憲皇帝本紀	八
清高宗本紀稿	六	吳廷燮		清高宗純皇帝本紀	六二
清仁宗本紀稿	一	吳廷燮	奭　良	清仁宗睿皇帝本紀	二五
清宣宗本紀稿	三	吳廷燮		清宣宗成皇帝本紀	三一
清文宗本紀稿	一	吳廷燮	奭　良	清文宗顯皇帝本紀	二三
清穆宗本紀稿	二	吳廷燮	李哲明	清穆宗毅皇帝本紀	五四
清德宗本紀稿	二	瑞　洵	李哲明	清德宗景皇帝本紀	一三六
清宣統本紀稿	一	瑞　洵	奭　良		
合　　　計	二五				三七七

由前列簡表可知清史館歷朝本紀稿共二十五卷，國史館前十朝黃綾本本紀共二四一卷，其卷數雖然多寡不同，但其名目則彼此相合。學者曾主張仿《魏書》序紀、《金史》世紀之例，另撰開國前紀，詳著建州始末，置於《太祖本紀》之前⑬，或將滿洲發祥至世祖以前，皆入序紀⑭。對照前表以後可知清史館纂修歷朝本紀的體例，是以國史館黃綾本歷朝本紀爲藍本的，並未將太祖、太宗兩朝事蹟另列序紀，其建州始末，亦未另撰開國前紀。

吳士鑑撰〈纂修體例〉一文已指出：

> 本紀當以史館歷朝本紀爲根據，復以聖訓、實錄、方略互
> 證之（萬一有所異同，則以東華錄參考），刪繁就要，準諸前
> 史體例，何者當書，何者不當書，其有事關創舉，爲前史
> 所未有者，則宜書（除授官吏，宜從省削，以其與表可互證也，
> 餘當別定條例）。清室建國改元，始於遼瀋，天命、天聰兩
> 朝，已成混一區夏之基，宜仿北魏聖武、平文之例，冠以
> 太祖、太宗本紀，至於四祖事蹟，皆當敍於太祖本紀之中
> （前史有此例），悉本官修開國方略及實錄等書。凡夫私家
> 著述，語涉疑似者，不宜旁及，以昭謹信⑮。

引文中所謂「史館歷朝本紀」，即指清史館存放的黃綾本歷朝本
紀而言，清史館纂修本紀，當以國史館黃綾本歷朝本紀爲根據。
清史館金兆蕃、鄧邦述等人纂修本紀稿本，是以實錄爲主，並與
黃綾本本紀等書互校，可信度頗高。爽良覆勘時，諸多改動，與
原稿大相逕庭，已失本來面貌。爽良覆勘本常見的缺失，主要爲：
日期錯誤，年月未詳考，簡略疏漏，敍事不合史實，有日無月，
未繫干支，書法欠當，同音異譯，前後歧異，脫字衍文，不合本
紀體例。爲便於瞭解《清史稿》的得失，特將爽良覆勘本《聖祖
本紀》與《清聖祖仁皇帝實錄》、黃綾本《清聖祖仁皇帝本紀》
列表如下。

《清史稿》聖祖本紀與實錄、黃綾本聖祖本紀比較表
（清世祖順治十八年正月初二日壬子至二十三日癸酉）

日 期	清史稿聖祖本紀	清 聖 祖 仁 皇 帝 實 錄	清聖祖仁皇帝本紀
初二日壬子		世祖章皇帝不豫。	世祖皇帝不豫
初六日丙辰	世祖崩，帝即位，年八歲，改元康熙，遺詔索尼、蘇克薩哈、遏必隆、鰲拜四大臣輔政。	遂大漸，召原任學士麻勒吉、學士王熙，至養心殿，降旨一一自責，定皇上御名，命立爲皇太子，並諭以輔政大臣索尼、蘇克薩哈、遏必隆、鰲拜姓名，令草遺詔。麻勒吉、王熙遵旨於乾清門撰擬，付侍衛賈卜嘉進奏。諭曰：詔書著麻勒吉懷收，俟朕更衣畢，麻勒吉、賈卜嘉爾二人捧詔，奏知皇太后，宣示王、貝勒、大臣。至是，麻勒吉、賈卜嘉捧遺詔，奏知皇太后，即宣示諸王、貝勒、貝子、公、大臣、侍衛等，宣訖，諸王、貝勒、貝子、公、大臣、侍衛等，皆痛哭失聲，索尼等跪告諸王、貝勒等曰：今主上遺詔，命我四人輔佐沖主，從來國家政務，惟宗室協理，索尼等皆異姓臣子，何能綜理，今宜與諸王、貝勒等共任之。諸王、貝勒等曰：大行皇帝深知汝四大臣之心，故委以國家重務，詔旨甚明，誰敢干預，四大臣其勿讓。索尼等奏知皇太后，乃誓告於皇天上帝大皇帝靈之前，然後受事。其詞曰：茲者先皇帝不以索尼、蘇克薩哈、遏必隆、鰲拜等爲庸劣，遺詔寄託，保翊沖主，索尼等誓協忠誠，共生死，輔佐政務，不私親戚，不計怨讎，不聽旁人，及兄弟子姪教唆之言，不求無義之富貴，不私往來諸王貝勒等府，受其餽贈，不結黨羽，不受賄賂，惟以忠心，仰報先皇帝大恩，若復各爲身謀，有違斯誓，上天殛罰，奪算凶誅，大行皇帝神位前誓詞與此同，是日，鹵簿大駕全設，王以下文武百官，俱成服，齊集舉哀。	大漸，召原任學士麻勒吉、學士王熙，至養心殿，降旨定上御名，立爲皇太子，命索尼、蘇克薩哈、遏必隆、鰲拜輔政。

初七日 丁巳		夜子刻，世祖章皇帝賓天。	世祖章 皇帝崩
初八日 戊午		宣讀遺詔，遣官頒行天下。孟春，享太廟，遣輔 國公賴護行禮。遣官祭太歲之神。	
初九日 己未		上即皇帝位，是日黎明，遣輔國公都統穆琛，祭 告昊天上帝。祝文曰：順治十八年辛丑正月辛亥 朔九日己未，皇太子臣玄燁昭告於昊天上帝之前 曰：皇考大行皇帝上賓，臣恪遵遺詔，俯徇輿情 ，於正月初九日即皇帝位，伏祈昭鑒，謹奏。遣 都統濟世哈告地祇，都統穆里瑪告太廟，理藩院 尙書明安達禮告社稷，文與告天同。上具孝服， 詣大行皇帝幾筵前祇告，行三跪九叩頭禮，受命 畢，具禮服，詣皇太后宮行禮畢，御太和殿，陞 寶座，鳴鐘鼓，中和樂設而不作，王以下文武各 官朝服序立，贊禮官贊上表慶賀，上命免宣賀表 。各官行禮畢，頒詔大赦。詔曰：惟我國家，受 天眷命，祖功宗德，肇造丕基，我皇考大行皇帝 ，盛德至仁，英資大度，纘承曆數，統一寰區， 恩澤洽於多方，政教臻於上理，方期邦國，永底 雍熙，不幸奄棄臣民，遽升龍馭，顧以大寶，屬 於眇躬。朕煢煢在疚，本不忍聞，而諸王、貝勒 、大臣、文武官員人等，僉謂神器既已攸歸，天 位不宜久曠，堅請再三，朕是以俯徇輿志，勉抑 哀衷，於是月初九日祇告天地、宗廟、社稷，即 皇帝位，仰惟上天眷佑之篤，祖宗付託之隆，涼 德沖齡，膺茲重寄，敬圖覲光揚烈，用紹無疆之 休，其以明年爲康熙元年，與天下更始，式衍舊 恩，聿弘新化，於戲，孝思維則，永深繼述之懷 ，忠悃載攄，實賴劻勷之佐，凡爾親賢文武，其 尙輔翼菲躬，共矢嘉謨，以成至治，布告天下， 咸使聞知。詔內恩赦，凡十四條。諭禮部，朕惟 自古聖賢之君，必有顯號徽稱，用昭功德之隆， 垂於萬世，此國家不易之鉅典也。仰惟我皇考大 行皇帝，纘紹鴻緒，統一寰區，十有八年，敬天	上即位 於太和 殿，以 明年爲 康熙元 年。加 恩中外 ，罪非 常所不 原者， 咸赦除 之。

		尊祖，勤政愛民，奉侍慈闈，克諧孝道，敦睦宗族，攸敘彝倫，典學日新，修身思永，制禮作樂，振武崇文，敕法明刑，立綱陳紀，盛德之事，不一而足，朕方與天下臣民，均切怙戴，不幸龍馭上賓，顧予沖人，嗣膺大統，仰承佑啓之恩，敢後顯揚之禮，謹考彝章，宜升尊諡，爾部詳察典禮具奏。
初十日庚申		王、貝勒、貝子、公等，公主、王妃等，各歸齋宿，部院官員於各衙門齋宿，仍照常供事，閒散官員，於午門外齋宿。
十一日辛酉		遣官頒登極詔於天下。
十三日癸亥		皇太后諭諸王、貝勒、貝子、公、內大臣、侍衛、大學士、都統、尚書及文武官員等，爾等思報朕子皇帝之恩，偕四大臣同心協力，以輔幼主，則名垂萬世矣。上諭禮部及議政王、貝勒、大臣等禁中設立上帝壇及奉先殿祭典，著查歷代有無舊例，定議具奏。尋議，歷代舊制，祇有冬至祀天於南郊，宮中上帝壇，應請罷祭。至奉先殿，應照洪武三年例，朝夕焚香，朔望瞻拜，時節獻新，生忌致祭，用常饌，行家人禮，從之。禮部等衙門請上節哀親政。得旨，朕哀痛方深，未忍遽理政務，但國事重大，不可久曠，各衙門章疏，著於二十一日進奏。免直隸各省總督、鎮、巡三司，差官進香。
十四日甲子		王以下及大臣官員齊集大光明殿，設誓。親王岳樂、傑書率貝勒、貝子、公、內大臣、侍衛、大學士、都統、尚書及在廷文武諸臣誓告於皇天上帝曰：沖主踐阼，臣等若不竭忠効力，萌起逆心，妄作非爲，互相結黨，及亂政之人，知而不舉，私自隱匿，挾讐誣陷，徇庇親族者，皇天明鑒，奪算加誅，大行皇帝神位前，誓詞與此同。

十五十 乙丑	議政王、貝勒、大臣等，遵旨詳議祀典，議得圜丘、方澤、祈穀壇、太廟、時享、祫祭、朝日壇、夕月壇、社稷壇、三皇廟、先農壇、歷代帝王廟、文廟、太歲壇、關帝壇、城隍廟、紅衣礮等祀，應照舊致祭外，其大享合祀，太廟階下合祭之禮，相應罷祭。又金朝諸陵，應照前致祭，明朝諸陵，亦應照前供獻。從之。	
十九日 己巳	上詣梓宮前，行常祭禮。上每日三次尚食，哀慟不已。皇太后揮淚撫慰，左右無不感動。	
二十日 庚午	諭宗人府、吏部等大小各衙門：朕以沖齡踐阼，初理萬幾，所賴爾小大臣工，同心協力，矢效贊襄，爾等職掌，各有攸司，國計民生，關係甚重，必精白乃心，公廉正直，力圖振作，謹愼勤敏，始可仰報先帝厚恩，匡輔朕躬不逮。嗣後務須敬修職業，凡事之得失，言之是非，果有眞知確見，即當商酌力行，期於上裨國事，下濟民生，其一切處分問罪，尤當處公平恕，使情法允孚，無縱無枉，乃不負朕委任爾等之意，如或視爲虛文，必罪不宥。諭吏部、都察院，國家設立言官，職司耳目，凡發姦剔弊，須據實指陳，乃可澄肅官方，振揚法紀，嗣後指陳利弊，必切實可行，糾彈官吏，必確有證據，如參款虛誣，必不寬貸，爾部院即通行嚴飭。	
二十一日辛未	改會試期於三月初九日。封多羅豫郡王多鐸子董額爲多羅貝勒。兵部尚書管左都御史事阿思哈等遵旨嚴議巡方事宜十款：一禁地方官詔媚巡方，私派供應。以溺職論。二察州縣官於額外私派，果有私派，即行糾參，如巡按不糾，以溺職論。三巡按於屬官內，清廉賢能者，不舉而反劾，貪酷闒茸者，不劾而反舉，被臣衙門及科道訪察糾參，革職，從重處分。四糾參大貪，應首嚴於藩臬道府。今後若但以庸冗老病塞責者，將該御史從重治罪。五巡按於地方利弊，要必實心詳察，差滿後曾興何利，除何弊，冊報臣衙門詳核，眞	

		實者，以優等論敍，草率虛詆者，題參懲處。六訪拏衙蠹，必先本院衙門姦惡，其次督撫司道府廳州縣分司衙門，及地方棍豪，實係大姦大惡之人，務須嚴拏，毋致巧脫漏網，其該管官隱匿，即行參處，如已揭報，而御史故爲寬縱，指稱訪拏名巴，捉拏無罪之人，詐取財物，隨復縱放者，該撫即行糾參。七巡按入境，及出巡地方，鋪陳等物，應自攜帶，蔬薪發銀買辦，如地方官獻媚取榮，及巡按攜帶主文書役家人廚役前站之類，以致擾驛累民，督撫訪確，即行題參。八巡按入境後，屬員不得越境參謁，其隨巡該送刑官，辦理公事之後，即令速回，其督撫按互相饋遺結納，照舊禁革。九互糾之法，原欲彼此覺察，然從未有督撫指參一巡方者，今後御史倘有不法，而督撫明知不糾者一并議處。十考核御史，立爲上中下三等，其在地方清愼端嚴，恪遵上諭，潔己愛民，獎廉去貪，興利除害，聽斷明恪，鋤蠹捍患，軫恤民瘼，察核錢糧，招撫流移，墾荒興學等事，無不修舉，又能大破情面，糾察地方惡宦劣衿者，臣等照例酌量分別加級紀錄，回道管事，其次謹愼，察吏安民者，准其回道管事，其行事碌碌，無實政及民者，參送吏部降調外用。至於有徇情貪賄等弊，臣等訪確，即據實糾參，革職治罪。得旨，這所議各款，務須恪遵力行，不得視爲虛文，著通行嚴飭。安徽操江巡撫宜永貴以病請代慰留之。	
二十二日壬申		免湖廣蘄州廣濟縣順治十七年分蝗災額賦有差。兵部議覆，江南總督郎廷佐疏言，隨征右路總兵官劉芳名標下官民，奉有發回本鎮之旨，但寧夏健卒，方到江寧，一旦撤回，慮省會單虛，且往返滋擾，應准暫住江寧，以資防禦，從之。廣西道御史張志日條通三款：一州縣久任宜恤。二盜案參罰宜清。三序俸則例宜平。下部議。	
二十三日癸酉		戶部議覆，福建道御史胡文學疏言，江南、浙江、江西三省漕糧，改折收銀，恐有雜派，乞嚴飭	除宜君縣荒地

| | | 撫按，痛陳積弊，止許照價徵收，不得仍借兌漕
爲名，恣意科索，以致輸納稽遲，有誤兵餉，應
如所請，從之。巡按蘇松六府御史張鳳起疏言，
蘇松常鎭四府，差繁賦重，漕米折價，請仍照原
議，每石折銀一兩，下部知之。陝西巡撫張春，
疏請除宜君縣荒地錢糧，從之（以下略）。 | 稅。 |
| 是月 | | | 是月，
免蘄州
廣濟縣
蝗災賦 |

清史館金兆蕃、鄧邦述纂修《聖祖本紀》稿本中有關順治十八年
（1661）正月分的記載云：「正月丙辰，世祖疾大漸，定上名，
命立爲皇太子，以索尼、蘇克薩哈、遏必隆、鰲拜輔政。翼日丁
巳，世祖崩，輔政大臣奉遺詔誓於天、於大行皇帝。己未，皇太
子即皇帝位，以明年爲康熙元年，赦。甲子，諸王大臣誓於天、
於大行皇帝。庚午，諭諸臣勤愼修職，發奸剔弊。」引文中的日
期及內容，大體上與《清聖祖仁皇帝實錄》的記載，彼此是相合
的。清史館奭良覆勘本改爲：「正月丙辰，世祖崩，帝即位，年
八歲，改元康熙，遺詔索尼、蘇克薩哈、遏必隆、鰲拜四大臣輔
政。」前列表中《清史稿》聖祖本紀的文字，與奭良覆勘原稿完
全相同，《清史稿》聖祖本紀就是以奭良覆勘本排印的。對照實
錄後，發現覆勘本錯誤連篇，按照實錄的記載，世祖崩，是在正
月初七日丁巳；皇太子即帝位，是在初九日己未；以明年爲康熙
元年，並非將順治十八年改元康熙。《清史稿》聖祖本紀正月分
歷史事件，俱繫於正月丙辰之下，固然不合史實，亦有乖本紀體
例。清代國史館黃綾本《清聖祖仁皇帝本紀》卷一記載云：「正

月壬子，世祖皇帝不豫。丙辰，大漸。召原任學士麻勒吉、學士王熙，至養心殿，降旨定上御名，立爲皇太子。命索尼、蘇克薩哈、遏必隆、鰲拜輔政。丁巳，世祖章皇帝崩。己未，上即位於太和殿，以明年爲康熙元年，加恩中外，罪非常所不原者，咸赦除之。癸酉，除宜君縣荒地稅。是月，免蘄州廣濟縣蝗災賦。」⑯引文中的日期及內容，都與實錄相一致，言簡意賅，符合本紀體例，整修清史本紀，當以清代國史館纂修的黃綾本歷朝本紀爲藍本，刪繁就簡，則可事半功倍。

《清史稿》歷朝本紀，未載凡例。國史館黃綾本歷朝本紀，其卷首皆詳載凡例，詳略不同，由各朝本紀凡例，可以瞭解本紀的體例。整修清史本紀，首先須將黃綾本歷朝本紀卷首凡例，刪繁就簡，合併爲總凡例，根據新定凡例，以進行黃綾本歷朝本紀內容的刪略工作。本紀只書事，即記歷史事件，不載空言。對於國家治亂，政治得失，民生休戚，以及帝王賢否等歷史事件，皆當詳書，使讀本紀，如讀通鑑，以見一代興衰關鍵。至於空言細事，皆不當書。所謂空言，多係具文，舉凡誠諭、泛論、言官條陳、各抒所見、請旨不允、詔禁奢靡、禁止餽遺、未見事實、非終事、無下文、未見實行、制度未定、隨置隨罷等事件，均不當書。所謂細事，如知縣同知土知州等微員改要缺，編修府尹革職，未弁裁革，侍衛進香行圍，參將建祠，紳民附祀，漕米改徵，查勘工程，巡撫丁憂等事件，按正史體例，皆非本紀所應書，其事太細，皆可不書於本紀。清史館金兆蕃等纂修《聖祖本紀》稿本雖較奭良覆勘本爲優，但因未定凡例，不合體例，文筆亦不及黃綾本《清聖祖仁皇帝本紀》，仍非佳作。「諭諸臣勤慎修職，發奸剔弊」，皆屬空言，例不當書。本紀體例，不同於實錄，黃綾本《清聖祖仁皇帝本紀》將壬申條免蘄州廣濟縣蝗災額賦繫於正

月末，符合本紀體例，整修清史本紀，黃綾本歷朝本紀就是最好的藍本。因《清史稿》含有部分新史料，校注本《清史稿》已查對過官書，史料既經甄別考訂，整修清史本紀時，仍須參閱校注本《清史稿》，兼顧增補工作，即以黃綾本歷朝本紀爲藍本，同時增補《清史稿》的新史料，似乎是整修清史本紀較具體可行的途徑。德宗本紀稿本既完整無缺，可以現存清代國史館所修《清德宗景皇帝本紀》稿本爲藍本。至於宣統本紀，仍須以宣統政紀爲主要材料，進行增補《清史稿》《宣統皇帝本紀》的工作。總之，重修清史既不可行，似可在《清史稿》校注本的基礎上，以清代國史館黃綾本歷朝本紀及《清德宗景皇帝本紀》稿爲藍本進一步整修清史本紀。

【附　註】

① 〈故宮博物院院長易培基呈行政院文〉，民國十八年二月十六日，《有關清史稿編印經過及各方意見彙編》，（臺北，國史館，民國六十八年四月），上冊，頁228。

② 杜爲：〈清史平議〉，《有關清史稿編印經過及各方意見彙編》，下冊，頁854。

③ 〈行政院職蔣主席文〉，民國十八年十二月二十日，第2525號呈文。《有關清史稿編印經過及各方意見彙編》，上冊，頁233。

④ 〈國史館史料審查委員會之討論與決議〉，民國四十八年六月十九日，《有關清史稿編印經過及各方意見彙編》，上冊，頁257。

⑤ 李宗侗：〈查禁清史稿與清代通鑑長編〉，《有關清史稿編印經過及各方意見彙編》，下冊，頁817。

⑥ 莊吉發：《故宮檔案述要》（臺北，國立故宮博物院，民國七十二年十二月），頁430。

⑦ 〈教育部呈行政院：轉陳中央研究院書面意見〉，民國二十四年十一月二十九日，《有關清史稿編印經過及各方意見彙編》，上冊，頁254。

⑧ 朱匯森：〈清史稿注序〉，《有關清史稿編印經過及各方意見彙編》，第三編（民國七十九年十二月），頁12。

⑨ 何烈：〈六十年來之清史稿與清史〉，《有關清史稿編印經過及各方意見彙編》，下冊，頁904。

⑩ 《清高宗純皇帝實錄》，卷三八，頁10，乾隆元年十月丙寅條。

⑪ 《清太祖高皇帝實錄》（臺北，國立故宮博物院），黃綾本，卷一，凡例。

⑫ 吳相湘：〈清德宗實錄本紀的正本〉，《有關清史稿編印經過及各方意見彙編》，第二編，頁525。

⑬ 彭國棟：〈清本紀敘例〉，《有關清史稿編印經過及各方意見彙編》，下冊，頁961。

⑭ 張宗祥：〈纂修清史辦法〉，《有關清史稿編印經過及各方意見彙編》，上冊，頁150。

⑮ 吳士鑑：〈纂修體例〉，《有關清史稿編印經過及各方意見彙編》，上冊，頁90。

⑯ 《清聖祖仁皇帝本紀》（清國史館纂修，臺北，國立故宮博物院藏），黃綾本，卷一。